主持人节目策划艺术

张颂 主编

应用主持艺术系列丛书（修订本）

陈振 田方 编著

中国广播影视出版社

修订本说明

《应用主持艺术系列丛书》自2003年出版至今，已经有七个年头了。由于本系列丛书既注重应用主持基本知识的提供，又较密切地联系社会实际和主持人自身发展情况，因而在这七年里，得到了全国各地的许多教学机构和广大读者的热情支持和嘉许，在此向大家表示诚挚的感谢！

随着时代的步伐，社会在不断地前进。近年来，国内外的应用主持领域有了长足的发展。因此，《应用主持艺术系列丛书》也需要做一些更新和补充，以适应教学的需要，更切实际地为广大读者提供帮助。

本次修订的出发点，是想更加强化应用主持的实用性、可操作性，融知识性和实用性为一体，让广大读者在学会主持理论知识的同时，可以在主持工作的实践中灵活地运用这些知识，从而迅速提高自身的主持能力和素质。因此，在此修订后的丛书中，我们精炼了一些基础性的内容；在理论的阐述方面，力求言简意赅、通俗易懂，便于理解和实践应用；关于例证，力求在贴近现实、切合实际的同时与时俱进，充分反映当下的形势与特点。此外，我们还在丛书中，系统地增补了原来没有详尽阐述到的主持人相关内容，以保证丛书在应用主持领域知识的覆盖面更系统、更全面。我们相信，本套丛书丰富全面的知识内容，贴近实际、源自现实的经典案例，通俗、生动的语言表达，将会使广大读者更加方便地学习掌握应用主持知识，并且能够将这些知识更好地运用于实践当中。

希望这套修订本的丛书，能够得到各位专家学者和广大读者更加热情的支持和喜欢，谢谢！

编　者

2010年7月

主编的话

《应用主持艺术系列丛书》是一套具启蒙性、应用性、探索性、研究性的读物，适合于主持艺术爱好者、从业者、管理者、研究者了解、体味、借鉴、参考。

主持人是公众人物，在各自的岗位上默默耕耘，付出了心血，贡献了力量。那个中甘苦、成败得失，日益引起社会的关注。主持人肩负着传播先进文化的历史使命，他们加入了国际传播媒体的激烈竞争。中国的主持人一定会以“德才兼备、声形俱佳”自律，一定会积累更丰富、更深刻的经验，继承创新，凸显特色，走向世界。

主持人是一个很受人们关注的职业，很多年轻的朋友希望自己也能够成为一名主持人，电视台的不少栏目常常因为主持人的走红而家喻户晓。不少主持人随着广播电视节目走进了千家万户。随着广播电视媒体的发展，主持人已经成为一个十分引人注目的职业，主持人队伍也日渐扩大。

21 世纪我国的广播电视事业将会有一个更大的发展，主持人这个行业将更多受到人们的关注，主持人这个职业也需要更多的新人来加入。很多人想知道什么样的人才能成为一个主持人？主持人需要一些什么样的素养、能力、知识？成功的主持人是怎样主持节目的？主持人本身应该怎样提高自己的综合素质？

《应用主持艺术系列丛书》从主持人的口语表达艺术、主持人的节目策划艺术、主持人节目驾驭艺术、主持人场景应对技巧、主持人的形象塑造艺术、非节目主持艺术等方方面面进行了较全面的介绍。对于想走进主持人队伍的读者来说，这是一套启蒙读物，对于初踏进主持人行业的人来说是一套非常实用的教材，对于想了解主持人这个行业的人来说，读一读这套丛书，会使你对主持人这个行业有较全面的认识。

愿这套丛书受到大家的欢迎和喜爱。

北京广播学院播音主持艺术学院教授、博士生导师　张 颂

2002 年 11 月 6 日于北京广播学院

前 言

什么是策划？我们为什么要策划？我们应该怎样策划？

千百年来，不论是中国还是外国，人们对策划都有过多种解释和描述。《辞源》把策划解释为筹谋；《辞海》解释为计划、打算；《汉语大词典》解释为谋划、计谋。策划有两层意思：一是“策”，即谋，有打算、设计的意思；二是“划”，有计划、准备、组织的意思。概括地讲，策划是指人们事先的筹措活动，即思维主体运用知识和能力进行思考运筹的过程。“策划是一门科学，又是一种艺术。”策划是创造性的思维活动，需要有创造性的想象。高超的策划艺术是策划人运用有关知识卓有成效地解决各种各样的实际问题所不可缺少的基本素质。马克思在《资本论》中说：“最蹩脚的建筑师从一开始就比最灵巧的蜜蜂高明的地方，是他在用蜂蜡建筑蜂房以前，已经在自己的头脑中把它建成了。”社会的进步和发展决定了策划学的发展；反过来，策划活动水平的提高又推动了社会的前进。正因为策划是创造性思维活动，所以，它需要策划者具有较高的策划素质。

作为《应用主持艺术系列丛书》中的一本，本书旨在使更多的节目主持人认识策划的重要性，了解策划的过程，具备策划的基本素质，掌握节目策划的基本技巧，成为节目策划的高手。

中国已经加入WTO，中国的市场经济正在不断地发展和完善，广播电视节目作为一种特殊产品，同其他产品一样，也要适合市场经济发展的规律，也存在来自国际和国内的竞争，也存在优胜劣汰，因此，只有不断策划、生产出更多的符合市场需求的广播电视优质产品，才能增强自己的竞争力，满足群众的需要。

培养主持人的策划创新能力，其潜力和作用是巨大的。事实上，每次新节目样式的成功策划都会造成轰动效应，从而带来巨大的经济和社会效益。

例如，央视二套的当家益智类节目——《开心辞典》。该节目诞生于2000年7月，策划之初，栏目主创人员就以先进的产品营销理念为指导，参照国外成功的娱乐节目形态，结合国内受众的收视需求，设计了一整套符合现代电视工业化生产规律的节目生产和管理体系。后来，随着电视节目市场环境的不断发展，策划者又通过市场调研、受众分析、选题策划、制作包装和营销推广等手段，对节目进行了全新的定位和策划改版。

《开心辞典》通过长期的受众调查发现，节目的独特形态带来了节目众多且特殊的观众群体。参与节目网上、电话初赛的人群，以中青年为主；在家中观看节目的观众则几乎包括了一般家庭所有年龄段的人群，这与节目中“家庭梦想”、“亲友求助”等细节的设计是有一定联系的。同时，在调查过程中不单纯依赖收视率，而是定期召开不同年龄段、不同文化及职业背景的观众恳谈会，认真倾听观众的意见建议，并以此作为素材，组织专家会同节目主创人员综合研究，不断对节目进行微调，使之既保持了原本的节目特色，又最大限度地满足了观众的收视需求。如今，《开心辞典》准确锁定以“家庭”为基础的收视群体，围绕着中国传统亲情观念，成功引进国外益智节目的全新理念，利用“家庭梦想”和“平民智力英雄”等核心概念，满足了观众日益旺盛的娱乐消费需要，取得了非同凡响的市场效果。

正是通过十年的锻造和不断策划更新，《开心辞典》才得以更加完善和成熟，成长为央视品牌节目之一。在这个过程中，主持人的参与与贡献，同样不容忽视。

最初，《开心辞典》给王小丫的定位是由中国观众的收视情况来决定的，至于她的风格，则是亲和、轻松、有知识的“女考官”。但经过长期的实践摸索和再策划，王小丫今天的主持风格已更加完善，既如当初的“智慧型女考官”，又是如今的“人性化女考官”。2007 年，为了适应节目的发展需要，王小丫与制片人李勇强出现在四川大学文化中心的舞台上，为《开心辞典》“才貌双全——名牌大学智慧女生”系列进行预热造势，积极投身节目的策划执行过程中。此外，在节目主持人组成方面，《开心辞典》也由曾经依靠王小丫一人主持，转变成今天由王小丫和尼格买提共同搭档主持。正如郑蔚所言：“一个节目的存在总是不断地改进和改变，不断地需要增加新的元素，让观众能有新鲜感。”而这些自然也离不开主持人的参与和努力。

客观来讲，随着传播技术和传播手段突飞猛进，人们对传媒的要求也越来越高。在日益激烈的竞争中，对人才这一最宝贵资源的竞争也将越来越激烈。广播电视呼唤水平更高的从业人员走上主持人岗位。只有具备了高的素质，才能适应时代潮流、适应竞争。而对于主持人自身来说，策划、创新能力是衡量其水平的重要标准。

主持人节目是一个系统工程。主持人节目要想始终处于领先水平，取得良好的经济效益和社会效益，就离不开新的策划、新的构思、新的节目。缺乏策划的节目、“克隆”别人的节目，是不会长久的。而全能型的主持人、专家型的主持人是我们追求的目标。策划是主持人节目的开端、是第一步；主持是节目的最后程序，是对主持人节目水平的最终检阅。一个优秀的主持人，应该是具备策划创新能力的主持人，应该是能够参与全过程的主持人。

节目主持人在节目策划中所显示的作用，归根到底是主持人的“角色”优势决定的。

我们知道，主持人节目赋予节目主持人的职责和权利是节目的灵魂、核心和先导。主持人作为节目的一个组成部分直接影响着节目的质量效果。因此，他有责任也有可能以节目的最高利益和全局为策划运筹的着眼点，高屋建瓴、广开视野、细致入微地进行节目的策划运作。一个合格的节目主持人，应当具有多元的能力组合，全方位地把握和主宰节目，并且具有超前意识和审美意识，这些便是节目主持人进行节目策划的客观优势。

主持人投入节目策划还具有主观上的优势。节目主持人是主持人节目的形象代表。节目质量的高低优劣在相当大的程度上反映在节目主持人身上；主持人节目要成为名牌节目，最终是通过主持人来体现的。如果我们追根究底的话就会认识到：节目收听收视率的高低、节目竞争力的强弱绝不仅仅是主持人主持能力优劣的问题。从根本上来说，它决定于节目本身是否具有可以让主持人创造发挥的基础和内在条件。要让主持艺术之树根深叶茂，节目本身的“土壤”必须丰腴肥沃。因此，主持人不仅仅只是一位好的节目主持者，还应是一位优秀的节目策划者。

随着广播电视改革的进一步深入和发展，国际、国内各种媒体之间的竞争会越来越激烈，策划出更多更好的节目以增强竞争力也显得越来越重要。没有好的策划，创新和创优就会失去依托；没有好的策划，名牌节目、名主持人将很难产生。

编　者

2010 年 7 月

目录 Contents

第一章　主持人参与节目策划的意义和要求 001

第一节　节目主持人参与策划的含义 001

第二节　节目主持人参与策划的意义 006

第三节　节目主持人参与策划的原则 014

第四节　节目主持人参与策划的程序 020

第二章　造就主持人策划能力的保障机制 023

第一节　造就主持人策划能力的市场机制 024

第二节　造就主持人策划能力的选拔机制 027

第三节　造就主持人策划能力的培训与学习机制 039

第四节　造就主持人策划能力的管理与激励机制 042

第三章　主持人节目策划前的准备 046

第一节　受众调查的作用 046

第二节　受众调查的内容 051

第三节　受众调查的方法 063

第四章　主持人采访策划艺术 080

第一节　主持人采访策划的特征 080

第二节　主持人采访策划的运作 087

第三节　主持人采访策划的环节 093

第四节　主持人现场介入的方式 098

第五节　主持人采访策划的技巧 104

第五章　主持人编辑策划艺术　112
第一节　主持人编辑策划中的结构分析　112
第二节　主持人编辑策划中的策划意识　116
第三节　主持人编辑策划中的辩证思维　120
第四节　主持人编辑策划中的要领把握　124
第六章　主持人节目的策划构思　141
第一节　主持人节目策划构思的特点要求　141
第二节　主持人节目策划构思的主要内容　149
第三节　主持人节目策划构思的基本意识　154
第四节　主持人节目策划构思的基本过程　158
第七章　新闻类主持人节目策划　162
第一节　新闻类主持人节目及特色　163
第二节　新闻类主持人节目的策划　179
第三节　新闻类主持人节目策划方案及评述　187
附：某新闻中心《直播××》栏目策划方案　195
第八章　生活服务类主持人节目策划　197
第一节　生活服务类主持人节目及特色　197
第二节　生活服务类主持人节目的策划　207
附：《晖哥帮你忙》“五一”特别节目策划方案　215
第九章　综艺类主持人节目策划　217
第一节　综艺类主持人节目及特色　217
第二节　综艺类主持人节目的策划　228

附:《非常6+1》策划方案 237

第十章 谈话类主持人节目策划 244

第一节 谈话类主持人节目及特色 244

第二节 谈话类主持人节目的策划 255

附:《小人物》谈话节目策划稿样本 264

参考书目 267

第一章 主持人参与节目策划的意义和要求

第一节 节目主持人参与策划的含义

由于策划活动的多元化，导致了对策划涵义多元化的理解。美国管理学专家卡内基与梅隆大学教授西蒙认为：“管理就是决策。”而决策是通过策划之后作出的，因此可以把策划看成是管理手段或决策过程；有人认为策划是对未来采取的行动作决定的准备过程；还有人认为策划是一种构想或理性思维程序。上述认识都是对策划某个角度的剖析，都有其合理的部分。

从已发表的有关节目策划的文章来看，不同的论说者都从不同的角度给它下了定义，这些定义大致可归纳为以下几类：

第一类是狭义的策划，指视角新、立意高、开拓深、介入及时的主持人节目的谋划和组织过程。即以客观存在为基础，在不违反客观规律的情况下，对主持人节目的时机、手段、艺术等所作的策划。

第二类是主持人节目的“动作策划”。它作为一种设计、一种决策和组织贯穿于整个主持人节目过程之中。大到节目风格的定位、宗旨的确立、栏目的设置，小到节目的思路、手段的使用等都属于策划的范畴。

第三类是广义的主持人节目策划。包括广告的安排、公关策划，等等。

第四类是主持人节目事件等的策划，它是指在某一事件发生前，由主持人和幕后记者设计对事件发生予以更加完美的报道的一种策划。

由此可以说，策划就是筹划或谋划，是一项在现有基础上的创造性活动。它根据现实的各种情况与信息，判断事物变化的趋势，围绕某一活动的特定目标中心来全面进行构思、设计和选择合理可行的方式，从而形成正确的决策和高效的工作。

这样我们就可以对策划的含义作出如下理解：

首先，现实所提供的条件是策划的基础。为了做出针对性较强的策划，使策划切实可行，并有很强的可操作性，就要求我们在策划过程中尽可能多地掌握各种现实条件，全面了解形成客观实际的各种因素及其信息，包括有利的与不利的因素，并分析研究收集到的材料，寻找出主要问题及问题的实质。

其次，策划要有明确的目标。要根据整个频道或频率的需要、根据节目时段的需要、根据受众的需要去进行策划。一定要围绕既定的目标或方针，努力把与策划相关的工作从无序转化为有序。策划目标的明确可以使人们正确把握事物发展变化的趋势及可能带来的结果，从而确定能够实现的工作目标和需要依次解决的问题。

最后，策划方案应具有可比性。策划方案要具有可比性就是说针对策划的目标，不一定只策划一个方案，可以有多个策划方案。在论证时，论证者可以对多个策划方案进行权衡比较，选择出最合理、最科学的一种，选择出可最大限度发挥经济效益和社会效益的那一种。具有可比性从另一个角度说，还表明可在策划方案被采用后，根据新的需要对节目策划方案进行新的调整，以不断保持节目的竞争能力，使节目始终处于最优状态。

此外，与其他门类的策划相同的是在节目的策划上也应遵循一定的程序。

策划的程序性保证把各方面的活动有机地组合起来，使各子系统相互协调，形成一个合理的整体策划。这种整体的系统性可以使人们确定理想的工作秩序和节奏，掌握轻重缓急，做到井然有序，提高工作效率，创造最佳效益。

首先，在节目策划前，要先进行必要的调查了解，要对与策划相关的“环境”进行对比分析，要知己知彼方能使策划站在一个较高的起点上，有全新的立意。如凤凰电视台的《锵锵三人行》节目在策划时经调查了解得知，谈话类节目在20世纪90年代的中国方兴未艾，但“三人谈”这种谈话节目在当时中国电视界还是一个空白。因为这类节目仅以新颖性就先胜一筹。《锵锵三人行》以“真实的谈话场”作为栏目的最本质的定义，从而使得其在各种谈话类节目中一枝独秀。

其次，根据实际情况和需要进行策划目标的调整。因此，在策划过程中，根据需要确立或调整策划的目标是一个较重要的程序。例如，中央电视台《东方时空》改版策划方案的调整就很有代表性。开办于1993年的《东方时空》是中国内地较早的一档新闻杂志类节目。2009年8月，这个老牌节目进行了创办以来的第六次改版。在策划阶段中，适逢临近国庆60周年，《东方时空》便适时推出了

“小萌密探阅兵村”、“共和国部长访谈录”等特别专题，契合了观众对于当下热点问题的关注。此外，《东方时空》的策划和制片人的策划意图之一是希望通过推出各栏目的名牌主持人来带动收视率。但时代在不断发展，观众摄取信息的媒体已趋于多样化，摄取的信息量也已大大增加。电视媒体的发展已不是单单依靠主持人“个性”打天下的时代了。电视媒体已经进入了又一轮商业化进程，新的策划已将重心移至注重进行整体商业包装、确立编导中心制的新时代了。可见，在策划过程中，根据需要确立或调整策划的目标，是一个较重要的过程。

再次，策划创意，拟定初步方案。

最后，策划方案出台后的一个重要程序就是对方案的科学评价和反复筛选。策划方案出台后，应进行有组织的、科学的评价和筛选，对其所发挥的社会效益和经济效益进行论证，对其在广播电视市场的竞争力进行论证。节目的策划是按特定程序运作的系统工程，因此，策划是否成功的标准是方案的合理性和高成功率。在此基础上，再对方案进行调整与补充，使之不断完善。比如，江苏卫视于2006年推出的《名师高徒·绝对唱响》，是一个深具原创精神和想象力的品牌。它在各地电视台纷纷涌现出的众多选秀节目中，脱颖而出走向成功，就与节目策划者根据实际情况和观众需求进行策划目标调整有关。节目策划之初，走的是与湖南卫视率先推出的《超级女声》相同的音乐选秀节目路线。可在策划过程中，节目组意识到，在北京、上海、湖南三家电视台“三分娱乐天下”的大环境中，《名师高徒·绝对唱响》显然占不到先机。海选、淘汰、PK对观众来说都已没有新意，因此，这个节目对策划目标进行了及时的调整。它借鉴韩SBS的速配节目《情书》，在“选秀”中增加了“配对”的元素，打出情感牌，同时节目避开因“海选”选手洋相百出而导致部分观众反感的现象，从而显得更温情，更符合中国观众的审美心理。2010年，面对选秀节目的情况，新一年的《名师高徒·绝对唱响》更是果断地抛弃了“选秀”，采用江苏卫视另一王牌节目《非诚勿扰》男女配对的全新模式。可以说《名师高徒·绝对唱响》能走出中国本土选秀节目运作模式的创新之路，与其对策划方案不断进行论证补充密切相关。因此，开始的预想无法完全实现并进行重新调整是必然的。这更说明了一个策划方案出台后论证的重要性。

很显然，策划是一种超前性的人类特有的思维素质。它是针对未来和未来发展及其发展结果所做的决策，能有效地指导未来工作的开展，并取得良好的成效。总之，精心的策划是实现科学决策的重要保证，也是实现预期目标、提高工作效率的重要保证。美国哈佛企业管理丛书编纂委员会对策划含义作了如下的总结："策划是一种程序。在本质上是一种运用脑力的理性行为。基本上所有的策划都是关于未来的事物，也就是说，策划是针对未来要发生的事情做当前的决策。换言之，策划是找出事物因果关系，衡度未来可采取之途径，作为目前决策之依据。亦即策划是预先决定做什么，何时做，如何做，谁来做。策划如同一座桥，它连接着我们目前之地与未来我们要经过之处。策划的步骤是以假定目标为起点，然后订出策略、政策以及详细的内部作业计划，以求目标的达成，最后还包括成效评估及反馈，而返回起点，开始了策划的第二次循环。策划是一种连续不断的循环。"

从策划的含义中，我们可以发现策划与计划是两个不同的范畴，这两个概念容易被人混为一谈，其实两者有较大的差异。策划近似英文 strategy 加 plan，而计划则是英文的 plan；策划更多地表现为战略决策，包括分析情况、发现问题、确定目标、设计和优化方案，最后形成具体工作计划等一整套环节。策划是在比较高的地位，对一件事情的实施提出总体的目标、构思、指导思想，是宏观面上的计划，是决定事情成败的关键。而计划是在具体策划的指导下，对一件事情实施的细则。好的策划，需要配套的计划来实现。计划只是策划的最终结果，表现为在目标、条件、战略和任务等都已明确化的情况下，为即将进行的活动提供一种可具体操作的指导性方案。

为了使大家更容易明白策划与计划的不同，我们不妨参照一下胡屹编著的《策划学全书》中的策划与计划差异表。

策划与计划差异表

策划	计划
全局性、整体性战略决策	具体性、可操作性指导方案
掌握原则与方向	处理程序与细节
具有创新性与创意	常规的工作流程
超前性	现实可行性
灵活多变	按部就班
挑战性大	挑战性小
长期专业训练的人员	短期培训的人员

广播电视节目主持人的策划，是指节目主持人通过对材料的收集、主题的挖掘、节目的定位、内容的选择、方案的制订及主持人风格等的策划创新节目的系统过程。这一系统的工程是一个创造性的、积极的思维活动。这一系统工程不是

凭空而来的，它是一种积累、阅历、经验、借鉴等综合运用的结果。谭天在他的论文《运筹帷幄决胜千里——电视节目策划刍论》中说："策划的实质是辩证思维，它的特征是：积极的求异性加敏锐的洞察力；创造性的想象，独特的知识结构和活跃的灵感。"正因如此，我们才把策划称为"系统工程"。策划是一门学问，它是建立在系统论、决策论、控制论、社会学、心理学、公共关系学和现代管理学理论知识的基础上，是一门集政治、经济、历史、文化、艺术、科学、技术为一体的"软科学"。

要策划就需要有策划者；要经过论证、调研取得策划的依据；策划需要在正确的理论指导下，运用科学的方法；策划还要明确目标，找准对象；策划完成后，还要对效果进行评估，对收视率、收听率进行调查，以确定调整计划。

策划要遵循如下原则：一是政治原则；二是信息原则，信息不灵则策划不当；三是系统原则，通过调控系统内的各个变量而达到最优化；四是综合原则，在策划中综合运用社会科学的最新成果；五是可行性原则，即先要确定策划的必要性和实施的可能性；六是效益原则，一档节目策划出来后，要考虑其社会效益和经济效益；七是集体原则，有些重要策划常常是集体智慧的结晶，因此，群策群力是广播电视节目策划成功的重要条件。

策划还是一种创意。广播电视节目的创意是指节目策划中的一种新鲜的与众不同的优秀意念。各地电台、电视台在改革节目过程中涌现出来的优秀节目，不少就具有独到的创意。优秀节目的创意不仅表现在选题上、形式上、技巧上，还表现在独特的风格上。例如，上海电视台的《新闻透视》就富于创意，作为人物专访栏目，其规定的内涵是：不同于当时的《新闻报道》中的劳动模范、先进工作者等一类人物报道，而是以民间知名度较高、观众很想了解的新闻人物（包括民间来访的国外知名人士）为主要对象。突出新闻的时代感，以专访形式加足够画面形象，使人物有立体感。其中的《驯犬人的追求》，记者采用即时专访的手法，从王家梁肢残后自强不息创业的经历、驯犬事业步步发展的过程到她的家庭生活、情趣爱好以及王家梁对人生价值的独到见解，多侧面地向观众展现了一位有血有肉的生活强者的形象。

再如中央电视台的《新闻1+1》节目，开创了央视新闻专题评论节目的先河。相较于其前身"央视论坛"和另一新闻评论节目《360°》，《新闻1+1》真正突出了其"言论"的重要性。形成了一种"双人舞蹈"的新范式。《新闻1+1》自身的定位为"时事新闻评论直播节目"，主要从时事政策、公共话题、突发事件等方面进行选题，而这三方面又主要着重于公共话题。与央视4套的《今日关注》和凤凰卫视的《新闻今日谈》相比，更把视角对准涉及公共利益价值判断的重大命题。节目以“不一样的解析”作为最本质的定义，从而使得其为电视评论节目的创新提供理论参考和改革思路。

总之，策划还是对节目目标的定位。广播电视节目策划要考虑节目的目标定位，包括节目对象、节目目的、节目内容、节目形式、节目效果定位，还包括根据电台、电视台传播所及的地域的政治、经济、文化背景、根据上级领导的宣传意图，对节目的宣传力度、资料投入程度、技术难度和舆论监督尺度进行定位，确保节目实现预期目标。

第二节　节目主持人参与策划的意义

要想做好主持人节目的策划，就要先了解主持人节目、了解它的发展原因、了解它的发展历史、了解它的内在规律、了解它的样式、了解它的内容和形式等。从我国广播电视的发展历史来看，任何一种新的广播电视新样式的出现，除了政治、社会、经济等原因外，都和其自身的优势密切相关。

广播电视作为大众传媒，一方面要及时准确地反映社会物质文明发展的前端信息和精神生活需求的亮点，以引起人们的反观。同时作为传媒个体，又需要社会的关注和重视，以增大其信息传递的社会影响力，但是必须注重内容与形式的新颖。这就需要不断有新的与之相适应的策划出现。

现在越来越多的有识之士认识到主持人节目的策划与未来发展之间的重要关系，并采取专门的活动来推动策划的开展。2007 年 9 月，北京电视台举办“爱上电视”未来电视创意征选活动。这项活动面对全体大众，征集新闻/时事类、娱乐/休闲类、科教/人文类、生活/资讯类、奥运/体育类、大型活动类、其他类等的优秀创意。节目组希望能收到形态不限，能体现出原创性、差异性，能具有良好的收视效果，能够提升时段收视、开拓新观众群的节目。只要是导向正确、内容健康、视角独特、构思新颖的创意均可参与评选。

节目组对参加活动的创意人提出了非常具体的希望：用最直观的文字表述自己创意的核心理念、核心价值；就创意节目所面临的竞争节目分析其优劣势及应对；能够描述创意节目可能的受众群，最佳播出频道、时段及理由，创意人对收视的合理预期。

这场面向全国的全民创意大征集活动历时三个半月，是北京电视台当时大力推行的节目品牌战略中的重要步骤，旨在为2008年奥运会推出高水准、有品牌影响力的电视节目。在“爱上电视”北京电视台未来电视创意征选活动现场，北京电视台刘爱勤台长提出，北京电视台期待着通过这样一个金字塔式的征选活动，激发大量的电视创意灵感、最后产生出一个甚至是一批有独特创意、有品牌价值的电视节目。一个媒体机构的进步与发展，需要在不断自我创新、完善中实现。北京电视台面向社会、面向大众、面向关注电视节目的所有专业与非专业人士，征选电视创意，目的就是发现人才、激发灵感、获得优秀电视作品。通过初试复选到最后一次评选，节目组最终评选出了既有创新程度又有可操作性的创意方案八套。正是通过这样一个具有前瞻性的电视活动，逐步完善了北京电视台的节目创新机制，为北京电视台赢得长足的进步。

广播电视作为大众传媒是否有强大的生命力，关键是要把受众的需求变化作为办节目的方向，主持人要把办节目的理念真正转移到以受众为中心上来。广播电视要做大做强，要取得好的社会效益和经济效益，必须向社会求教，必须善于集天下之智慧，紧跟时代步伐，改变过去办节目的老观念，也需要进行新的策划创新。具体地说，节目主持人参与策划的意义和要求有以下几个方面：

一、有利于采编播各个环节之间紧密合作，提高节目整体水平

节目主持人参与节目策划最大的长处是打破了采编播长期分割、缺乏内在联系的状况，为采编播的紧密合作创造了有利条件。我国著名节目主持人徐曼说得好：“节目主持人和编辑形成了一个不可分割的整体。主持人参加节目生产的全过程，从节目主题的确定，到节目的合成制作，成了节目的真正主人，而不是像过去那样，念稿子就完事。由于主持人了解、熟悉、掌握了节目的各个环节，随时了解节目的意图，随时与编辑交换意见，在制作节目中可以充分发挥我的主动性。”主持人参加策划、采访、编辑等过程，对事件真相的来龙去脉以及背景等熟知于胸，在主持节目时就能较为准确地表达事件的本质，语言和感情的运用也更加准确自如。在与受众交流时还能准确把握受众心态和要求，调动起受众参与的热情，有得说，说得生动，说到点子上。

从编辑角度来说，由于编辑与主持人共同参与节目的策划，非常熟悉主持人的思维想法及所要表达的意图、熟悉主持人的风格特点，所以能从节目效果出发，把节目内容、表现形式编排得更适合主持人的特点，使主持人能更好地发挥个性；更适合主持人串联组织，便于主持人发挥主动性，或穿插过渡，或铺垫呼应，使整个节目结构严谨。

编辑和主持人同属一个制作群体，在选题、选材、编写稿件和制作节目的过程中，可随时同主持人商量，互相征求意见，改进工作。由于双方配合密切，紧密合作，有助于增强节目的整体性。

二、有利于节目的有机结合，提高节目整体质量

主持人节目，有知识类的、新闻类的，还有文艺类和生活服务类的，仅文艺类的节目就有歌曲、相声、戏曲、广播剧等。尤其是一些板块节目，彼此间开始只是一个个孤立的个体，过去只是采取“报幕式”的方法，“下面请听歌曲”、“下面请听京剧”等，这样串联的结果实际上是“大杂烩”。而主持人的出现，彻底打破了这种状态。主持人不仅使得节目具有了活生生的“形象”，而且主持人以特有的语言交流态势，如同一条“红线”把不同的内容精心巧妙地连接起来，使之成为一个有机整体。而且，被有机穿起的一个个“珍珠”在成为项链后，已产生了质的飞跃。

主持人通过对内容精心组合、衔接转换，实现各单元之间的过渡，使层次分明、层层深入、环环相扣。主持人还根据受众接受心理和收听收视习惯，将各类不同性质的内容交叉安排，有机结合，融为一体，使整个节目和谐统一，浑然天成。

节目主持人参与节目的策划，甚至发挥中心作用还常常使得节目更加完整，新颖、灵活的形式更适应不同内容的完美组合，新型的板块组合使得节目丰富多彩，为吸引受众、提高节目质量、扩大宣传效果起到了积极的推动作用。

例如，现在许多电视台的春节联欢晚会就常通过主持人进行有机串联。一个长达数小时的大板块，在一个总的主题统领下，常常通过祝愿——歌颂——展望的红线，以歌舞、戏曲、乐曲、曲艺等文艺节目为主，融“新闻人物”、“经济生活”、“文化生活”以及经济等内容于一体。容量虽然非常大，但是经过主持人精心串联策划，使所有内容各异的小栏目都服从于整个“板块”节目的构思和编排的需要，统一在确定的主题下，形成整个节目热烈、欢快的氛围，达到浑然一体的效果。

三、主持人责任感大大增强，主观能动性得到发挥

目前，我国的节目主持人除一部分是采编主持合作的形式，基本上是以主持人为中心的采编主持合一的形式，如水均益的《高端访问》（现在有些已发展为制片人）。

集采编主持于一身的主持人，常被称之为“全能主持人”，既是节目主持人

又是节目的策划人和负责人，亲自负责整个节目的策划、设计、采、编、主持，有审稿权；采编主持合作的主持人主要负责主持节目，有人称之为“明星主持人”，幕后有一套或几套编辑班子为其出谋划策。不过，这类主持人有时也参与一些前期的策划及采编工作，但其本身不是节目负责人，没有审稿权，如《开心辞典》等。

采编主持合一的主持人和合作的主持人并不能简单地下一个孰优孰劣的定义，因为两种情况都有名主持人出现，都有名牌栏目出现。但从另一个角度比较可以看出，采编播合一的主持人有利于实行主持人责任制、节目制作责任制，其主观能动性可更有效地发挥。如果一位主持人不具备策划能力却盲目追求主持人责任制，盲目地把“合作”形式全部变成“合一”形式，就完全没有必要。在现实情况中，由于主持人的素质不同，有些主持人是可以通过幕后的班子的支撑，在短时间内当一个优秀的节目主持人的，但他如果不积极地探索，不积极地参与节目的策划，就将前途堪忧。无论如何，身为一位主持人要看到主持人发展的未来，把握主持人发展的动向，要有明确的自我意识，要主动追求主观能动性的发挥，始终不忘节目的总意图，不忘受众，增加责任感，通过对节目新策划不断的参与，锻炼自己，以使自己与节目有机融合，增强节目的生命力和竞争力。

四、有利于节目风格多样化，使节目形式更加生动活泼

主持人和播音员既有相同之处，又有区别。播音员的主要职责是通过声音感情等的再创造，忠实地传达节目的思想内容，其所树立起的风格主要是语言风格。通过语言的魅力传达意图，吸引和感染受众，如齐越、夏青等我国著名老一辈播音艺术家各具特色的播音。主持人则要根据不同节目类型的需要，允许在保持节目总体风格不变的前提下，从自身语言和节目特点出发，努力创造出多种个性风格，充分发挥和展示个人各方面的才能和特点，以促进节目风格的多样化，使节目更加生动活泼。

例如，美国著名的《60 分钟》节目，总编导就允许主持人保持各自的声调，不要求按一种模式、一种基调来播报新闻，这样就自然促进了节目风格的多样化。《60 分钟》节目的几位主持人，虽然共同主持一个节目，但每个人的个性、播报风格却不尽相同。麦克·华莱士和哈里·里森纳以高明的、锲而不舍的采访作风著称；埃德·布查雷德利和莫利·塞弗以深刻、激烈、妙趣横生而闻名；安迪·鲁尼以作家特有的观察力、分析力为受众所熟悉；黛安·莎耶则以女性的热情奔放、彬彬有礼的主持风格给受众留下深刻印象。

由于主持人采用谈话方式主持节目，语言生动活泼，亲切自然，加之主持人有较大的创造性、随意性和灵活性，这样就使得节目富于变化。

五、有利于加强与受众之间心理上和感情上的联系，密切与受众之间的关系

过去广播电台、电视台的播音员是作为党和政府的代表与受众联系的，使人产生一种庄重感。一些播音水平炉火纯青的播音员，通过高超的播音水平将他们的风格寓于播音稿件之中，以此缩短了与受众的距离。但不可忽视的是一些基本功不太扎实的播音员易与听众产生距离。

主持人则通过真实的自我展示，通过与受众面对面的交流，使受众真正感觉到自己所面对的是一个平等的人，从另一个角度缩短了与受众的距离。主持人通过自己的新策划、新花样的不断地推出，去释放自己的主动性，去吸引和感染受众，增加了亲近感，以人格魅力来感染受众，实现传播意图，特别是直播节目的出现，更为主持人与受众的直接交流提供了便捷的方式。

主持人总是以第一人称“我”的身份为受众传递信息、介绍知识、排忧解难、提供服务，也增强了受众的参与意识。受众可以直接向主持人倾吐肺腑之言，提出要求和希望。久而久之，主持人同受众之间形成了直接的、密切的，比较固定的联系，这就在心理上、感情上逐渐加强了受众对主持人的亲近感和信任感。主持人在受众心目中占有的位置也就越来越重要，甚至会形成一定的“权威性”，从而使受众在不知不觉中自然地接受主持人的观点和主张，扩大了影响，增强了宣传效果。主持人节目这一形式造就了王牌主持人；主持人在节目策划中所发挥的主观能动性造就了名牌节目。

这是节目主持人特定的身份和地位决定了其可以成为节目策划的主力军。有人认为，主持人和播音员都在传播的第一线，但是为什么主持人还需要参与节目策划制作？这与主持节目有什么关系呢？有些主持人依靠背后的策划制作群体不是也照样成为大明星吗？

这个问题可以这样理解，如果传播过程是由一环环相联结而成的话，播音员和主持人就都是传播链条上的一环，都是媒介和受众之间的“桥梁”或是“信息载体”。受众通过播音员和主持人的作用，获取想得到的信息。

所不同的是播音员其实是第一听众，他对事实本身或者节目编排意图不一定非得了解。播音员的作用就是准确而又生动地将内容转达给受众，这种“创造”体现在对采写、编辑后完成的成品内容的表达上，体现在声音形象的塑造上。因

此，播音的传播方式就成了我们常说的——是单向的，也就是我讲你听。

随着广播电视节目发展日趋成熟，广播电视工作者意识到可以用更先进、更积极的传播手法来达到传播目的。主持人可以通过“人格化”的传播形式改变以往传播信息上的被动状况，也就是我们常说的——是双向交流的，也就是我说吸引你听，也可以你说我来听。这样，主持人实质上成了节目的重要有机部分，这是一个质的飞跃。也正因为如此，我们才称主持人是在广播电视媒介实现有效传播过程中为了适应受众的需要而出现的。

主持人要能实现有效地传达，就应该熟悉节目内容，把握节目的整体风格，这就需要主持人参加到节目策划制作之中。

传播学家拉斯威尔在对传播过程及效果进行了大量深入的调查研究后，提出了受众接受信息的反应程序：

首先是传播的信息必须引起受众的注意，但传播若不能达到较高的水准效果，受众的注意力就会迅速消失。

其次是理解，也就是说受众是否理解了接受的信息。

再次是欣赏，也就是喜欢或不喜欢。

还有就是评价，也就是同意或不同意。

最后是行动，即受众接受信息后采取行动。

从这一反应过程中，我们也可以看出主持人在信息的有效传播中的重要性：开始必须吸引受众注意，然后要向受众提供帮助理解的信息，创造出有利于受众欣赏的气氛，表明节目蕴涵的意义，引导受众的评价。这些工作都是由现场的驾驭者——主持人来完成的。显然主持人所做的事情并不是照本宣科的把台词或串联词简单地复述一遍就完事了，而是要围绕主题，有目的地向受众传达有效信息，并且要通过随机应变的现场交流，创造一种愉悦的收视、收听氛围。假如主持人的主持过程等全部由他人策划，自己没有参与其中，在主持时无论如何也不可能有上乘的发挥，就更谈不上随机应变、有效交流了。其结果就会造成游离和肤浅。况且直播情况下的“现场”往往是由主持人和受众双方构成的，复杂万变的情况也不是编导所能完全预测的。因此，主持人参与节目的策划，培养和锻炼策划能力对主持节目也是有相当大的作用的。

毛泽东有句名言说得非常好：“感觉到了的东西，我们不能立即理解它，只有理解了的东西才能更深刻地感觉它。”如果主持人不亲自策划节目或不参与到节目的策划之中，那么，他就无法了解节目的实质，就无法寻找到主持节目时的兴奋点。他主持节目时就只能停留在一种肤浅的状态，这种状态会让受众觉得没有与自己真心交流，就会缺乏信任感，传播效果就会降低。

亲自参与节目策划的主持人就不同了。他熟悉节目的构思、明了节目的指向和选题的确定、知道各部之间如何结构，对节目相关的各种条件有何内在联系、编辑的意图是什么、情感的着力点在哪里等都了如指掌，有详尽的准备，而且可以把握到一些细节因素。这些细节，在串联解说中往往会产生生动甚至感人的“亮点”。许多人都有共同的感受：一档获得过大奖的优秀节目，或许过一段时间主要内容就会忘记，但那些亮点经过多年后还会常常在脑海中闪现。如江苏的一档创优节目，描写了这样一个细节：一位记者采访一位身患癌症的女患者，患者在给记者斟水时，不是用手端给记者，而是用一个托盘。她在自己生命的最后时光，却仍时刻不忘关爱别人的健康，凸显了她的高贵品质，很令人感动。

主持人只有事先“成竹在胸”，主持节目时才能运用自如。敬一丹在谈起做《感动中国》主持人的心得时说道：“作为主持人，最重要的是遇见一个好的创作班子。我在《感动中国》里遇到了朱波，他是一个非常有才华的制片人。朱波让我和白岩松两个主持人一开始就以策划人的身份参与到节目创作中来，让我觉得这是自己的事，而不是等节目创作完成之后把我们作为标签一样贴上去。他还让我们自己写串联词，这又给了我们主持人一个非常好的参与空间。主持人对着别人写好的稿子硬生生地念出来和我们自己饱满地、有情感注入地说出来，效果是完全不同的。这就是我所说的‘深度参与’。朱波对我们常说的一句话就是：‘你看着弄吧！’”由此可见，深度参与对主持人的主持是非常有益的。倘若在节目策划初期就让主持人沉浸其中，使他们熟知节目中基本基调、节目的背景材料、表演者和受众的有关情况。

我们都知道，一个主持人主持与自己个性、风格截然不同的节目则只会模糊弱化自己的应有风格。

主持人要形成、保持自己的风格，就必须参与节目的策划制作过程。主持人风格是主持人个性和节目个性的统一体，也是在他所特有的思想感情、个人气质、经验阅历、审美情趣的范围里，由他所深刻感受引发的创作冲动促成的。

亲自参与节目的策划，了解节目、熟悉节目、感知节目，才能准确把握节目的风格，塑造与之相适应的风格。只有节目的风格与主持人自身“合拍”才会形成并保持主持人自己的风格。

例如，《非常6+1》的编导们都认为，这个节目主持人非李咏莫属。可以这说是给李咏量身定做的一档节目。为了让李咏有更多的发挥空间，节目还专门为他设计了带有李咏风格特点的开场，中间穿插他大段的“脱口秀”，在节目中李咏结合社会生活的新鲜事物对节目内容大侃特侃。整个节目和李咏鲜明的个人风格达到了高度的契合，整个节目既辛辣又鲜活。李咏的主持人风格与节目需要的风格完美准确定位，合为一体。

被称作“中国荧屏第一人”的沈力，在介绍自己通过长期实践所体会到的感悟时说：“主持人应根据栏目内容的需要，拿出自己的见解，才能形成自己的风格。重复他人的稿件是很难体现出鲜明的个性色彩的。”沈力认为，主持人应该在文字编辑上多花时间、多费心血，正是要重温编辑的创作和策划的意图，主持人如果能在这基础上加以润色，再注入自己的所思所见，就更能体现节目和个人特性的统一。

沈力在一次熟悉“膳食营养”的稿件时。原稿中有这样一句话：“您懂了膳食平衡的道理，就应该举一反三。”沈力仔细品味，发觉这话有命令味道，与自己形成的平易、亲切、严谨的荧屏形象不太相符，于是就改成：“您了解了膳食平衡的道理，还可以举一反三。”几字之差，“味道”全变了。也许一两次失误效果不明显，可是经常失误，就会导致主持人形象的混乱，原有风格也不复存在了。要形成、保持自己的风格，光靠编导是不行的，最了解自己的莫过于主持人自身了。因而主持人非常有必要参与解说词甚至采访问题的设计和节目的策划制作。

从我国的广播电视现状来说，目前广播电视节目的制作方式也要求主持人能事先参与节目策划与制作。例如，许多电视节目的制作是先分解制作，再合成，先做完小栏目，再单独在演播室录串场。如果主持人事先没把握好上下段落和各小栏目的内容，情绪就可能与画面规定的情节相脱节。我们常常可以看到这样的情景：前一个小栏目内容是幽默、愉快的，按说主持人情绪也应该和受众是一样很兴奋，结果，等画面切换到主持人时，主持人已经若无其事地介绍下一个内容了。情绪上的不协调很难产生应有的感染力和交流感。原因很简单：主持人不了解前一段内容，没有参与策划过程。

例如，策划和主持《艺术人生》的经历使主持人深刻感受到主持人不能游离于节目之外，必须介入，而且必须深入地介入。这个介入包括策划的介入、情感的介入和智慧的介入。这种多方面的深入介入，显示出主持人握有的“主持人主权”的理念。正是在这种主持人自觉参与节目、与节目充分的融入当中，主持人和栏目组一起实现了《艺术人生》的升华，也实现了自己主持艺术的升华。

第三节　节目主持人参与策划的原则

党性原则、法律道德原则、创新原则、调查研究原则、系统原则是节目主持人在节目策划时应遵循的基本原则。

一、党性原则

我国改革开放以来，社会主义市场经济获得了很大的发展，人们的物质生活和精神生活不断丰富，国家安定，政治开明。广播电视也获得了很大的发展，这种发展不仅体现在传播手段上和节目样式上，也体现在内容上。其所涉及的内容更加宽泛，不仅涉及社会的各个方面，也涉及人民群众生活的方方面面。但是，作为社会主义市场经济的初级阶段，社会又存在着一些矛盾和不和谐的因素。广播电视的性质仍然没有改变，所以，广播电视节目主持人在节目策划过程中，坚持党性原则这一方针当然也不会改变。作为我国重要传媒的广播电视，应当将党性原则贯穿于一切工作之中，这是节目策划过程中首先要考虑的问题。贯穿了党性原则，节目的主题就会明确，就不会失去方向，就会取得良好的社会效益和经济效益。否则，节目策划就会失去依托，就会传达错误的信息、造成错误的引导，策划就会失败。

什么叫坚持党性原则？坚持党性原则就是讲政治，归根结底就是要把着眼点放在为社会主义服务、为大局服务、为人民服务上。在 2002 年 1 月召开的全国宣传部长会议上，胡锦涛总书记的讲话始终贯彻了两方面的意思：一方面强调新闻媒体是党和人民的喉舌，一定要坚持新闻工作的党性原则，坚持团结稳定，以正面宣传为主的方针，牢牢把握正确的舆论导向，努力营造昂扬向上、团结奋进、开拓创新的良好氛围；另一方面他强调要尊重舆论宣传的规律，讲究舆论宣传的艺术，不断提高舆论引导的水平和效果，与人民大众日常工作和生活的实践统一起来，使宣传教育工作做到形式多样，生动活泼，为群众所乐于接受，能够回答群众中存在的思想认识问题。所以，主持人在参与节目策划的过程中，务必牢牢坚持党性原则，这样才能为人们提供有意义的好节目。

二、法律道德原则

广播电视是超越空间和时间的大众传播机构，对社会有着重大的影响，影响到人们的政治生活、经济生活、日常生活和工作、学习。这表明以节目为载体的广播电视是一种有着重要责任的大众传播工具。遵循法律道德原则，就要求节目策划应当在合乎法规、合乎社会道德准则的基础上确定和运用节目战略。节目策划切忌为了一己之利而置法纪、道德于不顾，违法损人。近年来，由传媒引起的法律纠纷逐年递增。广播界潜在的违法现象也四处隐伏，这应引起我们及早警觉。特别是一些投诉类的节目、法制类的节目，常常涉及一些商品的质量和民事、刑事案件等。特别是现在大量采用直播的形式，你如果平时毫无准备，头脑中没有法律道德观念，当遇到一些大是大非问题时很容易把握不当，出现失误。例如，某地一位主持人在直播中，听众提出自己打的一件官司时间拖了很久得不到解决时，便一口答应说："你不要去找他们了，我替你解决。"很明显，群众遇到这一类问题，不引导他去诉诸法律，而是自己充当"执法人"，是不利于我国法制建设的。坚持节目策划时的法律道德原则，就要求节目主持人自觉学习法律知识、增加法律意识、提高素质和思想道德水平。对策划开放式、参与广泛和不可知因素较大的节目，必须配套制订切实可行的控制把关措施，做好节目和技术保障，做到积极稳妥地推进工作。法律道德原则还要求媒介的竞争、广播电视节目的竞争应合法、有道德地进行，是公平的、相互促进的竞争，肩负着社会责任并树立良好的社会形象。

三、创新原则

不断创新才能得到发展。3M 公司（Minnesota Mining and Manufacturing 明尼苏达矿务及制造业公司）在评价自己为什么能够长期立于不败之地时指出："敢于创新、敢于异想天开才能赚钱。"3M 公司有一条 15% 规则：公司鼓励员工拿出自己 15% 的时间考虑新点子。这是 3M 公司自 1902 年起就一直长盛不衰的立足之本。

为了脱颖而出，获得成功，必须具有创新原则。1980 年，当特德·特纳开始经营有线新闻网（CNN）时，很多人预测他会破产，因为当时许多试图建立新闻频道的尝试都失败了。但是特德·特纳在经营时并不局限于常规，CNN 的新闻报道总是先于美国的其他三大电视网，在短时间内观众人数不断增长，到如今 CNN 国际频道（CNN International）可谓是全球最大国际新闻网之一，有线新闻网也因此获得了巨大的成功。

党的十七大报告中明确指出，提高自主创新能力，建设创新型国家是国家发展战略的核心，是提高综合国力的关键。

事实上，早已为人们认知的"科学技术是第一生产力"的本质也正是创新。

在生产力中最活跃的人，在开拓领域不断探索和揭示自然发展规律，创造出新的东西以推动社会生产力的发展。

策划与创新密切相关，每一件国家级的政府奖节目、各台众多的优秀的节目都是在完美的策划下产生的。比如，2004 年召开的“两会”，是中央电视台经济频道开播后迎来的第一个“两会”。经济频道在策划前期就明确一个原则——“两会”是经济的“两会”，百姓的“两会”。在策划中，节目大胆取舍，坚持通俗易懂，完善贴近性，实现报道的强指向性。为此他们把每个热点的相关背景资料做了专题归纳，称为“线路图”，使上会记者碰到任何领域的人、任何领域的热点话题都能根据线路图的提示去寻找新闻；还把两会代表委员的名单做了重新梳理，按照领导领域进行划分，把他们的身份、所在单位和一年来与其相关的热点经济事件，以及这次“两会”他们所关注的问题做了一个详细分类。当大家都在追“两会”上很多“硬新闻”的时候，如银行上市问题、社会保障政策等，经济频道则做“今年物价会涨吗？”为了让老百姓看懂两会，喜欢“两会”报道，经济频道在操作上提出三部曲策略：

一是让百姓从熟悉的场景里理解节目要讲的内容，不用“两会”报道常有的会场开始、会场结束的既定模式。其中，小丫体验式的开头——超市里、建筑工地上、SARS 实验室、银行营业厅，既有新闻性，也有趣味性。

二是让记者积极跑动在会议上，解答亲身体验带出的问题。这是避免枯燥会议新闻最有效的办法，既有动感，又有信息量；既活泼又权威。

三是信息的梳理有始有终。在栏目结尾用近 5 分钟的时间、约 2000 字告诉观众，今天这些信息到底意味着什么？最终完成信息的完整传达。

2004 年中央电视台的“两会”报道无疑为央视今后的“两会”宣传报道、会议报道和其他大型战役性报道打造了规范和历史模板，对相关的日常报道也会提供不少启示。

处于一个改革开放、日新月异的时代，节目主持人在节目策划工作中也应与这一变化发展的社会同步前进。节目是要讲求效果的。节目能否达到应有的效果，创新是必要的，节目的艺术是需要不断提高的。不断努力创新，以开拓性、丰富多彩的内容和引人入胜、不同凡响的形式来适应现时代多层次、多方需求和不断变化的受众市场，满足需求，并积极创造需求，不断赢得或巩固受众市场。在当今激烈的受众市场竞争中，人们每天都可以接触到大量的节目，如何使自身的节目区别于其他节目而形成自己的鲜明特色，给人以新颖的感觉，成为受众的理想选择，是需要节目策划解决的问题。

节目策划坚持创新原则，就要求节目创意要新，不断充实、优化、拓展节目内容，创新节目结构，尝试更开放地办节目，并让节目的表现手法求新求变，以新的格调、风格和形式，积极采用新的传输手段，吸引广大受众。

杨晓晖、李姬云曾撰文指出："一些节目从创意、形式到游戏的具体内容，甚至到主持人的服装、发式都抄袭一气。有些连说话的腔调都刻意模仿，让人听了十分难受，没有创新就会失去生命力。"事实证明，哪一个节目有创意、出新，哪一个节目就受欢迎；哪一个台的节目有创意、出新，哪一个台就兴旺发达，就会取得良好的社会效益和经济效益。应该意识到，坚持创新原则还必须反对公式化，反对简单化地照搬照套别人的节目模式，应该"走自己的路"。我们在借鉴别人经验的时候，要记住邓小平同志对节目策划的一段话："我们的现代化建设，必须从中国的实际出发，都要注意学习和借鉴外国经验。但是，照抄照搬别国经验、别国模式，从来不能得到成功。"（《邓小平文选》第三卷，第二页）

内容的策划创新，主要体现为开发利用新的节目资源。这种节目资源，应该符合媒体栏目化的生存需要，能够源源不断地提供内容。要善于利用新的社会现象作为节目资源。同时，最新的生活体验，也可成为创新节目的好资源。对新的节目资源的利用还可以通过对原有资源进行重新组合，以形成新的节目资源。

例如，中央电视台经济频道推出的气象节目《第一印象》，作为早间经济资讯节目《第一时间》的一个子栏目，突出自己的气象特色。虽然都是做资讯，但《第一印象》更强调的是从气象的视角出发，以当天的天气预报以及天气新闻为主线，穿插介绍与天气相关的时事新闻、气象常识，并进行深入分析，从而在内容上对整个节目给予补充和丰富。还有，中央电视台另一个栏目《对话》，面对大多数经济类电视谈话节目内容交叉雷同的难题，首先明确了受众群体及其需求，将探讨企业的创业精神、财富品质、成功的商业模式以及行业留给其他资本的成长空间作为节目的主要内容，激励那些正立志创业的人，为他们提供可资借鉴的榜样。

除了内容的策划创新，还有形式的策划创新。从形式的角度，策划创新通常有两种类型：

一种是形式的策划创新，是把原有节目杂糅、杂交，创造出新的类型。例如，浙江卫视诞生于2008年的《我爱记歌词》节目，就借鉴了国外节目的理念，有机融合了"超女"走红的经验，并做了更具吸引力的本土改良，打造了内地第一档平民卡拉OK节目，创造了娱乐节目的收视神话。

另一种形式的策划创新，是把传递知识和“讲故事”和谐地融为一体，通过“讲故事”把知识和启迪化为无形传播开去。如，2003年中央电视台将形形色色的纪录片样式综合在一起，创办了纪录片栏目《见证》，并与2001年开播的纪录片栏目《发现之旅》合称为《见证·发现之旅》，将节目转型为“纪录片故事化”的主要模式。

当然，手段的策划创新也不能忽略。这种策划创新主要是运用新技术处理方式，引入新的技术手段。如，2010年5月15日助残日当天，深圳卫视正式在都市频道开播手语新闻节目，由一个三维动画人物做“手语翻译”；2008年央视用高清信号转播奥运会，2010年我国将开播10个高清频道；2008年美国CNN电视台在报道当时总统大选时引入全息技术，等等。好的策划创新往往能兼顾内容、形式和手段，发挥特点，展现魅力，并善用新的节目形态来整合新的节目资源。

四、调查研究原则

实事求是，是马克思主义的总概括，是毛泽东思想和建设有中国特色社会主义理论的精髓，也是中国革命取得胜利、社会主义建设取得成就的思想基础和原则。世界是物质的，物质决定意识。要使我们的主观认识符合客观实际，就必须一切从实际出发。而要使主观与客观相符合，就必须对客观存着的“实事”进行系统周密的调查研究。从“实事”中“求”出其固有的本质，打破主观偏见的束缚，研究新情况、解决新问题，认识客观世界，不断使主观符合客观，是实事求是的过程和要求。节目策划中主持人遵循调查研究原则就是贯彻和运用实事求是路线的表现。

广播电视主持人节目受到受众欢迎的最主要原因，就是节目贴近群众、贴近生活。反过来说，节目的策划也必须要一切为群众着想。这就需要我们了解群众的疾苦、了解群众的心声，从各个方面详细地调查研究，为节目策划提供科学、准确的客观依据。这样策划出来的节目才能有扎实的群众基础，才能让群众觉得你与他们是同甘苦、共命运的，才能获得欢迎。可以说节目调查是节目策划的基础，它为节目策划提供客观、科学的决策依据。那些“领导不喜欢，群众不满意”的节目之所以不受欢迎，其主要原因就是在策划前没有进行详细的调查，闭门造车，坐在家中通过主观想象就把节目给拼凑起来了。这样的节目策划，是没有生命力的，是没有意义的。科学、规范的节目策划活动，由始至终必须遵循调查研究原则。

五、有效性原则

有效性原则是指节目策划要与最终的策划目的相一致，达到预期的效果。

电视节目主持人策划，本质上是对主持人人力资源和品牌资源的开发和运用。这种策划既有针对主持人个体的策划，也有群体的策划；既有当下的策划，也有长远的策划。这些策划应该提出明确的目标和预期的效果，既能充分挖掘出主持人潜在的能力，又能做到与栏目品牌、频道品牌的确立、形成以及维护紧密联系。

在当今，媒体产业化经营的背景下，主持人策划应该扭转观点，不因为策划而策划，而是科学有序地进行具体栏目的策划，具体主持人的策划，以发挥主持人最大的社会和经济的双重效益。

六、职业愿景原则

职业愿景原则是指策划要符合主持人的职业生涯规划。

职业生涯规划，主要是在个体职业生涯的主客观条件进行测定、分析、总结研究的基础上，对自己的兴趣、爱好、能力、特长、经历及不足等各方面进行综合分析与权衡，结合时代特点，根据自己的职业倾向，确定其最佳的职业奋斗目标，并为实现这一目标做出行之有效的安排。电视节目主持人的策划，就是对主持人的主客观条件进行分析、开发和运用，但这种策划不同于其他策划的是，它不仅重视对某一个体的职业规划，还强调对群体的整体性设计；不仅要深入开发主持人的潜在能力和资源，更要建立电视节目以及受众对主持人的评价回应体系。因此，电视节目主持人策划与主持人的职业生涯的规划二者既有交叉又有重合。只有电视节目主持人策划与主持人职业生涯规划在最大程度上契合，实现主持人的职业愿景，电视节目的策划和主持人才能合理到位地进行，建立起良性的双赢的循环发展机制。

七、系统原则

节目策划虽然像其他行业的策划、创新一样，可以是个体行为，但要使一个策划付诸实施，却是一个系统工程。一档主持人节目能获得成功，从其全过程来分析，节目策划应是居于核心地位、起决定作用的。因此，从节目策划的准备开始，就要把握相关的各个部分、各个环节，以使各个因素协调一致。

强调系统原则，就是强调节目策划活动的整体性、全局性和效益性。就是把节目策划作为一个整体从全局性统一考虑，从系统整体与部分之间的相互依赖，相互制约的关系中进行系统综合分析，并注意每一个部分或环节、因素的变化所引起其他部分或环节、因素的变化及产生的影响。必须从系统的概念出发，对各系列台与主持人节目相关的各个环节作最优化考虑，提高传播系统的整体效应和功能，发挥其综合能力。

第四节　节目主持人参与策划的程序

主持人节目策划工作本身是个有序的过程。在节目策划过程中，各项工作也要有序地展开。系统结构的有序性越高，系统的功能也就愈佳。总体而言，节目主持人与策划的程序主要有以下几方面：

一、策划目标的设定

任何一项节目的策划方案都不会是无目的的。无论是在原有节目基础上进行的策划，还是全新的策划，都是在有明确的目标、明确的课题后，才进行下面的工作的。没有明确的目标，就不知道要解决什么问题，也就无从下手，无法确定节目的形式和内容，更谈不上节目的定位和风格了。可以说策划的第一步就是要选择一个明确的目标。对于策划一个新的节目来说，选准了目标也就有了成功的希望。此外，确定了“目标”，才能在节目方案评审时有一个衡量标准，为策划方案的评估提供依据，为未来的受众调查提供依据。

在实际策划中，有些情况下目标是很明确的，例如，调查策划的目标基本上都是预先给定的，但有些情况下问题与目标就不是那么明显，需要策划人自己去挖掘去归纳。在这种情况下，常常需要事前的调查。调查的详尽程度随策划的复杂情况而定。

值得注意的一点是，目的并不等于目标。目标是目的的具体化，将目的以一定的方式标识，即是目标。目标具体化、数量化，则可增加达到目的的可能性。因此，目标的设定是一个复杂的过程。设定问题与目标是策划过程必不可少的重要环节。

二、策划环境的分析

所谓“策划环境”，就是指在策划实施时，对会产生什么影响，或会受到什么影响等有关组织和社会状态的考虑。对策划环境进行分析，是确立目标后的又一个策划的必要程序。

任何一个节目都不是孤立的，都是整个“节目链”中的一个环节，因此必定受到许多“客观环境”的制约，比如，节目的类别、性质、播出的形式、外部环境等，节目策划时不得不接受这些限制条件，策划者的才干就表现在另辟蹊径上。在策划过程中，面对各种环境，要运用排除法，丢开不切实际的理想主义观念，珍惜所拥有的一切既存条件，要调动一切智慧、经验和主观能动性，挖掘环境条件的潜在价值。

将这一理论应用于策划，环境分析就相当于设立约束条件，包括资源约束、组织约束、法律约束等各种环境约束。预先对策划环境进行细致的分析，找出各种可能的约束条件，是拟定实际可行策划方案的前提条件。

至于策划环境的分类，可以从多种角度进行。通常可以简单将其划分成：内部环境和外部环境；有利的环境因素和不利的环境因素。

三、策划课题的斟酌

策划环境分析之后，紧接着就进入策划的核心阶段，即产生构想的阶段。这一阶段也是最能体现策划人创造性的阶段。

策划人首先要确定策划的大致方向，也就是在地基上完成钢筋的骨架。而这个骨架是否坚强，依赖于地基的稳固程度。

换而言之，策划的大致方向是围绕目标与问题，结合环境因素而确定的。能否准确发现问题，设定目标，决定策划方向的准确性。

确定大体方向之后，就该是策划人的卓越创造力发挥作用的时候了。策划人找到了解决问题、达到目标的关键所在，并逐步确立了大致的抽象性概念，最后将这一抽象性概念附着于某个实体上。这样，策划的核心——构想就初具轮廓了。之后，构想在策划人头脑中进一步清晰，进一步成形，并最终发展成为一个完整的构想。

四、策划计划、日程的安排

有了策划的目标，经过对课题的分析和斟酌，就要将整个策划方案从“无形”变为有形，将其具体地细化。然后对方案所需的机构、物质保证、人员保证、资金保证等要全部列出，并依此制订出详细的计划和时间。哪一步该由什么人实施，怎样实施，什么时间实施，如何保证各个环节准确到位等都要有明确的计划和日期安排。策划计划、日程的安排是将策划人员的构思完整地转化为策划方案这一质的飞跃的保证。它的工作量大，而且具有复杂性，对这一项有机的系统工程需要强调科学性和准确性，并且要切实可行。

一项策划的具体计划安排越详尽，预算越准确，就越具有现实的可行性，从而越具有说服力。

五、策划书的整理

在主持人节目的策划之初，在策划人头脑中出现问题、有了明确的目标时，节目的策划书就已经开始构想了，只不过开始的策划常常是形成于思维中的。随着策划工作的不断深入，轮廓越来越清晰，构想越来越明了，整个策划越来越接近目标时，思维中的“轮廓”就可以转化为“完整”的策划方案了。策划方案就像建造一座大厦时的“施工图”，是一个依据，有了施工图，才可组织评审、进行修改，在通过各方面科学论证后，才能组织实施。

一份好的策划方案，应该符合简明易懂、丰富翔实、严谨完整的条件，并且应具有很强的可操作性。“简明易懂”是说方案要让大家一看就明白，不晦涩，不矛盾。“丰富翔实”是指策划方案的可行性非常高。“严谨完整”是指结构的完美。能制订完美的、具有很强说服力的策划书，可以证明策划者的水平和能力。

六、策划意图的组织实施

策划不是为了策划而策划，而是为了取得一定的效果。因此，如果策划仅仅停留在策划书的阶段，那么它也就只是供人观赏的摆设而已，不具有任何实际的意义。日本策划专家江川郎认为，所谓杰出的策划是指：杰出的创意实现可能性最大的期待效果。可见，策划书有杰出的创意是远远不够的，策划的效用最终表现在它的实施上。

有些学者常把提案与组织实施分成两个阶段分别加以说明。其实，从策划人的角度来看，从提案开始，策划即已进入实施阶段，二者是不可分割的。提案若不获通过，实施即无从谈起。如果将两者分开，容易给人一种误解，似乎提案只是一种形式上的审查工作，而实际上因提案未获通过而被束之高阁的策划是很多的。

七、策划效果评价与反馈

策划效果的评价与反馈是策划方案付诸实施的最后一道工序，但对于获得通过的主持人节目策划方案来说，并不是就意味着可以“到此为止”了，而是要根据反馈的情况和评价进行积极的再调整，使策划方案更加完善。有时这种根据评价和反馈对原方案的调整并不是一次两次，而可能是许多次。

第二章
造就主持人策划能力的保障机制

造就主持人策划能力的保障机制是指造就优秀主持人、造就优秀节目的一种组织运转体系。

我国的主持人节目经过多年的发展，已经由低水平的办节目发展到较高层次的质量竞争，而主持人节目的竞争归根结底是人才的竞争。因此，一位主持人能否成为优秀的主持人，能否成为具有策划创新能力的主持人，素质起着决定性的作用。

所谓素质，就是人的生理特点、心理特点与知识积累、实践经验以及智能锻炼等状况的综合表现，是人的体力、脑力、智力以及能力的有机结合体。主持人策划、采编和主持节目的过程，就是展示自身素质的过程。尤其值得重视的是，在竞争激烈的情况下、在主持人具备基本素质的情况下，主持人的能力尤其是策划节目的能力显得更加重要。

有人认为，作为主持人只要外形好、音色好就行了。这一看法有失偏颇。应该说主持人的外形、音色和普通话只是作为一名主持人的基本要求，重要的是主持人的能力和素质。评价一位主持人，认为其长得漂亮、外形好，就是肚里没货，是不公平的；说一些长相、外形一般的主持人肚里有学问也不实事求是。事实上有些主持人的确不是靠真才实学去感染受众，而是单从发型、服装、化妆等包装来推销自己。他们一张嘴，就暴露了其徒有其表、腹内空空的实质。有的主持人为了烘托气氛，哗众取宠，使出浑身解数，或者自我贬低，或者自相挖苦，让受众看了、听了觉得一点也不好笑，甚至认为低级趣味，产生厌恶之感。有许多成功的例子说明，主持人即便是外形稍不尽如人意，因为具有良好的气质、独特的个性、广博的学识、较强的创造能力和策划能力、较强的写作和语言表达能力，仍能成为一名优秀的主持人。如《锵锵三人行》的主持人窦文涛，虽没有英俊的外貌，但他亦庄亦谐的神情，画龙点睛的语句，一针见血的提问，形成了自己的独特的主持风格，深受观众喜爱，也使《锵锵三人行》栏目成为凤凰卫视收视率居高不下的栏目之一。水均益、白岩松、敬一丹等主持的《焦点访谈》、李咏主持的《非常6+1》等，都通过他们的内在的素养形成了自己的风格，进而深深地吸引了广大观众，使栏目收视率大大提高。湖南卫视《快乐大本营》的主持人何炅的机智、幽默，谢娜的活泼、伶俐，让两种主持风格和谐地统一在一起，使《快乐大本营》成为湖南卫视的王牌栏目。

因此，一些眼光远大的主持人开始为自己“充电”。《中国新闻》主持人徐俐在走进直播室后才明白了“功夫在诗外”的道理，才知道这一行并非想象得那么轻松和浪漫，需要勤勉和韧性，于是她又重新背起书包，走进校园。至于《焦点访谈》的几位主持人敬一丹、白岩松、水均益等均是高等学府走出的高材生。扎实的底子使他们能完美地进行节目策划，准确地把握住节目的灵魂，精辟、准确地阐述主题，层层深入地揭露本质，给观众留下了深刻印象。而沈力等老一辈著名主持人虽没有在大学深造过，但他们不断地学习，注重自己气质和学识的后期培养，他们的主持已是典范，后期的学习和积累也是非常重要的。

不过，从我国目前状况来看，主持人的能力培养还没有形成完整体系，也缺乏一套保证、促进和激励的机制。

当前主持人队伍的现状可以概括为：

首先，主持人队伍整体素质严重不均衡。部分主持人缺乏专业培训，经验和能力不足，严重影响了主持人节目的发展。

其次，没有形成良性的人才竞争氛围和流通体制，人才难以流通。例如，某些台只是局限在当地招收主持人。

最后，在政策、待遇、编制、经费、制度等许多方面缺乏保证。一方面，有些台严重缺乏具有策划能力的优秀主持人；另一方面，有些台由于机制等诸多因素，又造成了人才浪费和积压。

在未来的日子，商业属性会在广播电台、电视台之间表现得更为突出、明显，而未来广播电视的竞争又会突出体现在主持人领域。为了在未来的收听率、收视率竞争中争取生存的空间，为了在未来的国际竞争中求得生存、发展，早日建立两套有利于保障主持人策划、创新的综合素质提高的机制尤为重要。

第一节　造就主持人策划能力的市场机制

虽然我国的主持人节目经过多年的发展，在整体水平上已大大提高。从中央人民广播电台、中央电视台到各省级台、市级台已涌现出了许多名牌节目，也拥有了一批名牌主持人，但是地区与地区之间、各台与各台之间的主持人水平和能力、主持人节目水平之间良莠不齐，发展不平衡。

《2010～2015年中国电视、广播产业发展分析及投资前景预测报告》中指出："改革开放以来，中国贯彻执行对内搞活经济和对外实行开放的方针，极大地调动了地方的积极性，中国的广播电视业出现了蓬勃发展的新局面。经过30年的发展，中国形成了有线、无线、卫星、互联网等多种技术手段并用的广播电视传播网络。到2007年年底，全国有广播电视播出机构2587座（其中，广播电台263座、电视台287座、教育电视台44座、广播电视台1993座），共开办了3760套节目（其中，广播节目2477套、电视节目1283套）。"

据有关权威专家估计，目前我国节目主持人总数为2.3万人左右，可是加上大量的业余和兼职主持人，会远远突破"2.3万"这一数字。何况新的主持人仍在不断走上岗位，在岗的主持人总数仍在不断上升。

与国外相比，我国的主持人发展历史相对较短，一些高校新开办的主持人等专业由于师资等方面的原因，还无法大量地培养高素质的主持人。专业院校所培养的少量优秀主持人往往不能满足这一特殊岗位需要；而一些来源于社会的在岗主持人，他们中有些人没有经过任何专业培训，未来的发展则要完全看自己后天是否努力。若平时多注意学习和研究探讨，就能有一定程度的提高；若自己不努力基本上就会被行业淘汰。

主持人由于每天工作量非常大，很难静下心来学习，更不要说系统地学习了，即便是学，相关的专业书籍也很少。同时，配套的管理和制约机制又跟不上，对业余人员多实行粗放管理，或管人不管节目，或管节目不管人，因此，这些主持人基本上是一种放任自流的状态。加之现在的用人机制比较灵活，业余主持人、签约主持人流动性又比较大，有些基本成了"打工族"，哪儿工资高就去哪儿。这也导致了一些台不愿投入大的经费对他们进行培训。

有些人可能从来都没有接触过主持人专业，在能力上根本就不具备发展的潜力，但只是因为其本身的普通话较好，一次大奖赛后就成了"名主持"。这些主客观方面的情况都制约了主持人的能动性和创造性的培养发挥，严重影响了主持人整体水平的提高，影响了主持人节目质量的提高，成为主持人节目策划、创新、创优的严重制约。

主持是一门艺术，不是单单地动动嘴皮子就叫"主持"。这门艺术也是一门系统的艺术，包含了对节目的策划能力等。有些人单从主持一个角度判定"主持无艺术"就是忽视了主持的系统性，忽视了主持人的策划等能力。也正因为主持是一门内容丰富的艺术，涉及面广，对主持人的政治素质、文化素质和业务素质等能力要求都很高。为了鼓励和表彰优秀的主持人，国家广电总局还于1993年创立了“金话筒”奖。1997年，该奖被纳入广播电视界最高级专家奖——“中国广播电视学会奖”。

在当前情况下，如何造就出更多的优秀主持人，市场化是一个必然动力。

广播电视也具有产业属性，其生产的广播电视节目作为一种特殊的商品必然受到市场规律的调节和制约，因此也不能违背市场经济规律。节目主持人是主持人节目不可或缺的要素，主持人节目本身的产品化、市场化造成了主持人价值可以通过竞争得以实现。

建立人才竞争机制，可以形成有利于节目主持人在竞争中脱颖而出的环境。应当从思想观念上形成通过竞争来提高主持人水平的共识。可以公开竞争节目时段，公开职责目标，双向选择上岗，建立逐级聘任制，拉开工资档次。让主持人在中央及省市之间、地区和地区之间流动起来，能者上庸者下。

我们看一下美国三大广播公司，他们对主持人的争夺和高薪聘用达到了登峰造极的地步。在20世纪80年代初，美国三大广播公司的竞争焦点就已经集中在高水平的主持人身上。为了挽留丹·拉瑟，CBS以10年2000万美元外加其他费用50万美元的高薪予以挽留；ABC则以年薪300万美元的高薪“挖墙脚”。最后丹·拉瑟还是留在CBS接替了克朗凯特。

由此可见，建立人才竞争的机制，竞争高水平主持人是非常重要的。在竞争中我们要注意：

首先，建立人才竞争机制要实行真正意义上的人才流动，选用主持人不能只停留在本地区、本部门、本行业。要通过优厚的待遇、良好的工作环境吸引人才。现在，一些电台、电视台已经开始尝试在本地之外公开招聘主持人。中央台开始吸引和招聘地方台的优秀主持人；大城市开始吸引并招聘周围城市的主持人；经济发达地区的台开始吸引和招聘经济欠发达地区的主持人；广播电视改革走在前列的台吸引发展较慢的地区台的主持人；工资待遇高、工作环境好的台吸引和招聘工资待遇差的地区的主持人；一些影响大的台还吸引了其他行业的精英加入主持人行列。事实非常明显，拥有人才制高点的台，现有主持人整体素质都较高，这实际是竞争产生的结果。

其次，建立人才竞争机制要在用人上实行能者上、庸者下。由过去的打破“铁饭碗”，到现在的打破“铁交椅”，实行岗位竞争。受众欢迎的主持人，创新、创优能力强的主持人就上；在岗位上应付，工作平平的主持人就下。主持人队伍应该是流动的泉水，只有流动才会有朝气、有活力。

第二节　造就主持人策划能力的选拔机制

中央电视台在选择主持人时采用的标准是：具备大学本科学历，受过高等教育，有较为广博的知识；形象上做到外形与气质的有机统一；掌握标准的普通话。

而各地在选拔主持人时都会有不同的标准。有的地方是专家说了算；有的地方是领导看好了、听着顺耳就可以，对专业的评判缺乏依据；甚至有的地方是外行选“内行”。各地之间依据的标准也不完全相同，有的地方是通过大奖赛来“拔将军”，只凭一次冲关就走上了岗位；有一些想走上主持人岗位的人，接连在几个地方参加招考，连初试都过不了，可换个地方却能进入决赛，获得大奖。现在，在主持人的选拔上还没有一个全国性的、具有很强的可操作性的统一标准，更不用说通过电脑软件进行客观评判了。

现在看来，之所以说主持人的选拔没有形成机制，正是因为基本标准不同，这样选出的主持人素质和能力也就很难准确判定。

总的来说，主持人选拔应遵循以下标准：

一、政治素养

我国的新闻事业是党和人民的“喉舌”，因此作为身处传媒前沿的主持人，在策划节目时、在与受众直接交流过程中，其政治素养就更加重要。把政治素养作为必备的条件，不仅仅是政治上的要求，也是业务工作的要求，因为，在节目策划时，不了解政治就必然策划出偏离现实生活的节目。

主持人的政治素养包括政治态度、理论修养、思想作风、道德修养、政策水平等。主持人的政治素养直接关系到其主持节目时的态度、语言、表情、基调等。

首先，作为主持人应该有高度的政治觉悟和道德情操。身为一名主持人，要时刻把党和国家的利益放在首位，并贯穿于采编和主持之中。要认真学习党的各项方针政策、国家的各项法律法规，要用辩证的和历史的观点看待工作中遇到的问题、看待各种社会现象，这样可以在选择节目内容时，客观地看待、准确地把握、正确地引导。

其次，要时刻想着群众，把广大人民群众的利益放在心上。党的宗旨是全心全意为人民服务。主持人的工作性质本身也是在实践“三贴近”原则，因此，主持人要时刻想着群众，要明白脱离群众的一切实践都是会失败的。政治素养高，才能够寓教于乐、潜移默化、春风化雨、深入人心，才能获得社会和经济效益。全心全意为人民服务，时刻想着群众，本身就是党性原则的体现。做到这一点才能起到传媒的作用，上情下达，下情上达。时刻想着群众，是主持人优秀政治素质的体现。

此外，身为公众人物的主持人，还要讲道德、讲正气，树立良好的职业道德形象。不能台上是一种形象，台下是另一种面孔。在主持人“成名”后，更要时刻注意这一点。主持人作为大众形象，其一言一行、尤其是道德，时常成为人们茶余饭后议论的话题。个别不注意道德修养的主持人，在遭到指责和议论时，损失的不仅仅是自己的颜面，还有经过苦心包装的整个节目的形象。而一些名主持人因具有良好的道德操行受到群众的尊敬，也常常成为佳话。例如，2008 年在中央电视台为汶川地震举办的《爱的奉献》抗震救灾晚会现场，倪萍捐了 100 万元。有记者问她捐款 100 万元是如何决定的，倪萍说自己从社会得到很多，只不过做了应该做的事。

可以说政治素养是主持人人格形象和社会形象的基础。主持人只有具备了良好的政治素养，才能一心一意为群众排忧解难，才能以积极、向上、乐观、进取的精神和浓厚的生活热情、强烈的公众参与意识完善自我，服务大众，才能树立良好的人格形象。同样，主持人只有具备了良好的政治素养，才能深入社会，了解社会生活，采集公众思想，迸发出策划的灵感，产生出创造性的成果。

二、文化素养

进入 21 世纪以来，人类文明高度发达，知识经济、生物工程、纳米技术等已进入人们生活的方方面面，各行各业对人们的文化科技知识要求越来越高，对处在广播电视竞争“焦点”的主持人来说也是如此。可以肯定地说，市场经济的竞争归根结底是人才的竞争，而不具有丰富文化素养的主持人不仅不会成为名牌主持人，更不会成为富于创造性的主持人，最终只能被历史淘汰。

必备的知识是成为一名主持人的基本条件。广播电视需要通过主持人来传递信息、传播知识，作为主持人如果自身知识贫乏，怎么去完成这一任务？知识水平不仅是节目主持人文化素养的主要因素，也是节目主持人能力的重要标志之一。你是新闻类的主持人也好，是生活服务类的主持人、综艺类的主持人、谈话类的主持人也好，你都必须掌握所主持的节目的相关知识，并在不断地实践中争取成为专家。主持少年儿童节目就要懂得教育学的相关知识；主持法制类的节目，就要知法懂法；主持谈心节目，就要懂得心理学方面的知识，等等。另外，作为一名新闻工作者，当然还要具备新闻工作的相关知识。

没有扎实的专业基础知识就很难高屋建瓴，从事进一步的节目策划。

孟子认为："资之深，则取之左右逢其源。"一名成功的主持人，需要具备比一般从业人员更高、更全面的素质，才能在策划和采编主持过程中得心应手。事实上，现在许多主持人有时会沉醉于"厚重的包装的光环"之中，而观众和听众也被动地选择、被动地反馈、被动地认同。但是，文化素养单薄最终会使之"黔驴技穷"，露出"马脚"。主持人暂时的知名度和形象终究会在宏观传播中因受众主体性的凸显而受到影响。如果不经常"充电"，在能力上进行提高，先天性的文化素养缺乏终究会被节目"抽干"。再火的节目如不进行新的策划，不提高，也会在视听率上走下坡路。

曾担任北京电视台读书栏目《非常接触》的主持人阿忆，正能反映这一点。阿忆独特的文化内涵储备，十分符合这档栏目的要求。在节目里，阿忆谈吐中既流露出浓厚的人文关怀，又不失文人的机智幽默。最为重要的是在文化内涵上，阿忆是北京大学中文系学士兼法学院硕士，从事媒体工作十余年之久，做过节目策划、大型纪录片撰稿人，等等。这样的身份、这样的功底与节目定位几乎是严丝合缝的。在《非常接触》的舞台上，阿忆的主持得心应手，水到渠成。这正应了我国古代思想家王充的名言："人有知学，则有力矣。"

文化素养并非说是有了某专业的本科或大专文凭就合乎要求，而是要对社会科学、自然科学方面的知识，诸如历史、地理、经济、文学、美学、社会学、心理学以及现代科技知识等兼容并蓄。杨伟光同志曾说过："节目主持人天天要做新的文章，涉及面很广，虽不可能成为全能的专家，但知识面要广，上知天文，下知地理，古今中外，社会科学和自然科学都要懂。"广播电视是传递信息、传播知识的最现代化的工具和最有效的途径。面对一日千里的现代社会，仅有一方面的知识肯定不够，主持人只有站在时代科学的高峰之上，才能高屋建瓴。为此，要想成为一名全能主持人就要多学习、勤实践，积累丰富的经验，实践本身也是一种学习。

三、语言素养

语言是人们最基本的交际工具，也是人们思维的基本工具。传递信息、传播知识，离不开语言。随着主持人行业的竞争加剧，以前那种主持人不是播音员，不需要扎实的语言基本功的观点已适应不了新形势的发展。现在看来，作为一名优秀主持人，掌握播音的那一套基本功非常重要。事实上也正是这样，主持人发展之初的那些语言素养不好的主持人可以说大多都已被“大浪淘沙”，而在近年涌现出的优秀主持人，又无一不是具有深厚的语言功底的。节目主持人是运用语言艺术与受众交流对话的，因此，节目主持人出众的语言表达能力是必要的重要素质，语言表达的灵感与策划创新有着密切的关系。语言表达能力强的主持人，往往能够在主持节目时随机应变，思维敏捷，在节目策划上“点子”不断。

语言还是人格魅力外化于节目的重要表现形式，是主持人发挥劝服功能、实现理性引导的主要手段。语言是主持人文化知识素养的载体。有时主持人主持节目时会有“无话可说”的现象，在编辑串联节目时感到没词儿，不能切中要害地对新闻事件进行准确评论等，都是语言素养有欠缺的结果。节目主持人要能够出口成章、言之有理、口齿清晰、言谈得体，在各种不同的场合，针对不同的对象，都随机应变，驾驭自如，就必须加强对语言的学习。在选拔主持人时，要把语言素养作为最基本的条件。

语言素养包括以下内容：

首先，要想成为一名优秀主持人，就要具备较好的声音天赋和播音理论及技巧。没有良好的声音天赋就无法准确地表达思想情感。声音不仅是主持人与受众交流的工具，还是塑造主持人形象的重要手段。何况各具魅力的声音本身就对受众富有吸引力。天天从事语言交流，应该对诸如人体发声器官的构造、发声原理、发声的方法以及情声气的处理方法，停顿、重音、语气、节奏的技巧等能准确把握，这样在主持节目时才能声情并茂，充满魅力。

其次，主持人要具备较强的语言表达能力。单是普通话说得准确，只能说明其普通话水平高，但作为一名以表达为主要职责的主持人来说，这还远远不够，还要具备较强的语言表达能力。高超的语言表达能力是主持人将自己的所见、所闻、所感，准确生动地策划于节目中，传达给受众所必需的。

主持人的表达既要符合人们的思维规律，一听即明，又要善于把复杂的客观事物、丰富的思想感情通过浅显的、形象的叙述完整传神地表达出来，以感染受众，收到最佳传播效果。

以崔永元为例，他主持节目时几乎每一句话都是口语化的，极富个人魅力。很难听到崔永元说“你觉得导致这个事情的原因是什么?”、“对你的意义和影响是什么?”等干巴巴的书面语言。他通常会说“为什么?”、“有什么用呢?”等老百姓常说的简单的话语。因为他知道他面对的大多数是文化水平并不高的老百姓，许多时候，观众看《实话实说》或是《小崔说事》，也是在听小崔“唠嗑”。从本质上讲，崔永元的思想是深刻的，忧虑是深沉的，但他却通过了口语化的平实的语言，化复杂为简单，化抽象为形象，从而使节目更加贴近老百姓。

通常，节目主持人的语言应具备以下特点：

（一） 明显的对象感

对象感是主持人在主持节目时的一种心理状态。一般来说，节目主持人都是用第一人称“我”与受众交流的。对象感是主持人调动自己的情感，进入兴奋状态，激发主持欲望的重要手段。

（二） 浓郁的交流味

节目主持人的语言在与受众交流时是双向的，这种“双向”决定了语言的谈话方式。交流式的语言不仅可以使受众产生参与感，而且可以使受众与主持人之间产生一种平等的关系，进而产生亲近感，增加节目的吸引力。

（三） 灵活的即兴式

由于主持人在主持节目时的语言不是照稿念的，而是根据现场的具体情况、不同的话题和情绪等即兴表达的，因此具有很大的灵活性，灵活即兴的现场语言表达能力是衡量主持人水平的重要标准之一。

（四） 鲜明的个性

主持人是以“我”的身份与受众交流的，因此必然具有个性色彩。第一是声音的个性特征，不同的音质、音色以及发声方法都可以使主持人形成独特的声音特征；第二是表达的个性化。表达的个性化是由于不同的主持人的不同的思想和见解以及感受和认识等的独特性形成的；第三是构思的个性化。主持人在节目的采编主持过程中，对节目的主题、题材、结构等都会融入自己的思想感情和认识见解，这些表现在语言的构思上，就形成了不同的特点；第四是风格的个性化。主持人在长期的主持实践中，语言上可表现出一种稳定的个性特征，这种特征就是语言个性。

四、心理素质

人们的一切行为，都是在一定的心理支配下进行的。有时一个人的心理素质的好坏往往会成为事业成功与失败的关键。尤其是主持人，鉴于其所从事职业的特殊性，常常出现在竞争的第一线。主持和策划节目能否成功，能否承受主持节目的压力、社会的压力、环境的压力、功名富贵等的压力，能否面对竞争压力创造出更好的、广为受众欢迎的节目，心理素质非常重要。每一个名牌节目都是在艰难险阻之中，经历过层层磨难才“柳暗花明又一村”的。

在播音和主持人岗位上工作时间长一些的同志可能都遇到过这种情形：一些基本条件，如文化、声音条件等都较好的主持人却不得不忍痛离开岗位，原因是看到话筒和摄像机镜头就心理紧张，大脑一片空白，还有的是发不出声来等，这些都和心理素质有很大的关系。

更有甚者，主持人如不具备良好的心理素质还会导致事业和人生的失败。例如，湖南经济电台《夜渡心河》著名夜话主持人尚能，曾被誉为“长沙第一嘴”和享有“一代主持奇才”的美名。湖南电台资深记者邓余保评价说：“尚能获得成功主要依靠三个方面：可信的形象；较强的责任感；灵便的口语技巧。”用尚能自己的话说就是抱着诚实的态度与听众交谈，不说假话。对听众提出的问题,坦诚地直抒己见，是对是错，一股脑儿倒出，不装腔作势、故作高深；也不信口开河，或以“哼呀”、“哈哈”来搪塞。对青年听众如此，对老年听众更是如此。尚能主持的《夜渡心河》之所以受到听众的广泛欢迎，与他勤奋努力是分不开的。为了主持好节目，他阅读了大量的书报杂志，涉猎各种知识以丰富自己、充实自己。尚能认为，要使节目上档次、有深度，自己不提高不行。只有具备责任感、正义感、知识面、人格力量、语言艺术，才能构成合格的主持人。

可是，就是这样一位具有相当高知名度和才华的主持人，却由于心理素质较差自杀身亡，令人甚为惋惜。在尚能之前就已经有上海、北京两起谈心节目主持人自杀事件了。

莫文冰在《谈话节目主持人的自我心理调适》一文中对主持人应具备的心理素质提出了十二点要求：1. 有积极进取的人生态度；2. 有强健的体魄；3. 有大无畏的精神；4. 对未来的成就充满希望；5. 享有良好的人际关系；6. 有信心和懂得运用这种信心；7. 愿意与人分享自己的成就；8. 愿意以博爱精神去工作；9. 胸襟开阔，能容人容物；10. 有良好的自律性；11. 有了解他人和世事的智慧；12. 享有宁静充裕的生活。这十二点基本概括了塑造完善个性、造就主持人成熟人格的准则。

从社会角度来看，心理健康也已成为衡量一个人人格是否健全的主要标准，在心理与生理两者之间的关系中，心理因素是起主导作用的。在现实社会中，主持人也要面对自身事业的发展，要考虑如何把节目做得更好，也要面对激烈的竞争，面对知识爆炸、家庭情感、生活节奏、物质和精神需求等心理冲击，只有具备良好的心理素质，才能具备一个超然平和的心理状态，才能在逆境中获得成功。

另外，从主持人自我心理调适能力来看，心理素质也非常重要。主持人节目多为热线直播节目，作为公众焦点人物，平时在节目中要和听众进行大量的直接交流，要深入社会进行大量的、与听众面对面的采访。各种焦虑、紧张、担心、愤怒、挫折等情绪很容易影响主持人主持节目时的状态。加之直播节目的紧张、长期得不到休息、经常的早晚间节目造成的不正常的生活规律，都会影响主持人的精神和生理健康。如不具备良好的心理素质，轻则影响工作的积极性和创造性，重则会造成人生的失败感。因此，主持人平时在学习文化知识的同时，还要注意培养自己高尚的情感，以积极、健康的心态面对人生。

良好的心理素质来源于高尚的情感和对生活、对事业的热爱。情感是事业之本。成功的主持人无一不是乘着情感之舟到达理想的彼岸的。正像列宁所说："没有人的情感，就从来没有也不可能有人对真理的追求。"因为人的情感是社会生活的喜、怒、哀、乐、爱、恨在主持人头脑中的反映，正是这种反映推动了主持人的创作热情。

2003 年 5 月下旬，在甘肃武威的一个农村小学，五年级学生短期内连续有 6 个孩子喝农药自杀。央视的《新闻调查》栏目对这个事件做了一期名为《双城的创伤》的深度调查。这一事件除了有死亡的创痛带来的"情感"因素之外，更要挖掘的是"生死"、"理解"、"自尊"等含有哲学意味的主题。调查之中，既是记者又是主持人的柴静，话语里充满悲悯、惋惜、痛心的情感。在被采访对象小男孩面对镜头泣不成声时，柴静也情不自禁地流下眼泪，并蹲下为孩子拭泪。观众看到这里，心灵深处无不被深深触动，惋惜、怜悯之情笼罩着他们的心。因此，电视节目主持人"要想调动观众情感，让他们产生共鸣，主持人首先要有感情投入，要与观众同喜、同悲、同激愤、同感动。主持人只有与观众交换内心的思想，找到情感上的共鸣，才能收到最佳收视效果"。主持人柴静就以真实的情感，用最和谐、最流畅、最具感染力的电视语言，刺激观众的视听觉感官，激发他们的情感，凝聚人心。

良好的心理素质还来源于健康的性格。性格是人的态度和行为方面表现出的比较稳定的心理特征。性格还对人的思想品格、行为、习惯有着重要影响。我们知道，没有鲜明性格的主持人是无法塑造出好的节目形象的。

人的心理和性格虽然有先天性的因素，但是后天的修养非常重要。在现实生活中，应当积极进行心理调适，锻炼和磨炼自己的性格，摒弃影响自身心理的不正常因素，保持乐观豁达的人生态度，保持健康向上的进取精神，养成健康的心理状态。

吕冠红在《试议主持人心理素质的确立》一文中，将主持人的心理素质分成了四种类型，对选择和评价主持人能力有一定借鉴意义。

（一）气质型

气质具有心理特征的综合性，它是主持人心理活动和所表现的某些关于强度、灵活性、稳定性和敏捷性等方面的心理特征。该类主持人的气质更多地表现在情绪和情感的发生速度、形体动作的强度和稳定性等方面。此外，该类主持人的气质还较多地受到个体生理组织特点的制约，这比其他心理特点更具有天然与稳定的性质。由于该类主持人更好地具备了以上特征，因此在主持节目时更易具备成熟、冷静、客观、平稳的心态。

该类主持人由于其心理素质在这方面较突出，主持节目时极易拉近与受众之间的距离，让受众感觉到主持人可以成为他们的活生生的、可以信赖的朋友。

（二）创造型

创造型在心理学上称创造性想象和创造性思维，是指主持人按照自己的创见形成某种独创性的想象、表象过程以及在创造活动中的那种思维过程。主持人要面对现场的嘉宾和群众，大家敞开心扉、畅所欲言地进行交流，要求有即时的构思和随时发现问题的思维和创造性地解答问题的思维。在主持现场，主持人的创造想象不是依据任何理性的描述，而是按照自己的创见来塑造自身的形象，并依赖第二信号系统的创造性调节作用，即语言和在它影响下建立起来的条件反射，以其轻松自然的谈话、适时的点评、巧妙的诱导成功地驾驭现场、活跃气氛，以此获得突破、取得成功。创造型的心理素质反映在主持人身上具有普遍性，在本质上并没有什么两样，但在水平上却有差别，集中反映在创造性思维过程中的认识飞跃上，也就是灵感上。灵感好的主持人，其创造性思维对交流中的发现，往往一触即发，妙语连珠，热情奔放，使受众感受到双向交流的快乐。

例如，2001 年年底，“希望工程”假信事件破灭了众多把它当做“良心圣地”的捐助者的想象。央视的《时空连线》策划了一期名为“信任来自透明”的节目，邀请沈静珠教授、“希望工程”发起人徐永光、中国社会科学院社会研究所杨团共同探讨，得出结论：想让好人一直做好事，就必须把公益事业放在透明的口袋里。这就要求政府要有更加明确的法律法规，应该有社会评估机构参与。节目播出之后，社会反响强烈，《北京晚报》、新浪网、中华网都做了全部转载。

透过这次节目，凸显了主持人的创造性思维和敏锐的新闻灵感——从“希望工程”假信事件中洞察到了事件背后隐藏着诸多复杂的因素，这正是主持人通过创造性思维取得的认识上的独特飞跃和深度突破。

要想使自己成为创造型的主持人，重要的是要树立自己创造性的品质：

1. 自觉性。主持人要追求创造，并形成浓厚的兴趣，兴趣是创造力培养的动因。

2. 持久性。要求主持人锻炼自己精神上的耐久力、意志力，选准了目标就要坚持不懈，锲而不舍，不达目的绝不罢休。

3. 探索性。要不断培养自己发现问题、分析问题与解决问题的能力。要善于观察，勤于思考。

4. 灵活性。要锻炼自己适应环境变化的能力，善于接受新生事物，善于从失败中总结经验教训。

（三） 人格型

从心理学的角度来讲，人格和个性具有同样的含义，是指一位主持人的各种心理特征的综合。主持人是公众人物，要面对各种各样的环境和受众，因此既要有常人的心态，又要有主持节目时的心态。要用良好的精神面貌去整合节目，塑造自己。

作为创造型的主持人在主持节目时，有的表现在意志上。主持节目既有独立性，又有自制力；既有坚持性，又有果断性。在交流中既不冲动、动摇，又不优柔寡断，处理问题总是恰到好处，给人以峰回路转之感。

有的则表现在情绪上，特别在综艺类主持人身上更为明显。他们在直播现场表现得热情、乐观和幽默，用火一般的热情感染着每一位受众。

有的则表现在理智上，在新闻类主持人身上表现得更为明显。他们有较强的新闻敏感性，深思熟虑、善于发现、善于分析、善于综合，能理智地判断自己的行动，使受众对他们深信不疑。

（四） 意志型

意志是主持人自觉地确定目的，支配行动，克服困难以实现目的的心理过程。一方面，主持人是节目现场的鼓动者，他必须推动现场嘉宾和群众达到节目的预定目的；另一方面，主持人又是现场的导播者，他又应抑制不符合节目预定目的的一切行为。他不仅可以调节人的外部动作，还可以调节人的心理状态，包括嘉宾、群众的注意力以及思维和情感。

该类型的主持人往往具有高度积极的心理状态，运用主观意愿，采用不同的方式进行积极的引导，进而达到预期的目的。

五、能力素养

从目前的主持人现状来看，主持人的能力素养如何对所主持节目的影响越来越大。同样的一批主持人，有的主持人认真钻研，能力不断提高，甚至创出了市、省、全国的名牌节目。可有的主持人工作多年，创新、创优从来榜上无名。其所主持的节目也全是别人策划的节目，自己对节目也从来提不出任何新的改进意见，主持的节目内容、语言等也多有雷同。这种素质的主持人与竞争日益激烈的媒体非常不适应，与发展迅速的主持人节目非常不适应，更无法适应制片人制。因此，选拔主持人时一定要把能力测试作为一项重要内容。例如，除了单纯的播稿件考察基本功外，还要多出一些栏目策划的题目，以进行全面考察。对于已经走上岗位的主持人则要加强策划、创新能力的培养，加强创造性思维的锻炼：

（一）从相反的方向看问题

这样做能使你想出新点子，因为这会把你的思想引向一个新的方向。比如“主持的节目收听、收视率很高”的反面是“收听、收视率很低”，为了达到高的目标，你要采取什么行动呢？一件事情这样做不合适，那样做会怎么样？关注相反的目标常常能使你对原有目标产生新的看法。

（二）向外人征求对自己目标的看法

当你身在局内往外看时，你的视野会受到限制，但是作为往里看的局外人则常常能够帮助你建立一个新的参照体系。

（三）像孩子一样思维

我们每一个人在小的时候，总会提出各种被大人认为是“稀奇古怪”的问题，而我们的孩子也是这样。记住孩提时代会怎么样，能够帮助你回归到儿童一样的思维状态，而这种状态正是创造力的所在。像儿童一样思考能够使你更加随心所欲、放松和无所畏惧，这样你就能够产生新的想法。

（四）锻炼联想力

翻翻词典、字典并且随机挑出一些词语以刺激你的思想，就像我们现在有些益智类节目出几个词或成语让人们即兴连接故事一样。你可以把每个随机找到的词语都用到你的目标上，然后在它们之间找一种联系。问问自己，每个词语怎样能够有助你以不同的视角看目标。随机选择的词语可以在你的脑海中激发出意想不到的景象，这些景象可带来新的联想。其实，当使用随机的词语时，你就在引导着思维往不同的方向发展，并且让新的点子、新的策划出现。

（五） 为你的目标找个比喻

比喻能够帮助你获得对目标的新看法。比喻思维的目的是找到表面上没有关联的概念之间的相似性。从不同的角度看问题能够防止你变得自满。它能够把创造力变成你的优势，帮助你完成新的策划。

能力素养除了表现在策划上，还表现在组织能力、应变能力等方面。

从某种程度上说，主持人的本职工作实际上也是组织能力的体现过程。特别是合作型的主持人、大型综艺节目的主持人等，指挥调度能力很重要。主持人在采访、直播交流和现场主持时，要面对各种复杂的形势，常常出现难以预料的情况，需要灵活应变、迅速反应，恰到好处地处理。

在现场主持节目时，现场气氛的把握、调节以及承上启下的串联、现场的听众、观众会对主持人构成挑战。能否引导他们围绕节目的主题发展，能否准确地把握点评并把握总体气氛这是组织综合能力的体现。主持人在节目的总控上，要像一个“交响乐队的总指挥”，眼观六路，耳听八方，适时应变，挥洒调动自如。

例如，中央电视台主持人董卿在《欢乐中国行——2007 元旦晚会》上，曾凭借其高超的即兴组织语言和运用语言的能力，现场临时组织主持词，十分巧妙地“填补”了“零点敲钟”前 3 分钟的“时间空白”。董卿这一运用语言能力的经典案例，被上海戏剧学院一位资深的主持艺术教育专家称为“经典 3 分钟”主持。

又如，央视对汶川地震的直播期间，由于地震造成的人员伤亡涉及面大、挖掘工作进行异常困难等种种因素，所以伤亡人数随时都在发生变化，直播中主持人要连线在外记者随时向大众通报死伤人数。当主持人刚刚在镜头前通报完一组伤亡数字后，立即被连线记者纠正并强调说刚才的数字不对，应该是多少多少。面对这一情形，主持人并没有慌乱，而是镇静地告诉记者数字随时都在变化，没有必要在这一问题上过多解释。其实，主持人是在向观众说明伤亡统计工作之困难，很难得到精确的数字，另外也显示了作为一个央视大台的主持人对现场情况的果断处理。这充分说明，在一些重大现场更需要主持人保持清醒的头脑和快速的反应能力。

六、气质素养

从实际情况来看，有良好气质的主持人（不单单是靓面的）容易为受众所接受，更能使人们相信并接受他们的观点。气质素养是主持人受文化等多方面熏陶所形成的，气质素养也应成为考察主持人的一个重要方面。

卡尔·霍夫兰的说服理论指出："最可能改变一次传播的效果的方法之一是改变传播对象对说服者的印象。"霍夫兰的传播实验表明，"假如传播对象喜欢传播者，就很可能被说服"，传播对象对说服者产生何种印象，产生何种心理感受，原因是多种多样的，但主持人的气质形象确实是作用于受众视听感官的最直接因素。

在西方广播电视界也非常重视主持人的气质，将"气质"作为选择主持人的一条标准。气质在传播过程中，对受众有着重要影响。人们在形容对沃尔特·克朗凯特的印象时说："这位满头白发、下颌丰满、谈话略带密苏里州乡音的克朗凯特给观众留下了和蔼可亲、稳重可靠的'沃尔特大叔'的形象。他那平凡的言谈举止自有一番风度，无数观众倾倒在他的魅力之下。"所以，主持人、特别是新闻类的主持人应该在形象、气质、风格、魅力上给受众以权威感、吸引力，使受众先从感情上接受主持人。

然而，是否气质好的人就能把节目主持好呢？答案并不确定，需考虑以下两点：

首先，主持人的气质要与所主持的节目相吻合。中央电视台节目主持人白岩松在谈到主持《东方时空》时说："记得有人问我：如果你有一个自认为理想的主持人境界，而现在还没有达到它，障碍何在？我答：年龄。"这说明白岩松意识到气质与节目之间的关系、意识到成熟的气质的诱惑力。可以想象，如果让一些二十来岁的俊男靓女在节目中大谈国家大事、经济前景，其可信度会如何？

其次，构成气质的表情、目光、体态、举止等非语言符号要与主持人节目相吻合。在主持节目过程中，主持人应该以自己的静体态或动体态向受众传达一种明确的意义。如，美国著名主持人拉里·金在演播室中出现时，总是身着背带裤，舒适地坐在演播台前，辅以协调的手势动作，给人以谈论"软话题"的轻松感。又如，中央电视台的李咏有一个经典的动作：握起右拳，朝屏幕的正前方做"狠狠砸"的手势。这个动作十分符合李咏的定位，给人一种阳刚而有力的感觉，能有效地调动起观众关注的气氛。李咏特有的手势成了他所主持栏目的亮点，他看似过激的体态语也更增强了节目的娱乐性。而他幽默的语言配合他夸张但得体的手势，使他成为央视的品牌。

七、新闻素养

节目主持人所从事的事业也是新闻事业。认识新闻事业的规律，熟悉新闻的特性是一位主持人必备的素养。作为一名主持人，要认真学习新闻理论基础知识，掌握新闻前辈们在长期的新闻实践中所总结和概括出来的带有经验性和规律性的理论体系。

节目主持人日常离不开策划、采访、编辑等工作，其新闻素养如何，最终会在主持节目时显露出来。

我国许多新闻类节目优秀主持人都曾有过担任记者的经历，具有良好的新闻素养，如中央电视台《焦点访谈》的一些主持人。

美国的许多著名主持人也都有过当记者的锤炼。如美国公共广播网全国广播公司（NBC）《麦克尼尔/勒里新闻一小时》的两位责任编辑暨主持人，其中的麦克尼尔 1955 年就是伦敦路透社的记者；1960 年成为全国广播公司（NBC）驻伦敦记者，曾报道过当时的阿尔及利亚内战、柏林墙建造、古巴导弹危机；1963 年调任全国广播公司华盛顿记者，又报道了某总统遇刺；1965 年首次担任了全国广播公司第一个周末半小时节目《斯奇尔/麦克尼尔报道》在纽约的主持人。勒里曾获密苏里克大学新闻学士。1959 年起担任《达拉斯早间新闻》和《达拉斯时代先驱报》的记者；1976 年起与麦克尼尔共同主持《麦克尼尔/勒里新闻一小时》。勒里曾获得过许多新闻奖，包括艾米奖等，1991 年被选为美国艺术和科学院院士。

此外，美国哥伦比亚广播公司（CBS）、美国广播公司（ABC）的著名主持人也都有过担任记者的经历，具备良好的新闻素养。

第三节 造就主持人策划能力的培训与学习机制

主持人节目是经过主持人加工生产出的特殊的精神产品，作为生产者，也必须具备相关的生产技能。

过去，播音员的播音都具有基本相同的特征，都是由老播音员带新播音员，经实践证明是行之有效的。主持人节目出现后，播音部门解散，传帮带的传统已经基本不存在了。过去在系列台出现前，由于播音员只是单纯的播音，所以还能调换出人员定期去专业院校参加短训班。各省市也经常邀请专业院校的老师来办班，现在这种情况太少了。加之各台大多实行自负盈亏，许多主持人又都是签约的或临时的，台里考虑到各种因素又不愿意拿出钱来送这些主持人外出学习，因此，很少有哪个台有系统的培训计划，这是主持人整体素质无法提高的一个重要原因。即便是学习，也大多是自发性的、不成系统的，很难取得理想的效果。就节目质量而言，建立主持人队伍培训与学习机制不容忽视。

建立一支具有策划能力的高素质的主持人队伍是着眼于长远的战略措施。现在广播电视主持人的培养，主要途径有高等院校和在职岗位培训两种。

高等院校专业教育是我国广播电视培育主持人的重要环节。近年来，虽然我国广播电视主持人绝大多数来自高等院校，但专业院校的主持人只占整个主持人数量的很小比例。1988 年前，全国培养本科生和研究生的广播电视高校只有北京广播学院，能培养大专生的只有浙江广播电视高等专科学校。据教育部高教司统计，截至 2005 年全国共有 661 个新闻传播学类专业点，其中广播电视新闻学 146 个。虽然 21 世纪以来，中国新闻传播学教育事业从总体上看规模扩大、层次提升、结构优化，但同时，加强学科建设与学术研究的严峻形势与发展机遇并存。现在，从我国广播电视的发展大局来说，迫切需要造就一支高水平的主持人队伍，以适应市场经济的发展，服务于经济建设。只有高水平的竞争才能出更高的人才。坚持培养德智体美全面发展的主持人，培养有创新、策划能力的主持人，使他们既具有良好的政治思想和业务素质，又具有现代知识结构和专业技能，是最终解决主持人节目创新发展的根本。

在主持人的培养上，要力求高起点、要面向未来、面向世界；要妥善处理好人才培养的长期性与市场需要的短期矛盾，彻底改变主持人专业从业人员大多非本专业出身的境况。要使主持人更为全面地在大专院校就学到现代科学知识、经济学、市场学、法律学、经营管理学等，更为重要的是应建立新的主持人节目策划学学科。

此外，针对现有的主持人主持节目“没有问题”，但普遍策划创新能力差的状况，还可创造多种机会，发挥社会的力量，创办多种办学方式。如可以采用高等院校函授、刊授以及远程录音录像教学；可以办长期专修班，也可以办短训班，以培养更多的专业人才来提高整体队伍的竞争能力，通过高水平的市场竞争来淘汰素质差的主持人，以应对“入世”后更激烈的市场竞争。

任何竞争都是人才的竞争。广播电视要想在众多媒体竞争中求发展，就要解决现职人员培训的大问题。毋庸讳言，广播电视在竞争中的一大“软肋”就是在职主持人再提高的问题。

我国广播电视现职主持人队伍培训应遵循的方针是：面向现代化、面向世界、面向未来，造就一支具有政治头脑，熟知党的路线、方针、政策、法律、法规，又精通专业知识，掌握现代科学和现代化管理方法，勇于在改革、策划和创新方面大胆尝试的现代化队伍。

建设一批在国际和国内有相当影响的专家型主持人，建立主持人队伍的高、中、初合理人才梯队是中国主持人发展的最终目标。

其实培训本身就是发现人才的重要渠道。《中国教育改革发展纲要》和《全国专业技术人员继续教育暂行规定》中都对专业人员培训作出了详细规定。通过培训可以造就一批具备编导能力、采访能力等的高水平的复合型主持人。

要实现中国主持人培养的战略目标要紧紧抓住：

(1) 通过培训提高主持人的政治责任感和职业责任感。广播电视毕竟是党和政府的喉舌，主持人必须具备这方面的素质，尤其是热线直播节目的主持人不要忘记自己的身份，不应辜负了社会和群众的信任。

(2) 专业知识类的主持人应补学有关专业知识。虽然主持人已经具备了大专或本科的学历，但一定要掌握所主持节目的相关知识。如是主持人专业毕业的，主持法制类节目就需要学法、懂法；又如是法律专业的，就需要学习主持人的相关专业。一些谈话主持人还需要学习一些心理学方面的知识等。

(3) 向社会和生活学习。要给主持人创造条件让他们回到生活中去，没有生活的主持人是策划不出好节目的。如果一个主持人对自己主持的节目所接触的领域根本不了解，没有相关的生活经验，很难把节目办好。深入生活，增加阅历，增长知识，才能增长才干。

(4) 通过培训提高主持人的语言表达能力。主持人需要更加丰富的语言表达能力，不同类型节目的主持人语言表达还有不同的要求，要通过语言感染对方、说服对方，树立主持人的形象风格，都离不了语言表达能力的培养。

在组织上则需要做好：

(1) 确定专业培训计划、编写专业人员培训教材。由国家广电总局组织专家编写适合在职主持人自学的教材，可采用自学、有组织学相结合的方式。由国家有关专家出题每年进行开卷或闭卷考试，考试成绩记入《专业技术人员继续教育证书》，并将其作为聘任考察的一项依据，可结合各地的“普通话水平测试”、“职称评聘”等进行。应该形成规章制度，非专业人员从事主持人工作的，必须有专业培训合格证才能上岗。必须具有《普通话水平合格证》、《普通话能力合格证》、《专业培训合格证》，才能颁发《主持人上岗证》。

在普通话测试、培训、职称晋升等考核过程中，可通过现代科技的先进手段，如可开发计算机软件，使培训、教学、考核更加客观和科学。

(2) 发挥各级广播电视学会的作用。在省学会的领导和组织下，取得各市局领导的支持，成立由各台主要负责同志和有较高水平的专业人员参加的学术委员会，制订培训计划，监督、督促培训计划的实施，局台相关部门可设立专人或兼职人员负责对主持人的培训和考核组织工作，有条件的台还可成立培训处。

（3）订立制度，从经济上保证培训计划的实施。广播电视已经进入到了市场经济之中，广播电视的产业功能也已经得到普遍承认。既然主持人节目是特殊的精神产品，主持人是特殊的生产者，那么其所发生的整个生产环节的投入产出都应列入成本核算。这样就出现了一个产品开发投入的问题，也就是说不能只考核产出，只问产出，那样时间一久，精神产品的生产者技能会下降、产品也会落后。

因此，要形成制度，在制订每年的创收计划时就确定一定比例的资金作为培训经费，并作为一项考核目标来完成。

（4）专业院校要转变观念，将对专业人员的培训作为办学的主导方向之一。在各大专院校展开生源争夺战的时刻，不应忽视专业培训具有的广阔的发展前景。因此，各专业院校要拿出专门的力量，拿出适合主持人培训的教材，针对主持人的现状，加大教育投入以取得战略上的先机。

第四节　造就主持人策划能力的管理与激励机制

瑞士经济学家肯德说：“对于一个国家来说，工业诚然是发展的基础，但国家和地区之间发展水平的差距主要不是由工业水平来决定的，而是由科学的组织管理水平决定的。”其实，现代西方经济强国都是在重视科学的组织管理下发展起来的。

伴随着主持人的出现，随之而来的是大量的系列台和系列频道的涌现。不同的台通过形式多样的灵活管理，使系列台和频道经历了一段轰轰烈烈的发展时期。各台使用的管理方法有自负盈亏、聘任制、竞争上岗等，这些都说明了管理的重要。

但是，科学的组织管理不同于一般的管理，它的根本出发点是要寻找适合人的性格特点并与其工作相结合的运行组织，其目的在成事而不在做事。为了一个目标，需要对组织的活动进行组织、指挥、调节和控制，这一活动并不一定直接作用于对象，但对实现目的有特殊意义。

首先，作为广播电视的领导者对主持人的管理要有现代意识。主持人的科学组织管理是一个系统工程，是广播电视各环节管理中的重中之重，采用原有的管理方式已远远不能适应需要，要引入现代的管理意识，对主持人的管理也要有效益观念。

其次，要将人管人改变为用制度管人，建立适合主持人发展的机制，如建立主持人中心制、制片人制等。

一、建立以人为中心的组织管理机制

真正有效的管理是以人为中心的管理。邓小平反复强调："我们的事业能不能搞好，关键在于能不能发现人才，能不能使用人才。"建立以人的能力考核为主的机制十分必要。

"科学管理之父"泰罗在《车间管理》一书中提出，任务管理的职能化，如报酬以完成任务的好坏，即以能力来定。标准任务、标准条件、计件工资等曾使西方国家劳动生产率提高了两三倍。

鉴于我国主持人目前的状况，应当将考核主持人策划、创新、创优能力放在首位。考核主持人的重点是每年策划新节目多少、节目的创意如何、获奖多少，其带来了多大的社会效益和经济效益。局、台有关部门应建立主持人策划、创新、创优档案，定期考评以进行奖励。

在许多台都会有这样的情况，有的主持人在年初接手一档节目时是什么样的，到年底仍是什么样，把最后一档节目和第一档节目比，几乎没有差别。而有的主持人主持的节目在内容和形式却不断出新，节目中不断有新的策划和创意出现，并制作出许多新节目。应当将这些情况完整地记录下来，建立策划方案和创新、创优档案。这样有一套完整的计划作依据，可以客观、准确、公正、全面地评价一名主持人，这本身也是对主持人能力的一种肯定和鞭策。

二、建立奖励和监督制约机制

建立奖励和监督制约机制对保证主持人能力的提高尤为重要。监督要从岗位责任制开始，到话题的审查、节目的监听和差错的追究、收听率的反馈、策划和创优、创新实绩等，并建档立案。根据档案对于那些在策划上、创新、创优上有突出贡献的主持人要重奖；晋级、提拔等要与实绩挂钩；要让那些创造性强的主持人与一般的主持人在工资上拉开档次，通过奖励机制吸引优秀主持人，淘汰平庸的、不适合主持的人员；要通过条条框框让那些能力强的主持人获得最大的发展空间，发挥最大的能量，获得最大的利益。同时，监督机制要对主持人的思想道德、业务水平和发展目标等作出指导。

为了保证监督机制更具科学性和广泛性，还可调动社会和受众的积极性。如成立受众监听队伍，由具有资质的广告公司或城调队通过先进的调查方法监听、监视收听、收视率。

俗话说得好，“凤凰栖梧桐”。高薪、高位、高职才能催化出高水平的名主持，才能对主持人队伍的整体素质起促进作用，并使主持人这一行当对社会其他行业形成吸引力，吸取社会精英从事主持人工作。

同样，对于那些工作能力差的主持人，则要通过监督机制的考评和实绩档案的认定进行淘汰。

三、建立主持人资格审查机制

司机驾驶汽车要有驾驶证，医师行医要有资格证，这是人人皆知的。而且是以法律法规的形式确定下来的。

对主持人的规范，近年来也采取了一些措施，如“普通话水平测试”。江苏等地区还进行了“普通话能力考试”，考试合格才能够颁发《播音员主持人资格证书》。但是播音员、主持人持证上岗并没有形成法律、法规，大量的主持人，特别是年轻的主持人无证上岗、“打工”现象较普遍，因此，以法律、法规的形式来实行《播音员主持人资格证书》制度非常必要。无论在哪一个台，只有达到了《播音员主持人资格证书》要求的条件，拥有了《播音员主持人资格证书》，用人单位才可以使用，否则就是违法、违规，一经查实就会受到执法部门处罚。

《播音员主持人资格证书》的合法性一经确立，就可从源头上杜绝选用主持人的条件不一、标准各异、水平参差不齐、整体素质不高等现象，使那些受过高等教育和专业教育，有渊博的知识，有修养和内在气质，有较强语言基本功的主持人能走上主持人岗位。

四、建立促进主持人流动的宏观调控机制

按照党中央、国务院关于科学化的总体布局“稳住一头，放开一片”的总体要求，彻底放开主持人的人事管理，促进主持人真正在全国流动起来。例如，每年需要多少主持人，由部门根据当年工作量自主决定；在总体上压缩编制，用以增加流动主持人。

聘用制是目前较先进的主持人用人机制。广播电视主持人实行聘用制，是为了让更多、更好的主持人走上工作岗位。真正解决主持人能进不能出，能上不能下的弊端。主持人的聘用制，可以采用直接聘用、招标聘用、选举聘用等多种形

式。通过聘用制的采用，可有效地淘汰素质差的主持人，保证主持人队伍整体素质的提高。

五、建立主持人资源开发机制

要实现广播电视主持人队伍的人才战略，就必须强调改革和完善人才引进培养和选拔制度。在人才引进上，要追求高定位、高起点，把人才引进重点放在高层次的主持人、紧缺的专家型的主持人上，尤其要注意跨学科、复合型人才的引进。

同时，要搞好现有人才的培养提高。要通过完善的人才培养、使用、考核措施，建立客观、公平的竞争、激励、评价机制。坚持能力的重点培养与普遍提高相结合，使主持人的创造性思维和能力普遍得以提高。

第三章 主持人节目策划前的准备

第一节 受众调查的作用

受众调查在十多年前对于广播电视来说还是一个比较陌生的字眼。什么叫受众调查，受众调查包含哪些内容，受众调查如何进行，受众调查对广播电视有什么作用等等，人们的认识还比较肤浅。改革开放以来，我国的广播电视及各种媒体都取得了迅猛的发展。在发展之中，广播电视之间、广播电视与其他媒体之间竞争日趋激烈。因此，受众调查开始受到重视。

广播电视受众调查，是广播电视节目管理中的重要反馈环节，同时也是保持节目系统良性循环的重要途径。它不仅对原节目的视听率具有咨询、指导、调整和监督的重要作用，而且对于新节目的策划也具有重要作用，在整个主持人节目系统中是不可或缺的。广播电视主持人节目作为与广大受众有着最广泛的联系和最直接的接触的大众传播媒介，宣传效果如何，最终将体现在视听率上。

加强广播电视受众调查研究的经常化、系统化、规模化、科学化和现代化是我国广播电视走向正规化的必经之路，通过准确科学的主持人节目的受众调查，可为节目始终保持较高视听率提供切实保证、为节目的不断创新提供准确的依据，为在未来的竞争中取胜提供保证，因此，具有极重要的意义。

许多广播电视发达国家都非常重视受众调查和研究工作。科学的受众调查和研究视听率的数据采集、统计与分析，是这些国家广播电视媒介得以兴旺发达的基本条件之一，是他们在激烈竞争中取胜的重要原因。

西方国家商业电视网为了吸引更多的受众，招揽大量的广告，赢得更大的利润，提出了“为高收视率而战”的口号。各广播公司每年都投入几百万、上千万资金用于受众调查研究。美国三大广播公司为了保持高收视率，投入大量的人力、物力和时间，每一年都对美国电视观众的心理变化进行专门的分析，并以黄金时间电视节目收视率统计数据为基础，研究并探索电视观众收视习惯的细微变化和发展趋势。电视台的研究机构由来自科研部门和各类高校中的专家组成。他们在受众调查公司所提供的各种数据基础上，进行广泛的观众、市场和舆论等多方面的分析与研究，整理出书面报告，在电视台的各个部门广为散发，提供参考。研究部门还负责向管理、决策和销售部门解释重大进展和趋势，其代表参与节目的安排和发展规划的筹划。公共电视机构面对商业电视机构的激烈竞争，为了生存发展，同时要以收视率证明公共电视机构有必要继续用公共资金来维持，也同样十分重视收视率调查与分析。目前中国全国性电视评奖和学术研讨活动进入常规化状态。除在电视台系统有专门研究机构以外，中国社科院、中国人民大学、中国传媒大学、复旦大学、四川大学等科研机构及院校也建立了相应的电视研究机构。

西方发达国家广播电视媒介视听率的调查和受众研究已经做到经常化、规范化，并总结出了一套科学的调查方法，这可为我们借鉴和应用。为把我国受众调查研究工作提高到一个新水平，推动受众研究的系统化、科学化，各地都应成立相应的机构，形成全国性的受众研究网络，定期举行全国性、地区性或随机受众群的调查，并与不同层次、不同专题的调查研究相结合，提高分析结果的全面性和准确性。应尽可能引进和开发适合我国的最新现代化调研技术和方法、开发计算机软件系统，适应我国广播电视发展的需要。

视听率是评价广播电视节目的一个重要标志，也是广播电视制定战略决策的依据，必须正确认识视听率的作用。作为一名主持人，首先要关心自己主持的节目在群众中受欢迎的程度，关心传播效果，随时注意反馈的信息；其次不要把视听率作为唯一的追求目标。重视视听率，又不片面追求视听率。美国著名主持人丹·拉瑟说得好："质量永远比收视率更重要。我们在乎收视率，在乎竞争，我们希望自己能赢。收视率提高并朝着我们期望的方向发展，我们当然十分高兴。但是，要记住，新闻质量永存，收视率则不然。"

一、主持人节目受众调查的任务

主持人节目受众调查是一项系统性的工作，专业性非常强。要实现主持人节目受众调查的目标，需要完成：数据的收集、数据的统计和整理分析、数据分析结果的解释。

（一） 数据的收集

收集数据是整个调查工作的基础。是否能以科学的方法收集到准确的数据，是调查工作的关键。如果所用的方法不恰当，数据不准确，那么一切的后续工作都是无意义的。此外，数据的收集工作在一般意义上没有补救的机会，即使补救也会付出很高的代价。因而，在一开始的设计中，就需要非常仔细、慎重，根据实际情况设计统计模型。

在数据收集过程中，有两个技术问题。其一，是如何抽取样本，就是说，要抽取多少样本是最经济的，这些样本要如何抽取；其二，抽取样本之后，如何从这些调查样本手中得到最准确、真实的信息。目前，在这个问题上，世界各国采取了很多方法。

（二） 数据的统计和整理分析

这一项任务是第一项任务——数据收集的后续工作。在数据收集的基础上，将这些单个的数据信息进行综合、统计，用统计学方法进行分析，得出综合性的有内涵的统计结果。这同样是技术难度较大的工作。在这项工作中，要求工作人员有洞察力和分析能力，能从数据中敏锐地发现问题，得出具有建设性和参考性的建议。

数据的统计、整理和分析是受众调查的成果所在，马虎不得，因为在此得出的结论将直接影响节目策划、制作、播出的各个环节，影响管理者的决策，也将影响每一个电视台、电台的整体规划。作为受众调查的一个工作人员，要本着负责的态度和高度的责任心去完成这项任务，以期受众调查的结论能为新的策划提供应有的价值。

（三） 数据分析结果的解释

数据分析结果的解释是非常重要的。数据分析结果的解释所面对的主要是决策者、节目的管理者、节目的制作者、广告商。值得重视的是我国现已加入世贸组织，广告客户来投资广告将更加注重正规操作、将更加注重数据统计和分析的结果，因此数据分析结果的解释很有意义。数据分析结果解释是为了让有关人士了解调查的结果说明了什么，能提供什么样的建议，还可以让人们意识到受众调查的价值所在，并因此做出各自的决策判断。

二、主持人节目受众调查在策划中的应用

主持人节目收听、收视率是检测节目传播效果的量化指标，通常是指一定时间和一定地区收听、收看某个节目的人数占同一地区总人数的百分比。收听、收视率的高低，表明收听、收看某个节目的观众的多少。这正是我们进行主持人节目受众调查的目的和意义，同时受众调查还是策划创新节目所必不可少的。

简单地说，受众收听、收视率可为广播电台、电视台节目策划人员、决策者们提供非常有效的评价节目效果的方法。

首先，通过节目评价得分可以知道对某个节目感兴趣的人数比例。而且，个体间对某节目评价得分的离散度，可以反映该节目受欢迎程度差异的大小，从而暗示有些节目是否适合于某些受众而不适合于另一些受众。

其次，评价分也可以用来评价整套节目。我们可以先按一定标准把节目划为不同类型，然后计算各类节目的平均评价分，以比较受众对不同类型节目的评价。

再次，评价分还有助于制订节目计划。收听率、收视率低而评价分高的节目是可以考虑列入节目表中的。同样，由于和其他节目冲突而引起收视率低但是评价分较高的节目，可以考虑在其他较好的时间里安排重播或适当调整。

最后，对节目的评价还有助于测定某节目在其节目周期内对受众吸引力的大小；预测从计划中取消或重新列入计划的最佳时刻。与收听收视率一样，对节目的评价也能反映不同的人对不同节目的态度。

综上所述，受众调查在节目策划与制作上的应用可以归纳如下：

（一） 诊断

诊断的意义在于对策划后已制作播出的节目进行实际效果的分析，尤其对播出后不成功的节目进行考察分析。研究表明，有关受众调查、受众研究的资料对改进节目质量，使其对受众产生最大的吸引力很有帮助。

英国有一个青年节目《大胖子》。在《大胖子》节目开播不久，就有一个研究小组对该节目进行收视率研究。他们对 13 岁至 24 岁的年轻人进行问卷调查，发现观看该节目的青年受众比预计的少，产生这种情况的原因与节目的形式有关。《大胖子》节目是一个一小时的节目，前半小时是杂志形式，后半小时是生活小品形式，很明显时段的分配轻重应当调整。研究小组的诊断建议成为该节目制作组对节目整体调整的重要依据。

在节目的播出、制作中，可以不断地从受众调查中找到改进质量的切入点，获得节目创意、改进的灵感。因而，对于节目策划、制作人员来说，应该始终关注受众调查的数据、结论和成果，以期将节目做得更好。

（二） 受众调查在广播电视广告经营上的应用

主持人节目中的广告作为节目的一部分，为了使其成为有机的一分子，取得更好的效益，也需要事先的策划。受众调查的应用还有非常重要的一方面，就是为广播电视广告单元制定价格提供依据，也可以供广告主及广告代理商选择媒介及时段提供帮助。

我们都知道，电视台、电台通过向广告代理商销售播出时间内的广告单元时间获得收入，该广告单元的价格则由可以提供广告商的视听率资料来决定，而如何获得高收视听率则由节目的播出时间（是否为黄金时间或名牌栏目）及节目的质量（包括节目选题、内容组织、制作水平等）来决定。在为广告代理商提供受众调查数据时，除收听收视率资料外，还应提供样本总体资料，各时间段受众年龄、职业、性别层次的资料等，以便广告代理商和广告主能更准确地选择适合企业自身或产品特性的媒介时间及栏目，获得更好的广告效益。

目前，在经济发达国家，从事广播电视受众研究或广播听众率调查研究的，除广播电视机构外，还有一支重要的力量，就是一批市场调查的研究机构，而且，他们在视听率调查的项目及技术上似乎更先进，更能满足商业客户的要求。

对广告代理商和广告主来说，或许他们更关心的不是某节目的视听率，而是期望得到某时间段广告，或是自己广告的视听率，要精确地做到这一点不是不可能，但是很困难，其困难主要体现在测量方法上。现阶段，美国的市场调查业运用较先进的方法可以得到每分钟或低于每分钟节目的视听率。然而，有 40% 的广告在 15 秒之内，因而要得到每一广告的视听率还需要继续探求先进的测量方法。

受众调查技术的发展已不仅仅是受众调查本身，而是与电视台、电台播出管理及整体管理的水平相关，同节目制作的规范，栏目设置的规范均有关联的事情。要做到准确地测量收视率，必须从各方面共同努力，为测查技术的运用提供基础。作为广告代理商和广告主来说，对视听率的关心，其核心还是广告的收益。如果某个时段的广告价格不变，其 1984 年的收视率为 17.4%，那么平均到每千户家庭的广告费用为 4.2 元；到 1994 年，其收视率为 13%，那么平均到每千户家庭的广告费用为 9.55 元。就是说，广告的总费用不变，其效益已经降低。在此，受众调查的最基本目的就是为了确定各节目受众的数量，收视率已成为可以在播出时间买卖中流通的一种货币。

在国外，尽管电视网、台每年投资数百万美元用于受众调查，以获得可靠的视听率数据，广告公司也为此采取种种措施，但没有人敢声称现在的受众调查系统是完美的或是完全正确的。世界著名的美国尼尔森公司的收视率测量法就受到了一些电视公司的严厉批评。在美国无线电视的收视率同有线电视的收视率相比有所下降，无线电视公司就指责尼尔森公司报低了无线电视的收视率数字；有线电视公司也指责尼尔森公司过低报告了他们的收视率。对尼尔森公司有议论的还有广告代理的媒介时段购买人。为此，媒介时段购买人和媒介策划人希望使用非常复杂的软件程序，以最大限度地计算出所购买时段的收视率和观众情况，而且，广告代理公司还建议建立他们自己的收视率测量系统。一些电视公司为获取准确的收视率，试图开展自己的收视率调研，建立耗资1.2亿美元的测量和报告电视收视率的SMART系统。尽管各大媒体对所报告的自己的收视率有所不满，但不管是广告公司，还是电视公司，仍在继续采用调查公司提供的数据，因为，他们认为这些数据是有用的。

为了获得更为精确的收视率，一些专家学者正在研究开发新的调查方法。未来收视率数据调查与发展的动向之一是使用能够提供最准确、最有建设性信息的OPTIMIZER软件。现在越来越多的广告客户要求提供更深入详细的信息，有的甚至要求提供具体到个别观众的收视信息。这样，电视策划者就可对节目作出详细分析；未来收视率数据调查与发展的动向之二是提供详细到每分钟的收视资料，这些资料能够说明观众在收看某节目前收看的节目和频道，还能说明观众在收看某节目后转而收看的节目和频道。例如，美国全国广播公司注意到在放映电影片尾字幕时人们开始换频道，他们就在片尾字幕播放时播放下一个节目的预告。更精确的分析甚至可以将观众收视频率和观众收视的时长归类，这将使节目策划者能更有针对性地制作吸引某些观众群的节目，并吸引某些特定的广告商。

我国的广播电视调查机构及市场调查机构在视听率测量方面还是刚刚起步不久，从技术水平到服务水平还都有待提高。可也正因为刚刚起步，才更有发展空间来显示受众调查研究在诸多方面的影响力。

第二节　受众调查的内容

受众调查是主持人策划节目过程中的重要环节，是主持人进行节目策划的依据，没有成功的受众调查，就不可能有成功的节目策划，也就不可能有成功的节目。受众调查，还可对现有节目好坏提供判断，为策划改进提供依据。过去，我们对主持人节目本身研究较多，但是却忽视了改进节目和策划节目前提供科学决策的准确依据。即便是有些台做过一些受众调查，也都较简单，一般也就是收集一些来信，召开座谈会，搞一些问卷反馈等，不仅缺乏科学性，也缺乏系统性。虽然在主持人节目策划和调整中也起到了一些作用，但与现在主持人节目发展的高起点、大制作、高水准的要求还远远不能适应。那么，节目策划、节目制作、广告经营等需要什么样的受众调查数据和资料来支持呢？可分为三个方面：有多少人看电视、听广播；什么人看电视，什么人听广播；受众认为广播、电视节目怎么样。

一、受众人数测量

受众调查最基本的内容就是要先搞清楚有多少人看电视、听广播。这一数据同某一电视台、电台的覆盖范围有非常密切的关系。被某电视台、电台的发射信号覆盖的区域，其居民就很有可能成为某电视台、电台的受众。这一基本数据体现出一个电视台、电台的基本规模及影响力，也是受众对某一电视台、电台的最基本认识。同时，这一数据还将引导广告代理商和广告主对该媒介价值的直观评价。

以我国电视业为例，分为中央、省、地市、县四级电视台、电台，其覆盖区域基本由行政区划来决定，那么，它们各自的受众人数也大体可由行政区的居民数决定。其中，中央电视台是唯一的全国性电视媒介，占据了很大优势，被视为最权威的机构，是政府的代言人。如果哪家企业买了中央电视台黄金广告时间，就成为企业实力的象征。这一切，都是以媒介拥有的受众数为基础的。下面，我们以电视为例具体论述受众人数测量的内容。

我们要测量的就是在某一时间收看某一电视节目的观众人数比例，也就是收视率。收视率指的就是受众收看电视节目的比率。

（一）测量方法

国际上流行的收视率测量方法主要有四种：

1. 逐户访问。这是一种由调查员入户进行访问登记的收视率测量方法。

2. 电话访问。这是一种通过打电话询问收视状况的收视率测量方法。

3. 日记调查。这是一种将收视调查表发放给被调查者，由被调查者每日填写后回邮给调查机构进行统计汇总的收视率测量方法。我国电视界目前大部分采用日记法进行收视率测量。

4. 仪器调查。这是一种在被调查者家中安装测量仪器，并由被调查者在开关机、换频道时通过仪器将收视状况信息传输回测量中心进行统计汇总的收视率测量方法。

国际上流行的这四种收视率测量手段，其实只是在获取原始数据时采用的方法不同，有的由调查员入户访问，有的打电话询问，有的靠被调查者每天填收看记录，有的则由测量仪自动记录。不管是哪一种，它们总的调查方法是一致的，都采用概率抽样确定样本户，都记录全天收看情况，都经过计算机汇总后推及总体等。

在调查中，这四种形式有相同的成功率，也存在本质上相同的问题。所以，这四种测量方法没有高低之分。只要在实际操作中，努力提高调查的科学性，就能得到可信赖的测量结果。

（二）收视率测量的实施方法

除了要求收视率测量方法的准确性之外，我们还要求收视率测量要重视组织方法的科学性。陈若愚在《收视率测量的科学性研究》一文中较详细地介绍了收视率测量的科学的组织方法：

1. 组织收视率测量的充分必要条件

（1）充分掌握概率统计知识

由于我们所面临的调查对象有百万、千万甚至上亿，而调查工作又需要日复一日连续进行，所以，收视率测量只能采取抽样调查的方法。抽样调查的理论基础就是概率统计理论。收视率测量是一个集体项目，所以不要求每个参加者或组织者都掌握概率统计知识，但起码要有这方面的专家。

（2）被调查者的认真配合

在社会调查中，被调查者——人的合作是测量的最重要条件。测量中有计算机，有记录仪，有远程微机网络等，可以使测量更细致、更深入、更迅速。但是没有这些并不会影响调查结果的准确性。而没有被调查者的真诚合作，我们的测量将一事无成。所以，在调查中，调查员要特别注意被调查者的合作态度，并不断激励被调查者的合作热情，以得到被调查者的认真配合。

（3）样本的合理性

以样本为基础的调查，样本结构的合理性也关系到调查的成败。有两个非常著名的例子充分说明了这一点。

1936 年，美国《文摘》杂志通过邮寄问卷的方法，预测总统候选人兰登和罗斯福的选票。这次调查的样本量为 200 万人，测验结果为兰登当选，而实际结果则是罗斯福当选。200 万人这样庞大的样本量，其测验结果为什么不准确呢？问题就在于样本的不合理性。《文摘》的调查人员只根据电话簿和汽车登记簿编制抽样名单，使得为数不少的较穷的选民没有被包括在调查者中。显然，这些较穷的人多数投了罗斯福的票。

而在 1968 年的美国总统选举中，盖洛普民意测验只抽了 2000 人做样本，预测尼克松将获得 43% 的选票，投票结果，尼克松获得了 42.9% 的选票。这次民意测验的成功，就在于抽样样本的合理性，使其有推及总体的可能。

这两个例子中的调查，一个失败一个成功，可以看出，抽样成败的关键不在调查人数多少，而在于样本结构和样本数量的合理性。

具备了以上的条件，我们在收视率测量方面就有了一半成功基础，接下来才是组织方法。

2. 组织方法中的关键问题

收视率测量的组织方法，与收视率测量使用的方法有关。我们以日记调查为例进行说明。

对于日记调查（或称日记记录法）来说，在组织方法中，有这样几个需注意的问题。

（1）收视问卷的设计

收视率测量不同于其他一次性调查，它的问题单纯，但工作量却很大，需要日复一日地重复填写相同的表格。所以，看似单纯的问卷设计起来非常困难。在设计收视状况问卷时，要求考虑填写方便、不易出错、录入快捷、汇总细致、信息量大等诸多方面。

（2）调查员队伍

为保证调查质量，必须有一支固定的调查员队伍。调查员队伍的作用在于，按时发放回收问卷，指导被调查者正确填表，培养与被调查者的感情，并及时做出更换老化样本的决定等。如果说样本就是我们的测量仪器，那么调查员就是我们控制仪器的“手”。调查员在控制误差中起着重大作用。

（3）问卷快速回收系统

收视信息反馈速度就像企业资金的周转速度一样，周期越短效率越高，企业的活力越强盛。所以，问卷回收途径和速度是检查组织方法是否得当的重要因素。

（4）样本更替

由于调查工作持续不断，一般一个月后就会出现部分被调查者不愿合作，或者不能认真合作的问题。美国采取每年更换 20% 的方法。我国中央电视台除在一年中随时更换少量样本外，采取每年全部更换新样本。

总之，掌握准确的收听、收视率对于节目来说是很重要的。下面举一个实例：2003 年央视 – 索福瑞对“不同收入水平人群的新闻时事类节目的接触时间”的调查结果来看，容易得出这样的结论，新闻节目的接触时间是随着受众受教育程度增加而有所增长。我们可以看一下具体的数据，大学及以上文化程度的人群为10779分钟，高中文化程度的人群为9214分钟，初中文化程度的人群为8898分钟，小学文化程度的人群为7431分钟，没有受过正规教育的人群人均接触时间为6240分钟。很明显随着观众由于自身知识的增长，有了更多的需求和能力来获取新的知识，得到新的生活、经济等各个层面的信息，来不断地学习充电。这类研究数据对电视节目的策划、改版及发展等都有很大的参考价值。

（三）收视率测量数据的加工和利用

收视率测量的前期工作虽然最麻烦、最关键，但它仅仅是把数据取回来。测量的后期工作提出了更高的科学要求，即使在经验世界里可以直接对收视现象发表评论，但还必须按它们的必然性加以说明和证实。这就要求把得到的原始资料按特殊的要求简化汇总成井然有序的数据，使之成为让人能一目了然、便于分析的结论和结果。一般来说，收视率测量可以按以下定义汇总数据。

1. 开机率：在某段时间，打开电视机家庭与拥有电视机家庭总数之比。

开机率＝打开电视机家庭数/拥有电视机家庭数

2. 总收视率：在某段时间，实际收看各频道人数之和与有能力收看电视的全体受众之比。例如，调查1万户的实际人口为4.8万人，测出某日19：00时收看各频道节目的总人数为2800人，总收视率即为58%。

总收视率＝实际收看人数/总人数

3. 绝对收视率：某个时间收看某个节目的受众数与受众总数之比，称作某节目的绝对收视率。

绝对收视率＝收看某节目人数/受众总人数

4. 相对收视率：相对收视率的计算方法很多，主要是看相对于什么来计算。比较典型的有，某个时间收看某节目与该时间总收视率之比。相对收视率用途广泛，分类广（按性别、年龄、文化程度等）。统计中，一般按相对收视率统计。

5. 瞬间收视率：某个时间点上，瞬间收看人数与总人数之比。

6. 平均收视率：一个节目从开始到结束会有许多瞬间收视率，如果按5分钟一个点统计，30分钟的节目就会有6个瞬间收视率。6个瞬间收视率相加后除以6，就是这30分钟节目的平均收视率。

7. 平均收看时数：平均每人每天收看电视节目时间量的统计。

8. 欣赏指数：是受众对电视节目喜好程度的评价分。受众从非常喜欢到非常不喜欢，按6个级别给看过的节目打分（6、5、4、3、2、1）喜欢程度越高，得分越高。然后按不同得分的百分比，统计出平均分数即为“欣赏指数”。

以上是部分有代表性的汇总数据。实际上，还可以根据不同要求进行多种数据处理，以表现多方面的收视率信息。

仍以央视对2003年新闻时事类节目的受众人群的性别和职业构成及相应的接触节目时间调查为例，调查结果显示，男性观众与女性观众在接触新闻节目的时间上并没有特别凸显的差别，总的来说，男性的收视时间略长一些。几大职业人群（干部/管理人员、个体/私营企业主、工人、初级公务员、学生/无业者）之间的差别也不大。一般在7500分钟到10000分钟之间变动。说明收看新闻时事类节目的人群是没有性别和职业类别倾向性的。

（四）影响收视率的相关因素

从一般意义上说，在相同条件下比较，收视率可以代表一个节目的受欢迎程度，并能反映出节目质量。但是，收视率数据也不是绝对的，因为它的高低受到许多其他因素的影响。

1. 收视率受播出时间的影响

从长期的工作实践及对每日收视率数据的统计中发现，节目收视率受到节目播出时间的影响。在使用收视率时，一定要将播出时间的因素考虑进去。尤其是领导将收视率的高低作为评判节目质量高低的标准之一时，一定要剔除时间因素，这样才显公道。编导们也不必为争抢好时间而发生矛盾。如以时间段而论，20：30播放的节目平均收视率为20.3%，而22：30播出的节目，其平均收视率可能下降为8%。因此，如果有两个同一类型的节目，一个放在20：30播出，收视率为20%，另一个放在22：30时播放，收视率为8%，那么，我们不能说前一个节目的收视率高，后一个节目的收视率低，更不能以此来说前一个节目的质量高过后一个节目。只是由于播出的时间不同，造成绝对收看人数的不同，因而，引起的社会效益不同而已。在运用收视率来比较两个节目时，一定要考虑它各方面的条件是否对等，否则，将没有可比性。

2. 收视率受不同频道节目安排的影响

随着电视事业的飞速发展，同一地区可接收电视节目的频道数也不断增加。这样，受众对节目的选择性也较强。但就电视节目而言，本地区的受众可收看的频道越多，具体到每个节目的收视率就越低。所以说，不同频道节目的影响，对收视率波动起伏起着不可忽视的作用。

综合国内外的电视节目编排经验，在提升收视率方面，有如下几个策略值得我们注意。

一是“棋盘策略”，它与“水平策略”相反，意思是在同一时段播出不同的节目。这样的效果是给观众制造新鲜感，使其不至于因为长期收看一种或一类节目而产生审美疲劳，从而产生厌恶感。

二是“正向策略”，意思就是在与其他媒体的竞争过程中，主动出击，与其安排相同或相似的节目，以形成竞争之势，争取受众分流，收获一定量的目标受众。这种策略的运用要慎重，做得好，将有利于自己品牌的形成或扩大；但同时也有相当大的市场风险，很容易使自己的节目陷入同质化的泥淖而不能自拔。

三是“反向策略”，顾名思义它与“正向策略”相反，就是避开锋芒，在同一时段安排与其他强势媒体不同的节目内容，以争取剩余观众群。新的节目样式在开播初期一般都是采取这种策略。

收视率受不同频道节目安排的影响，不是固定的，而是随着各频道节目内容受欢迎程度的变化而变化。因此各家电视台、电台都在力争要组织好节目内容，并以最合理的编排结构同受众见面，以求得竞争的优势。

3. 收视率受同一频道前后节目的相互影响

（1）每天电视台、电台节目的编排，是随着时间的推移纵向发展的

在研究节目与节目之间相互影响对收视率波动的影响时，首先注意到的就是前后节目的安排，广告则是捎带看的态度，所以当看完前面的节目后，经常就不再看下面的广告。而一旦广告后续的节目是受众想看的，那么，受众很可能由于对后续节目的期待心理而守在电视机旁看完了广告。其次，在黄金时间，往往随着时间的推移，收视率自然下降，那么在前面的节目播完后，时间在后的广告收视率也就符合了时间与收视率的关系而呈下降趋势。

（2）广告收视率受不同类型节目的影响

经统计研究发现，有四类节目对广告的收视率有正影响。这四类节目是新闻、体育、电视剧、动画片。就是说，不论广告放在这四类节目的前面还是后面播出，都会有助于广告收视率的提高。

4. 周末收视率有所升高

通常，星期六与星期日的收视率较平日有所升高。

5. 收视率受节目性质的影响

由于电视节目类型及性质不同，对收视率也产生不同的影响。如娱乐性强的，受众面广的节目，收视率就高；对象性强的，收视群体小的节目，收视率就较低。依统计看，综艺节目、影视剧、少儿节目比相应时间段内的平均收视率高。

现在的一些视听率调查，视听率本身只展示了节目的接受情况，并没有显示出受众对节目的意见、态度和满意程度。为了真实地反映出受众对节目的满意程

度，仅仅靠视听率来反映是不够的。一些国家的专家学者已经提出有必要建立能够测定节目的“质量”的系统，认为不仅要把握节目接收的数量，还要把握节目接收的质量，对节目的内容、态度等项目的评价与测定应成为调查的重要内容。为此，在欧洲的十几个国家以及欧洲以外的一些国家现在已经增加了一些辅助研究以获取更多的受众意见，其最终目的是要搞清节目收看的数量与质量比，这通称为 QQQ。例如，英国广播公司定期对 2000 人到 2500 人进行民意测验，以便了解哪些节目最受他们喜爱。民意测验的方式多种多样，有对观众本人专访、电话询问、邮寄调查信等。英国商业电视台还有自己的独特的调研方法，他们按 6 个等级编制电视观众调查表，分发给不同民族、年龄、性别和社会地位的居民组。以前的小组是自愿参加的，现在是改用抽选样本来组织小组。此外，还给所有 12 岁以上的被调查对象一本小册子《你对所看的电视节目有什么看法》。里边列出了以后 5 天的各种电视节目，请被调查者填写自己对这些节目的评估。填写者不必专门去看所有节目，只要按照自己的收视习惯去看电视，然后回答小册子里的问题。小册子里绝大部分是有关欣赏指数。它把节目从“非常欣赏”到“非常不欣赏”分为六个等级。被调查者要按自己的好恶把收看的每个电视节目归到其中一类去。对于某一节目来说，一部分人认为它是“非常欣赏”一类，也有人会认为是“比较欣赏”一类，还有人可能认为“非常不欣赏”，这样就可以得到欣赏指数了。

美国与欧洲的电视体制和运营方式不同，美国把受众的调查和节目研究结合在一起。“节目研究”在美国起着更为重要的作用。美国的观众调研与节目研究是在节目购买之前进行的，研究结果在购买与不购买、编排与撤销某些节目的决策过程中起着重要作用。节目播出后也进行调研，目的是跟踪观众对节目的反映和帮助改进节目，但这已是次要的了。

二、受众构成测量

在了解了有多少人看电视、听广播的问题之后，我们第二步要了解的就是什么人在看电视、听广播。就是说要对受众的不同状况进行一些了解，以便有针对性地、有目的地制作节目。

（一）受众构成测量指标

1. 广播电视受众的地域构成

要清楚地了解各不同地区电台、电视受众的收视、收听习惯。如北方地区和南方地区受众的收视习惯就会不同，同是南方地区，江浙地区和广东的电视受众也会不同。这和各地的文化结构、经济发展结构，拥有电台频率、电视频道的多寡均有关系。对于某一个电视台、电台的受众状况调查来说，一定要了解以下各项指标：

（1）在本台覆盖区域内各不同区域有多少受众收看本台节目。

（2）如果受众收看本台节目的人数很少，或收看的时间很短，那么他们更多地收看、收听哪个台的节目。

（3）受众在什么时间收看、收听本台节目。

（4）在本台覆盖区域内还有什么电视台、电台进行重复覆盖。

（5）本台每日播出时间量与本地区全部播出量之比。

（6）本台节目视听率与总视听率之比。

了解了这些情况，才能比较电视受众的不同地域构成。掌握本台在不同地域的市场占有情况，以此作出发展对策。

2. 广播电视受众的年龄构成

在进行电台、电视受众构成测量时，一定要将受众的年龄构成列入测量范围之内。除测量不同年龄段受众在全部受众中的比例外，还应调查不同年龄段受众对电台、电视节目的兴趣指向，以便合理计划各类对象性节目及各类节目的比例。

3. 广播电视受众的职业构成

不同职业的受众在所有受众中的比例及他们各自选择节目的兴趣指向及他们各自的收视时间习惯（如每天大约看多长时间电视节目，习惯什么时间看电视等），也是受众构成测量的内容。

4. 广播电视受众的文化程度构成

受众的文化程度对其收视行为有重要的影响。那么，对受众的文化程度构成及收视习惯和兴趣指向的了解也是必不可少的。

5. 广播电视受众的性别构成

由于男性和女性心理、生理、情趣、生活状况及工作环境的差异，导致了男性和女性在收视行为习惯方面的差异，因而，对受众性别构成的了解也利于节目管理各环节的操作。

6. 广播电视受众的城乡构成

据调查城市和农村受众在收听电台节目和收看电视节目的行为习惯及兴趣指向上有较大的不同，因而，了解受众的城乡构成可以有目的地编排节目，照顾各方面受众的需求。

中国是农业大国，农村人口占到我国总人数的80%左右，在策划广播电视节目的结构时一定要有意识地照顾到这部分受众，尤其是一些边远农业省的电视台、电台。

（二）受众构成测量的信息来源

广播电视受众构成的测量，主要从两个渠道获取信息。

1. 通过收视率、收听率测量获得信息

在组织收听率、收视率测量时，抽取样本要科学、合理，这是成功组织收听率、收视率测量的条件。在此，合理的样本可以推及总体，我们也可以通过样本中的受众构成及他们的收听、收视习惯来推及我们的受众群的不同方面的构成。

2. 通过专门的问卷调查来获得信息

我们知道，受众的收视、收听行为，收视、收听习惯以及他们对不同节目的评价、兴趣趋向是很复杂的，有很多因素可以影响受众收看、收听广播电视节目。那么，这些信息并不是单一的收视率测量可以得到的。广播电视研究机构必须定期地进行较大规模的专门的问卷调查，来获得这些信息，进行较深层次的受众研究，补充和支持日常的收视率测量工作。同时，也可以更具体更准确地指导节目选题、节目计划和节目制作。

广播电视受众的问卷调查，一般会包含这样几个层次的内容：

（1）受众基本情况：如性别、年龄、职业、学历、收入等。

（2）受众接触媒介的习惯：如每日听多长时间广播节目，看多长时间电视节目，是很少看、经常看还是天天看等。

（3）受众接触媒介的目的。

（4）受众对重点栏目的满意程度。

（5）受众对不同类型节目的兴趣指向。

（6）受众的愿望和意见。

对以上内容进行统计分析，我们很容易就可以得出受众的构成比例及他们各自的收听、收视习惯和对节目的兴趣指向。问卷调查是了解受众构成状态及其收听、收视行为习惯的最佳方式。

问卷调查和收听、收视率测量一样，需要有合理可靠的抽样样本，有统计学专家的参与，此外，问卷调查还要求其参加者有心理学、社会学的知识以及相当的分析研究能力。可以说，问卷调查是收视率测量的继续和更深层次的研究。

为了便于观察受众收视、收听行为方式的变化，问卷调查应定期对原有样本进行跟踪调查。

三、受众评价测量

受众评价测量是指测量受众收听、收看节目后的反映及对节目的评价。和收听、收视率不同，受众评价测量是专门为广播电视机构的策划者和节目制作者服务的，节目的策划者制作者们不仅对其节目的受众数及受众的构成感兴趣，同时也对受众的意见感兴趣。

国外一些使用仪器测量收听、收视率的国家或机构，也用仪器测量受众对节目的评价。其办法是对节目进行打分，最低为 1 分，最高为 10 分，用具体数值来表示受众对节目的评价，并且在测量仪上设置按键以传达评价信息。

如何用 1 到 10 中的一个数值来表示对节目总的评价，也有两方面的意见。反对的意见认为：不可能用单纯的数字来表示“每一件事”，因此也不应该用简单的数字来表示节目的好坏；观众给节目打分时会妨碍看电视；简单的数字会助长不健康的竞争风气；数字包含的信息量远没有定性的描述多；数字是不合理的，因为它们表示数量关系。但实际中，一个得 8 分的节目并不比得 4 分的节目好 2 倍。对评价分持赞成态度的学者则认为：不能试图给单纯的数字增加许多难度，评价分不能说明一切问题，但至少提供了十分重要的信息；生活中常有对某一事物作出评价的时候；客观事物并不是分数，但作出评价却是普遍的；数字可能会助长竞争，但竞争也是我们社会的一部分；虽然评价分的数量关系有些不是纯数学上的关系，但这种例子在实际生活中比比皆是，如温度、名次等。

虽然专家对节目评价分看法不一，但至少有一点是大家认同的，就是受众对广播电视节目的评价是客观存在的。这种评价或许可以不用数字的分值来计算，但这种评价确实是收看、收听节目后自然而然的一种反映。既然有这一客观事实的存在，我们就有必要调查、了解、掌握这一信息，以利于节目的计划、制作和播出。

我国对节目评价的调查进行的较早，但进入受众评价测量，即用数量的语言来测量受众的评价还是近年的事，对于节目评价分的测量还在探讨之中，有待发展。

以电视为例。目前，我国广播电视研究者们对受众评价的测量主要从两个方面来做。

（一）处理受众来信

受众来信是一种文字型的信息源，其信息是直观的、情绪饱满的、生动自然的。受众可以在信中淋漓尽致地表达自己对某个节目的喜爱或者是不满意，并且提出自己的希望与设想。

对文字型信息的处理，主要是阅读、整理、分类、归纳这样几个步骤，最终得到对某一具体节目的评价。

这一信息渠道及研究方式在我国广播电视节目的改进和发展上起了重要的作用。然而这种反馈形式终究是一种被动的、传统的、无序的反馈形式，信息量小不能满足目前广播电视事业发展对信息的需要，且存在着这样的弱点：

1. 受众来信的反馈形式本质上是被动的，主动权不在传播者手中，反馈过程也不由传播者来控制。

2. 这种信息的内容本身是片面的。因为愿意写信的受众无论数量如何可观，却只占受众总体的极小一部分，而且是受众中较活跃的一部分，从这些来信中得到的信息不具备推及总体的代表性。

心理学研究和实践经验都表明，受众往往在有具体问题需要解决，对所收听、收看的节目持鲜明态度（赞成或反对）时，才最容易形成直接反馈动机。但对大多数受众来说所接受的信息都是非直接相关的，或者是不构成强烈刺激的，因此，绝大多数观众将不进入反馈渠道。如果仅以受众来信作为节目评价的唯一依据，其结果一定是不全面、不准确的。因而，有必要进行更准确、更科学的调查研究，就是说，运用抽样的方式进行全面的问卷调查。

（二）组织问卷调查

问卷调查以获得数据型信息为主。这类数据信息客观，只要抽取的样本构成合理，就有推及总体的代表性。通过计算机的运算、统计，将不可读信息变成信息，按研究者研究的需要进行归类、分析，得出所需的结论。

我国最早开始较大型的受众问卷调查的是中央电视台、广东电视台、山东电视台、天津电视台等一批省、市级电视台。通过组织受众调查，这些台都了解了本台电视传播的效果，为改革、提高、策划、创新、发展提供了较为良好、准确的依据。这是我国受众研究上的一个飞跃。

随着人们对广播电视功能的全面认识，人们已经清醒地认识到电视台、电台不仅仅是新闻宣传机构，还是广大受众获取信息、消遣娱乐、学习知识的载体。因此，广播电视机构开始注重为受众服务，受众由此开始渐渐成为广播电视节目的“上帝”。问卷调查运用科学的方法，调查过程可由调查者和研究者控制，非常主动。调查者可以按自己的设想和研究课题获得自己所需的信息，较以往的所有研究方法有了很大的进步。然而我国的受众问卷调查在组织和实施上，还存在着一些缺陷，主要表现为：

1. 没有规则

各家电视台、电台的每一次受众调查，并不是一个科学的受众反馈机制运动的一部分，而是一次次单独的行动。彼此之间缺乏有机联系和协作。由于调查项目、组织方法和选点的差异，各台调查所得信息之间往往缺乏横向可比性，一般只能用于指示本台节目的调整，而很难从受众对节目的评价中总结出带有普遍性的问题和规律，也降低了数据的利用价值。

2. 缺乏综合

一些中、小电视台、电台的受众问卷调查未能列入本台工作的长期规划中，仅以组织一两次调查为满足，认为自己了解了受众。实际上，受众的收听收视行为和对节目的评价，兴趣趋向是会根据社会环境、家庭环境及个人经验的改变而改变的。要始终将受众的状况了然于心，就必须定期地组织调查，并有计划地对原有样本进行跟踪调查，获得对比资料和跟踪资料，将零散的资料系统化，不断矫正对受众认识的误差。鉴于此，我们有必要从以下几方面来努力，以建立有序的受众调查系统。

（1）建立长期的配套的抽样调查系统

抽样调查是目前应用较广的一种社会调查方法，目的性强、计划性强、信息量大。要使这一方法进一步科学化、系统化，就需要制定较长期的实施规划，规定调查实施的时间间隔，使之定期进行，减少所获信息的随机性。此外，应该改变以往那种自顾自地小生产式受众反馈工作组织管理形式，采用社会化大生产的分工协作方式，逐步发展成由各级电视台、电台实行费用分担、分块负责、信息共享的复合调查网络。

（2）建立普遍的有偿的定点反馈网络给样本受众一定的经济补偿作为交换，建立长期的定点反馈联系。

（3）建立专门性、科研性的受众研究队伍。这支专业的研究队伍，人才结构要合理，包括统计学、心理学、社会学等方面，以技术型为主，分工协作。

第三节　受众调查的方法

在受众调查当中运用得比较多的是实地调查法和访问调查法。

一、实地调查法

实地调查法只对总体中的某一部分（即样本）进行调查分析，从中取得或推断出有关这个总体特征的资料，以便进一步对这个总体进行研究，因而这种方法通常也称为抽样调查法。

实地调查法在社会学、政治经济学方面的运用已有长久的历史。早在19世纪，马克思就运用此方法在工人中开展调查，对资本主义社会状况进行了大量研究。但是在近数十年，此方法才被运用到传播学研究中来。

实地调查法通常是描述性的研究。如民意测验就是通过调查来描述一个总体对国际事务、政府、经济等问题的看法。又如观众、读者调查等，也是通过调查了解受众使用媒介的情况及其对媒介的态度等。

近年来，随着实地调查法的不断完善，它已开始被运用于理论性较强的一些传播研究。如结合较高级的统计方法便可以研究以往认为只能在实验室里研究的媒介与受众之间的因果关系。如大众媒介的使用与受众的政治态度之间的关系；受众长期收听广播或收看电视对社会现实的理解的影响；父母的控制和家庭里的交流模式对儿童使用大众媒介的影响等方面的研究。

在我国实地调查方法应用于传播学研究只是在近几年才真正得以开展，而且目前还大多停留在描述性研究阶段。1982年由北京新闻学会发起，中国社会科学院新闻研究所等单位共同组织了北京市读者、听众、受众调查，这是我国第一次规模较大、方法较严密的调查。当时调查组到京郊的一个县，按随机等距抽样的原则，选定了县政府的6名工作人员作为调查对象，但有人说：抽到谁就是谁，完全凭运气，要是抽到的人不读报，或不识字怎么办？这种方法不科学。

在我国，由于人们对调查方法缺乏了解，调查方法较为落后。近年已有不少单位组织了实地调查，这是可喜现象。但有的研究者还不能正确地理解和熟练地掌握所使用的调查方法，有的调查方案及具体实施尚不够严密。

实地调查一般遵循下列几个主要步骤：

提出研究课题 + 抽样 + 设计问卷 + 收集资料 + 统计分析资料

张隆栋主编的《大众传播学总论》对此作了较为详尽的阐释：

（一）提出研究课题

实地调查的目的是要描述研究对象的态度、特征或行为。

作为第一步，调查人员必须确定研究对象和研究目的。例如，某研究人员可能想了解上海市的所有6岁至8岁儿童收看电视情况，统计他们每天收看的时间以及节目。他也可能想了解这些儿童收看电视的时间长短与他们的学习成绩之间是否有某种关系。这样研究人员就可以提出，研究课题的目的是验证研究对象的收看电视习惯和他们的学习成绩之间有无任何关系。任何一项调查都必须提出研究目的或假设，并就研究对象及其特征的选择提供理论性或（和）实用性的充足的理由。

（二）抽样

1. 为什么要抽样

抽样这个概念的含义其实人们是很熟悉的。家里做汤，要尝尝味道，只需用汤匙取一小口，尝一下便知整锅汤的味道。在日常生活中，卖水果也要挑一两个看看，品尝一下，便可知这堆水果的好坏。我们都认为品尝的那一部分足以代表整体，不必全部都品尝。实地调查中的抽样与这些日常生活的例子的原理是一样的。研究人员只需研究对象总体的一个样本就行了。抽样的好处就是速度快，节省经费，也很准确。

2. 抽样方法

抽样调查总的可分为两大类：一是概率抽样；一是非概率抽样。

1982 年北京受众调查运用的是概率抽样法。它是根据数学原则进行客观抽样的，不允许有主观因素的影响。样本中的每个单位都有已知的、可计算的中选概率。这些已知概率使得研究人员得以计算出抽样误差、样本可信度并最终推断出调查的精确性。另一种抽样是非概率抽样，它不按照数学原则进行抽样，而以主观标准去找调查对象。这样有主观因素的存在，所以研究人员无法推断出样本概率，也无法计算出样本的准确性。

非概率抽样在 20 世纪 30 年代以前较早期的调查方法里常用。如今概率抽样成了公认的、最常用的方法。此方法最主要的特征就是随机抽样。它主要可再细分为简单随机抽样、系统抽样、分层抽样和群体抽样四种。

（1）简单随机抽样法

这是最基本的随机抽样法。采用此方法，总体中每个具体单位都有均等的被抽选机会。被选中与否完全取决于其数值规律及概率大小的演变，不受其他任何因素，如主观意志等影响。抛钱币决定正反面，掷骰子，从盒子里抽签等可算是较原始的简单随机抽样法，但这些方法很少直接运用于传播研究里的抽样调查中。抽样调查常用的是随机数字表或依靠电脑程序，随机数字表上的数字都是随机排列的，调查设计人员可从表上随意取一数字为起点，然后从这点的上下左右依次抽取所需数目的样本。在美国，调查人员在进行电话采访时，可用电脑自动随意抽取电话号码，并自动拨号以供采访人员采访（这种方法节省了大量人力和时间，但准确度不高。因为有时电脑选的号码是空的。所以需要比样本规模多两三倍的号码供选择）。

（2）系统抽样法

简单随机抽样较少在实际工作中单独使用，因为它不太实用。例如，如用手工的话，抽样相当费力。所以如果有总体名单的话，研究人员通常较喜欢采用系统抽样法。

系统抽样法，国内亦称等距抽样法，即从受调查总体的所有单位里，每间隔若干个单位，就抽取一个样本，直到取得足够的样本数目。间隔数可以从总体单位数除以样本单位数求得。如果某一总体包括 1 万个单位，研究人员需要从中等距抽取 1000 个单独的样本，他以公式 10000/1000 求得间隔数为 10，这样他就可每隔 10 个单位抽一样本。1982 年的北京受众调查的抽样就采用了这个方法。调查组织者把受调查的工作机构的职工花名册作为总体表，将全部职工人数除以抽样调查人数，得出间距数。然后从职工名册第一名开始到间距止，就是第一个被调查人员，其他人员依此类推。

有人称此法为“准随机抽样法”。因为定下间距后，进行抽样就不能保证总体名单上每一个人都具有相同的被抽取概率。所以有人采取随机抽取开头第一个单位，然后再等距抽取其他样本。这样可减少一些人为的可能偏见误差。

系统抽样法比简单随机抽样法要省时省力。但由于此法是依据已有的总体表，如电话号码簿、花名册等抽样的，所以样本的准确性就受到总体表的精确度限制。如当总体表里的单位是以周期循环方式排列的，而这周期和样本间隔数刚好一样的话，就可能会引起样本偏差。

（3）分层抽样法

我国亦称类型抽样法。它是将统计分组法与抽样法结合运用的方法，适用于偏差大、总体里类型悬殊条件下的调查项目。它不是直接从总体中抽样，而是先按调查要求，将总体分类分层，然后再从这些类层里，按各自比例随机抽取样本。通常是按职业、年龄、性别、收入水平、文化程度等特点进行分类。这样可避免随机抽样中可能的比例偏差。例如，一个城镇有 1 万名 10 岁以上居民。其中一半是男性，一半是女性。但如从这些居民中随机抽取 10% 组成的样本里却不可能正好得到这个比例（可能 650 名女性，350 名男性等），从而造成抽样误差。为了避免这种误差，可采取分层法，先把总体分成男性组和女性组，然后分别对两组进行抽样。这样便可能保证样本里 500 名是男性，500 名是女性。

又如某研究人员要调查读者对某报副刊的反映，一般来说对副刊的反映与读者文化程度关系密切。所以研究人员可根据教育程度把对象分层，在抽样前先把总体分为文盲、小学程度、中学程度、大学程度等层次，然后按各层人数在总体中的比例抽取各自样本。如总体中10%受过大学教育，样本中就必须有10%的单位对象达到这一标准。我国目前较大型的调查大都采用此法。

（4）群体抽样法

上述几种方法都要求有个详尽完整的总体表，而有时无法得到这种名单，或者当调查地区广，总体大时，按个人单位取样十分费力，这时可考虑采用群体抽样法。即每次抽取成组或成块的样本，而不是个别单位的样本。群体抽样法，一般需要多次抽样组成样本。如要分析《北京晚报》读者对该报的态度，可采用群体抽样法，先将北京市分为区，以区为单位，再抽取街道，接着再从抽中的街道里抽取居委会，最后再从居委会的“居民户口登记册”上抽取居民家庭，并从家庭中抽取家庭成员，组成调查所用样本。

群体抽样法因其高效率而备受推崇，但有时“效率”可能意味着降低准确性，因为群体抽样一般要经过多次抽样，这样就可能引起多次抽样误差。如在一个双层次抽样里，可能会抽出一个文化程度特别高的居住区，然后又从这个居住区里抽出文化程度高的住户来，解决的办法是利用样本分布逻辑原则，尽量扩大样本里的群体数，减少各群里的单位数。

在受众调查过程中，要注意根据不同的情况，科学地进行调查和数据的比对，才能得出准确的数据。

比如央视－索福瑞媒介研究有限公司2006年在对中央电视台《社会与法》频道做收视调查时所分析的：2004年《社会与法》刚刚从《西部频道》转为《社会与法》频道，实际上收视份额只有0.66%，到了2005年达到1.32%，翻了一倍，2006年11月份已经达到了1.72%。这个增长是逐月增长，增长趋势非常清楚。在与2005年、2006年不同时间不同年份的对比中，2006年都是高于往年同期的，特别是2006年上半年的上升势头非常明显。同时又考虑到年终收视受到一些冲击，是源于世界杯的影响，等世界杯之后又有提升。到了2006年年终，频道开始进入到一个非常重要的收视黄金时间。

由此可见，只有通过这种综合性的分析和调查，才能消除外界因素对节目收视率的影响，像对播出时段、所在频道、节目类型等因素的控制，从而得出客观的对节目的评价。

（三）设计问卷

确立了调查课题，抽选好样本后，就可着手进行具体调查。

调查大多以问卷形式进行。所以问卷设计是组织好每次调查的重要环节，也是保证调查能否达到预期目的的关键。因为调查问卷是调查目的的具体体现。调查者为什么要进行这次调查，通过调查想要了解什么情况，研究什么问题，都要在问卷里弄明白，并在问卷提出的问题中准确无误地表现出来。问卷设计是否合理，直接影响到调查的准确性。所以要组织好受众调查，一定要花力气，下工夫设计好问卷。问卷设计根据形式与内容可分为两步，一是形式即问卷总体安排；一是具体内容，也就是问题的设计。

1. 问卷问题的安排顺序

问卷的总体设计安排直接关系到答卷的准确性和回收率，要提高合格卷的比例，最重要的是要安排好问题的顺序。

问卷的顺序应力求符合被调查者的思维逻辑习惯，即从简到繁，从易到难，从广泛到具体。以简单较容易回答的问题开头，有如打球的“热身赛”，可让答卷者熟悉一下答卷步骤，产生对问卷的兴趣，进入较好的“答卷状态”。1982年，北京受众调查的问卷设计者当时考虑到听广播、看电视的人比较多，所以把调查广播电视的问题摆在前面。当时有人提出应把报纸放在前面，但试验结果表明效果不好。因为有的人不读报，你一上来就问他读报情况，便产生心理上的距离，而先问广播电视里他感兴趣的问题，就容易接受调查。

通常都把较敏感的问题，如有关个人隐私或政治态度问题放在最后。答到这时答卷者大都会对问卷产生了认同感，比较愿意回答这些问题，即使有人仍不愿回答这些问题，他也已经完成问题的大部分了。

问卷里同一范围或内容的题目应摆在一起，各段之间过渡必须清楚有逻辑性。

电视受众调查应该按照如下的顺次进行提问：基本情况层次、行动反映层次、心理感性层次。这三个层次由浅到深，各成一体又相互紧密联系，整体安排过渡自然，符合逻辑，有利于答卷者回答问题。相反，安排不当的问题顺序会影响答案的准确性，增加拒答或伪答率。例如，某问卷在询问一些有关答卷者对社会腐败现象的看法后，再问下列问题：

您认为国家所面临的主要问题是哪个？

——环境污染；——通货膨胀；——腐败现象；——战争威胁。

这就有可能引起偏见，使更多的人选择“腐败现象”这个答案。如把这个问题放在讨论腐败现象问题之前，答案的选择就有可能不同。

不少研究者认为，对同一内容的问题，如有封闭性和开放性两种问题，则应该把开放性问题放在封闭性问题之前。因为封闭性问题提供了一些现成答案供选择，如摆在开放性问题之前，有可能会影响答卷者的回答。

2. 问卷介绍

设计问卷时，还必须精细准备一份简短而有说服力的前言介绍，告诉答卷者此项调查组织者的目的以及此调查的必要性和价值，设法打消答卷者对填写问卷的反感和顾虑。在电话采访时，最好先告诉被采取者采访所需的大致时间。邮寄问卷也同样要强调答卷所费时间的简短。

此外，前言介绍还必须对答卷步骤和要求做些简要说明。2009 年 12 月，天津电视台国际频道的一份收视问卷调查就是一个典型的例子。

说明调查的组织者、目的重要性及价值。	亲爱的朋友： 您好！当您接到这份问卷的时候，请接受我们的问候！为了全面客观地了解电视节目的收视情况，中国天津电视台国际频道组织了这次调查，并希望得到您的帮助。
设法打消答卷者对花时间填表的抵触情绪及填表格的忧虑。注意所用语气。用商量征询、请教口吻，不用命令审讯的语气。答卷技术说明（略）再次强调此项调查的重要性。	完成这个测试大致需要 8 分钟。 您的答案没有对错之分；您的参与和您所提供的信息都将完全被保密。这个问卷的结果将仅被使用于对国际频道节目内容的改进，与政府无任何关联。 请认真理解每道问题，并选出答案或直接填写在答题框上，若无注明，即为单项选择题。最后请您如实填写个人信息，您将有机会获得一份精美的新年礼物。再次感谢您的参与！

3. 问题设计

设计问题时必须注意下列一些问题：

(1) 问题要清楚、简短、明了。问题必须清楚，能毫不含糊地把调查人员的目的传递给答卷者，又能准确无误地把答卷者的回答反馈给调查员。每个问题必须能让答卷者正确理解，切不可用含糊不清、笼统抽象的问题。

1982 年，北京受众调查曾设计过这样的问题：

你喜欢读哪种体裁的新闻？

①消息 ②通讯 ③评论……

这种问题使答卷者很为难，因为任何读者读报都不是单一地读某种新闻体裁，而是吸引他的就读，不吸引他的就不读。美国著名的民意调查机构之一的罗伯公司曾连续十几年为电视公司进行全国性受众调查。每次调查都要问一个问题："您通常是从哪里得到世上新发生事件的消息的，是从报纸、电台、电视、聊天，还是别处？”而结果电视总是被列于首位。但其他一些调查研究发现，如果把问题再说清楚一些，如把新闻细分为当地新闻、本州新闻、本国新闻和国际新闻时，得到的答案就大不相同。问题就是罗伯公司把新闻这一复杂概念过于笼统抽象化了。

有时为了使问题精确，避免含糊不清，有的问卷设计者常把问题写得又长又复杂。但答卷者时间有限，是不可能花长时间读复杂的问题的，所以问题既要精确无误，不引起误会，又要简短明了。

（2）问题要配有完整的答题说明。答题说明随调查使用方式不同而要求不一样。如邮寄问卷通常需要有特别详细的说明，因为答卷者无法就题目不清楚之处提问。

答题说明必须清楚地告诉答卷者其答案是必须打钩、画圈还是编号，是只选一个答案，还是可以选数个答案等。

1987年全国电视受众调查对答卷要求作了详细说明：

填表基本采用打钩（“√”）的办法。符合您的情况或者您同意某个答案，就在答案前边的（　）格子里打钩。除了注明只“选一项打钩”的题，只能打一个钩外，其他题您可以随意打钩，没有限制。

答题说明必须在试验中检验，看看答卷者能否掌握要求。

（3）牢记调查目的。问卷只能包括与所要调查的内容直接有关的问题。提出的问题要有针对性，要有明确的目的。与目的无关的问题，即使再有意思也得舍掉。此外，还要注意避免提会令人难堪的问题，除非不得已。

（4）不要提双重性问题。双重性问题实际上是一道题问两个内容，而可能使一些答卷者无所适从，难以作答。例如，对“您是否觉得应该增加新闻节目，并减少娱乐节目？”这个问题，那些同意增加新闻节目，但不同意削减娱乐节目的答卷者，就可能无法回答。

（5）避免带倾向性的措词。研究人员发现，任何问题只要包括进特定人物就会带有倾向性。例如，有个问题：“某著名演员说，演员不一定非出国不可，在国内也可出成就。您对这个问题看法如何？”那些崇拜这一演员的影迷，可能会选择与他看法一样的答案。而对他有看法的人，则可能因此而做出否定的回答。若不提及演员名字，问题的答案就会不一样。

（6）避免诱导性问题。诱导性问题往往对答案的选择做了某种暗示。如，“您是否和大部分受众一样，每天都收看体育新闻？”此问题就暗示答卷者应该选择肯定回答，否则会觉得自己与众不同。

又如，“您还继续收听《每周一歌》这个节目吗?”暗示答卷者，他已被认为曾收听过这个节目，而必须选择肯定的答案。

(7) 尽量提供各种可能的答案。比如，对报纸的看法有可信、基本可信、不大可信和不可信四种态度。但还得有“说不准”或“不知道”这样的答案。这是因为有些人不经常读报，还有的人年龄小，对报纸很难作出判断，也还有少数人由于种种原因，不愿明确表态，设有这些答案便于各类人回答。

(8) 问题的设计要充分考虑到统计的要求。为了便于电脑最后统计数据，美国一些著名的调查机构大都把答案编码，要求答卷者直接把号码填入空格。即使是打钩题，也已在供打钩的方格边都标上号。登录人员只需将打了钩的方格边的号码登录就行了。

4. 问题的类型

调查问卷通常有两种基本类型的问题：开放式和封闭式问题。

(1) 开放式问题。只提出问题，让答卷者根据自己的见解来写出自己的答案。如，“您主要读哪几家报纸?(请自填)”就是开放式问题。开放式问题给答案者回答问题的自由，使其能详细发表自己的看法，这种问题也使调查人员得以顺藤摸瓜，继续深问，引导回答者更全面准确地回答问题。如针对上述问题的回答，调查人员可继续发问：“您能否详细谈谈您为何爱读这些报纸?”这种灵活性使调查人员能收集到更多、更深刻的有关答卷者的思想态度，以及做此回答的真正动机等方面的材料。

由于其范围广，灵活性大，开放式问题在大型调查的试测中特别有用。调查人员可能事先不知道被调查者的回答范围，利用开放性问题，便可征集到各种各样的答案。最后调查人员可将最常见或最有代表性的答案选出归入封闭式的选择题中去，组成供选择的答案，这样就可避免遗漏一些重要的答案，增加调查的准确性。

开放式问题的最大缺点是不好统计，收集分析数据要花费大量时间。另外，有时调查人员过分的引导、探询也可能造成一些偏差，如出现前面所讲的诱导性问题。有时把回答者“逼急”了，他也可能做出口是心非的回答。

(2) 封闭式问题。这种类型的问题，已由问卷设计者规定好了答案，要求答卷者从中做出选择。这种问题较常用，因为其答案较容易统计分析，特别是用电脑计算数据时特别合适，对答案编码后可直接送入电脑中进行数据处理。

最简单的封闭式问题就是两分法问题，即答案通常是“同意—不同意”、“是—否”之类。如对“新闻必须具有评论性”:

①同意；②不同意；③说不准。

这种问题无法分别不同程度的态度，但其结果最容易统计处理。较多见的封闭式问题是多项选择题，问题正面提供若干个答案，供答卷者选择。例如："您对目前的报纸看法如何？（择 1）"：①可信；②基本可信；③不大可信；④不可信；⑤说不准。

多项选择一方面必须包括进所有可能的答案，详尽无缺，各得其所，不能有遗漏。如上例就包括进"说不准"这一项目，供一部分可能的答卷者回答。另一方面封闭式问题的答案又必须互相排斥、互不相容。请看下列问题：

"您的职业是什么？"：①工人；②农民；③军人；④学生；⑤教师；⑥科技人员；⑦机关干部；⑧文教、卫生、体育、艺术人员；⑨待业人员……

很明显，如答卷者是教师，他就不知要选第 5 项，还是第 8 项，还是两个都选。

综上所述，可见开放式问题灵活性大，使答卷者有可能按他们的真实情况回答问题。然而，在定量分析时，研究人员却难以将答案进行组织分类，进行统计处理。相反对封闭式问题就比较容易通过编码进行量化处理。但是由于这种问题限制性大，有可能忽略一些重要的选择答案，难以了解到答卷者真正的想法。因此，许多问卷都把两种形式的问题包括进去，取长补短。

（四） 收集资料

最常见的收集资料的方式有四种：1. 面访；2. 邮寄问卷；3. 电话采访；4. 网上访问。

1. 面访

面访就是访员对采访对象进行采访。它可以用两种形式进行，一种是结构采访：访员严格按照预订的问题内容及顺序进行采访，访员没有什么自我决定的余地；另一种是非结构性采访。实施这种采访的问卷，一般问题较广泛，访员可自行决定要问哪些问题，以获得所需资料。结构采访收集的资料较易统计分析，但范围较窄。而非结构采访收集的资料范围较广，深度较深，但不易统计，而且对访员的要求较高，所以实地调查一般采用结构采访。

面访有下列一些优点：方式灵活，访员较容易控制采访过程。如他可借助手势、表格、图片等进行提问，也可验明被采访者是否是所定对象。不会出现邮寄问卷时由别人代答的现象；也不会发生电话采访时，对象中途挂断电话中止采访的现象。这种方式的最大不足，就是费用高，需要培训大量采访人员。

2. 邮寄问卷

邮寄问卷就是将问卷邮寄到所抽出的样本对象家中或工作单位。这种方式的最大优点就是费用低，不需要大批调查人员。所需费用一般只是包括纸张、印刷费及邮资等，是几种调查方式中费用最低的。此外由于采访者不在场，而且允许匿名，可减轻答卷者的心理压力和顾虑，消除“采访者偏见”。这样答卷者就可能提供较真实的答案，特别是对一些较敏感的问题。这种方式调查的范围也可较广泛，对象可遍及各个角落，不受限制。答卷者也可自我掌握答卷时间、地点，抽空回答，或找无旁人之处答卷。

这种方法的缺点是：

（1）收集资料时间最慢，要几个星期乃至几个月，答卷才能陆续寄回。

（2）因无采访者在场就问题不清楚之处作解释，所以废卷率较高。

（3）对答卷者的控制最小，无法知道是谁答的卷。一份寄给公司经理的问卷，可能实际上是由他的秘书代答了。还有的问卷可能在家庭里或朋友之间讨论，这样答案就掺杂进别人的看法。

（4）大部分人认为这种方式最大的缺点是低回收率。不少人不愿花时间填表，有的人对表格反感，或害怕填表格，特别是对较敏感的问题不愿作答。国外邮寄问卷的回收率平均只有 10% ~25% 。

此外，这种方法回收的答卷中的人口比例也常不协调。愿意答的主要有三种人，家庭妇女和老年人，因为他们相对有时间填表；再就是对此问题感兴趣的人。低回收率且不成比例的回答者会降低样本的代表性。

弥补这一缺陷的办法是：

（1）写好问卷说明书，强调问卷的重要性。经研究表明，好的说明书能够提高 10% 的回收率。

（2）尽量控制问题数目。美国一家主要调查机构所作的一次调查发现，三张纸的问卷回收率为 28% ，而明信片大小的只有一个问题的问卷则有 50% 的回收率。

（3）采用追踪法。在第一次问卷发出后，两个星期左右再发一信，敦促未寄回答卷的人。有时还可再给他们附上一份问卷。此法一般可提高 10% ~20% 的回收率。美国有一家调查机构使用多次追踪法，结果提高 50% 的回收率。

（4）附上贴好邮票、写好收信地址的回信信封。

（5）采取奖励方法。奖品虽小，但往往收效甚大。美国有调查表明，那些附上 25 美分的问卷回收率为 52% ，而没有附钱的则只为 19% 。上海复旦大学新闻系进行调查时曾采用分发纪念品的方法，效果也不错。

3. 电话采访

它兼有邮寄问卷和面访的一些优点。其费用、回收率也位于两者之间。此外，其收集资料的速度是三种方式中最快的，这种方式在发达国家已越来越常用，而且有逐步取代面访的趋势。但在不发达国家特别是电话普及率低的国家，这种方式就不太合适，在美国电话普及率已达95%以上，而我国则仅为1.1%。所以，目前我国最多只能在大城市里进行小范围调查时使用。

4. 网上访问

网上访问是一种随着网络事业发展而兴起的最新访问方式，是一场新的革命。主要是市场调查者将需要调查的问题系统制作，通过互联网收集资料的一种调查方法。通过互联网收集消费者情报，该方式的成本低，消费者又没有多大心理压力。通过互联网可以使企业与消费者之间全天候地保持联络并建立起长期的合作关系。

网上访问的优点：

网上访问同其他访问方式相比具有明显的优点。首先表现在其辐射范围上。其次，网上访问速度快，信息反馈及时。再次，匿名性很好，所以对于一些人不愿在公开场合讨论的敏感性问题，在网上将是一方畅所欲言的乐土。最后，费用低廉。以上四种访问方式比较起来，网上访问的费用将是最低的。

网上访问的缺点：

网上访问也有缺点，其中最主要的缺点是样本对象的局限性，也就是说网上访问仅局限于网民，这就可能造成因样本对象的阶层性或局限性问题带来调查误差。其次是所获信息的准确性和真实性程度难以判断。比如说调查女性对××化妆品的意见，并不排除“热心”于该问题的男士出来讨论，而后者在某种意义上说并没有发言的权利。还有，网上访问需要一定的网页制作水平。

但不管怎样，随着网络事业的迅猛发展和网民比例的不断上升，网上访问不仅代表着一种趋势，也代表着一种潮流，其作用将愈来愈凸显。

（五）统计分析资料

实地调查的主要目的是为研究课题提供基础资料和科学依据，这在很大程度上取决于统计分析资料的手段。当今实地调查已大量引用统计方法。计算机的使用使统计方法更为先进。资料的统计分析是一项复杂的、专业性较强的工作，而且在我国几乎所有较大规模的调查的数据分析均由各省市统计局来承担。本节只着重介绍几个较常用，而且与调查的前面几个步骤关系较紧密的基本统计分析概念。

1. 抽样误差

这指的是调查结果里由于抽样本身引起的与总体特征的偏差，运用概率抽样所进行的调查是可以计算出抽样误差的。其基本公式为：

$$S = PQ/N$$

其中：S 代表抽样误差。

P、Q 代表样本中的百分比。如一项调查表明 20% 的样本对象认为报纸不可信，80% 的对象认为可信。

P、Q 就各为 20 和 80。

（注意：P：100—QQ：100—P）

N 代表一个样本中的对象单位数，也就是样本规模。

假设有项调查抽取了一个有 500 个单位的样本，调查结果其中 20% 的对象单位认为报纸不可信。这样我们就可以利用公式求出抽样误差。这就是说从样本中得出的 20% 的人认为不可信的这一结果，会有 ±1.79 个百分点的误差。在整个总体中可能是 18.21% 的人或 21.9% 的人认为报纸不可信。

抽样误差的大小与三个因素有直接关系：（1）样本规模；（2）置信度；（3）被调查对象之间的相似程度。

置信度也就是研究者对出现某种情况的可能性的肯定程度。如上述例子里的置信度为 95%，也就是说调查人员可以在 95% 的情况下抽样误差为 ±1.79。从上述公式中可看出样本的规模直接影响到误差的大小，两者成反比。样本越大，误差越小，但减少的幅度越来越少。见下表：

样本规模与误差关系对照表

样本规模	误差	低限（%）	高限（%）
500	±1.79	18.21	21.79
600	±1.62	18.37	21.63
700	±1.51	18.49	21.51
800	±1.41	18.59	21.41
900	±1.33	18.67	21.33
1000	±1.26	18.74	21.26
1500	±1.03	18.97	21.03
3000	±0.73	19.27	20.73
5000	±0.57	19.43	20.57

误差的大小与置信度高低成正比，置信度越高，误差越大。因为置信度越高，取值的范围也就越大，误差也就越大。此外，从误差计算公式中还可看出，误差大小与被调查对象之间的相似程度成反比。相似程度越高，误差越小。如当100%的对象都认为报纸可信，或100%的对象都认为不可信，那么误差为0，相反如果两者比例为50%比50%，那么误差最大。

2. 加权

抽样时如果样本里有的类别、层次（通常为年龄、性别、教育程度三项）的单位，没有达到总体中的比例，那么就必须对这些类别进行加权来弥补。一般在下列情况里需要加权。

（1）分层抽样时。用这方法可从每层抽取一样数量的子样本，但因每层的规模大小不同，所以必须加权加以修正。

（2）等距抽样时。有时必须从一个总体中抽取一定等距，如，10个单位为样本，一个总体有52个单位，应抽5.2个单位，但实际只抽5个单位。这时必须加权以修正那没被抽进的0.2个样本单位。

（3）群体抽样时。如每个群体抽10个单位为样本，但其中两个可能没被调查（如没寄回答卷或拒绝被采访等），这时可给受到调查的8个单位加权加以修正。

（4）等比例抽样时。可先预计一个群体的大小，然后按照规模抽样，但实际调查时可能发现预计的规模不准确。这样这个群体里的单位被抽选的机会可能过高或过低，这时必须用加权修正。例如，某电视台、电台要调查受众收视收听率，从原有人口统计数据里得知该电视台、电台覆盖地区有16.6万男人，年龄在18岁至34岁之间，占该地区总人口中12岁以上人口的8.3%。该电视台、电台向该地区12岁以上人口中抽出的样本，发出问卷，共收回3800份。预计其中8.3%即316份应来自18岁至34岁之间的男人。但调查人员发现252份是来自此年龄段的只占6.6%，或者说少了64人。这时就必须加权修正，其公式为：加权系数 = 需加权组在总体中的比例/需加权组在样本中的比例。由此公式可得：0.083/0.066 = 0.12，这样每份答卷所代表的在总体中的人数，就不是166000/316 = 525人，而应是（166000/316） = 662人。

二、访问调查法

（一）访问调查法的概念和种类

1. 访问调查法的概念

访问调查法，也叫访问法、访谈法。访问调查，一般都是访问者向被访问者作的面对面的直接调查，是通过口头交流方式获取社会信息的口头调查。

访问调查的最大特点在于整个访谈过程是访问者与被访问者互相作用的过程。在整个访谈过程中，除了访问者通过提问等方式作用于被访问者之外，被访问者也通过回答等方式反作用于访问者。因此，在访问调查中，访问者应努力掌握访谈过程的主动权，积极影响被访问者，尽可能使他们按照预定的计划回答问题。

2. 访问调查法的种类

访问调查法的种类，可以根据不同的标准作不同的划分。根据访问内容的不同，可分为标准化访问和非标准化访问，根据访问方式的不同，可分为直接访问和间接访问。

（1）标准化访问（结构性访问）

就是按照统一设计的、有一定结构的问卷所进行的访问，类同于问卷调查法中的访问问卷。

这种访问的特点是：选择访问对象的标准和方法，访谈中提出的问题、提问的方式和顺序，以及对被访问者回答的记录方式等都是相同的，甚至连访谈的时间、地点、周围环境等外部条件也要求保持基本的一致。其优点是便于统计访问结果，便于对不同被访问者的回答进行对比分析。

（2）非标准化访问（非结构性访问）

就是按照一个粗线条的访问提纲所进行的访问。

这种访问方法对访问对象的选择，对访谈中所要询问的问题也有一个基本要求，但可根据访谈中的实际情况做必要的调整。

（3）直接访问

就是访问者与被访问者进行面对面交谈。

（4）间接访问

就是访问者通过电话或书面问卷等工具对被访问者进行的访问。电话访问在发达国家使用较多，其优点是时间快、费用省、保密性强，但只能询问较简单的问题，而且电话若不普及，也不宜于使用，因为很难保证样本对总体的代表性。在广播电视受众调查中，经常使用的访问调查法是标准化访问及间接访问，以利于数据的汇总统计与数据间的比较。

（二）访问调查的实施

在进行访问调查时，应注意以下问题：

1. 做好访问前的准备

首先，要准备好详细的访问提纲和问题，要学习与调查内容有关的各种资讯，若是标准化访问，必须弄懂弄通统一问卷中的每一主题。其次，要对访问对象进行一些了解，以便访问容易沟通。再次，要选好访谈的具体时间、地点和场合。地点与场合的选择，要有利于被访问者准确回答问题和畅所欲言。

2. 建立良好的人际关系

建立良好的人际关系是取得访问成功的首要前提。访问中应遵循这样的原则：

（1）要诚恳表明来意，消除疑虑；

（2）要虚心求教，以礼待人；

（3）要平等交流，保持中立。

3. 重视访问中的非语言信息

访问技巧，首先是语言技巧。但是，在人际交往中，不仅语言可以传递信息，而且人的举止、行为、表情等非语言因素也能表达一定的信息，因此，在访问中要善于发现和观察。

4. 做好访问记录

访问调查，一般都要做记录。在记录前，应先向被访问者做好解释工作。标准化访问的记录比较好办，按照规定的记录格式，把被访问者的回答记录在事先设计好的表格、问卷、卡片上就行了。非标准化访问的记录比较困难，因为当场记录往往会分散访问者的注意力，降低访谈的质量和进度。

在非标准化访问中，为了做到访问、记录两不误，可以采取两人一起访问的办法，一人专门访谈，一人专门记录；也可以用录音机录音来代替记录，但一定要征得对方同意，否则就是访问中的不道德行为，甚至是侵犯人权的行为。

（三）访问调查法的优劣

1. 访问调查法的优点

（1）它能了解广泛的社会现象

访问调查是一种口头调查，它不仅可以了解当时、当地正在发生的现象，而且可以询问过去曾经发生过的社会现象。尤其是非标准化访问，不仅可以调查事实、行为方面的问题，而且可以询问观念、感情方面的问题，具有调查内容的广泛性。

（2）能灵活地进行调查工作

可以根据访问对象和访谈过程的具体情况，采取灵活多样的形式，有针对性地工作。

(3) 能提高调查工作的可能性

访问调查可加强访问者向被访问者的解释环节及时引导，当被访问者的回答不完整、不准确时，可及时追询。

(4) 适用于各类调查对象

访问调查适用于一切有正常思维能力和口头表达能力的访问对象，包括文盲、半文盲和没有视觉的盲人，在这方面，它大大优于书面的问卷调查。

2. 访问调查的缺点

(1) 访问调查的结果和质量，在很大程度上取决于访问者的素质，取决于被访问者的合作态度和回答问题的能力，不能由调查组织者和设计者来控制。

(2) 访问调查在人力、能力和时间上都有更大的投入。

电视受众调查中运用访问调查更多的是为了对问卷调查或收视率测量进行充实。在组织访问调查时就要将其列入受众调查的整体计划中，选定调查点和调查户，进行小面积的访问调查。一般来说，电视受众调查不适宜以访问调查作为主要形式。而作为辅助方式，则能取得很好的效果，可以使受众调查的结果更丰富、更翔实、更具有说服力和指导价值。

第四章 主持人采访策划艺术

第一节　主持人采访策划的特征

平时我们所说的新闻采访大家都很明白，它是一种有目的、有组织的、有计划的、有具体要求的，并自觉认识客观事物的活动。这种特殊的调查研究过程，目的是为了更好地进行大众传播。

我们现在所说的主持人的采访与一般的新闻采访在本质上是相同的，也拥有新闻采访的共性特征，即：新闻性、时效性、广泛性、生动性。因此，主持人的采访也必然要遵循新闻采访的基本原则。

但是，随着广播电视的发展，广播电视的传播手段日益先进，将作为采访者的主持人与采访对象直接推到了受众的面前，使之能够耳闻目睹并直接策划参与采访的全过程，这样就形成了主持人采访不完全等同于新闻采访的个性特征。

主持人采访策划除了可出新、出奇，取得更好的传播效果外，还可以使节目无序的交流更具指向性，使主持人选择的话题不至于因受众没有事先准备而跑题。

事先的主持人采访策划成功，还可使受众在节目中注意力更集中，对主持人提出的问题可以进行更深入的思考和陈述。

此外，主持人采访策划还可使同样的内容在更广泛的角度上被涉及，使观点更明确、更具说服力。主持人采访策划的特征主要有以下几点：

一、节目特征　分辨准确

主持人采访的特点之一是具有鲜明的节目特征。作为一名主持人，总是代表某一节目的形象进行采访，因此在选择采访对象、安排采访内容、确定采访时间和地点等采访的前期策划上要考虑节目宗旨。在选择采访对象方面，不仅要考虑其典型性，还往往要兼顾节目的整体效果，考虑到该采访对象作为特定情境中一名节目参与者所具备的一些外部条件，如性别、年龄、声音、谈吐、容貌等的协调作用。

主持人节目大多为对象性的和有直接交流性的，因此采访策划时要考虑内容的针对性和规定性。采访对象在做到“说什么”的同时，一般还有一个“怎么说”的要求，以求与节目相统一。在一些文艺性或人物专题性的节目中，采访对象还往往成为“剧中人”，采访对象需要配合主持人共同完成采访任务。

以《新闻调查——天价住院费》这期节目为例，当事人温文辉的家人，知情人温文辉的主治医师——哈尔滨医科大学第二医院的王雪原，以及权威人士心脏外科专家马育光等采访对象，就在节目报道的过程中不断地向记者提供新的线索，从医院收费单的出示到医院内部调查组工作情况的描述，再到运用相关医学常识的推断，逐步进到记者和观众理清时间的真相。

被采访者绘声绘色地述说，给观众以很深的印象，又给人以深刻的教益。采访过程本身便成为节目内容的一个有机组成部分。

对电视节目来说，主持人的采访一般还需要策划和设计好采访的场地、背景，以更好地烘托气氛、渲染主题、突出整体效果。

美联社记者休·马利根说过：“假如让你选择访问的场所，要设法做到在后台约见演员，在车站约见侦探，在会议室约见法官，在室外竞选讲台约见政治家，在栏圈里约见野牛骑士，这样如果没有恰当的话可供引用的电视节目来说，主持人的采访一般还需要策划和设计好采访的场地、背景，以更好地烘托话题，你至少也可以从他所在的自然环境中找到主题。”这段话非常精辟地指出了环境对于采访的重大影响和制约作用。

在电视新闻采访中，现场环境是直接构成采访的重要内容。因为电视媒体是一种视听兼有的媒介，它用动态的画面来报道客观世界，体现电视新闻报道的“现场性”。为了最大限度地体现电视媒介的这一特色，充分调动电视中各种表现元素，电视采访就要选择合适的环境背景，让新闻事件的发生和描述出现在特定的环境下，折射出事件发生的各种因果元素关系。采访对象也只有处在符合其身份的特定环境中，他说话的内容才具有真实感、可信性和权威性。环境作为电视新闻现场的重要构成元素，具有不可替代的新闻价值和新闻意义，它富含的信息量使新闻事件和新闻人物摆脱了孤立性，使新闻受众与新闻事件缩短了空间距离和心理距离，各个部分都成为相互关联的统一整体。

二、塑造形象　个性鲜明

没有个性风格的艺术是没有生命力的。同样，主持人节目的生命力和魅力所在也正体现在鲜明的个性特征上，体现在节目主持人的个性化与节目的个性化相融合上。节目个性与主持人的自身个性相互交融渗透、表现于主持人节目的各个环节，其中也集中表现在主持人的采访策划过程中。

新闻记者采访时，个性往往蕴涵在观点、文风之中，而节目主持人的个性则会蕴涵在采访的每一个细节上，这种个性表露是直观而丰富的。在进行采访策划时，要考虑到主持人应基于个人特点来进行发问和评述并展现良好的个性魅力，或犀利，或委婉，或沉稳，或明快，形成个人风格，并与主持人节目整体风格相一致。

主持人采访策划得好，还更容易展现主持人的深层内涵，如何与各种类型的采访对象交谈，如何在简短的采访中获得尽量多的有用信息，如何通过这些信息在短时间内以独特视角挖掘其内在的价值，是对一个主持人知识、修养、阅历的检验，是主持人个性的一个综合体现。通过事先的采访策划，还可使主持人的个性风格在采访过程中更直接、更鲜明地得以展现。

我们说记者的采访一般均表现为个人活动，它是受个人的思想、立场、观点支配的。记者们在各种政治事件、社会事件、经济事件、生活事件等采访过程中，在发挥舆论监督、舆论引导的新闻思想前提下，在报道或评论新闻事实，采写新闻人物和事件中，都会体现出个人的喜怒哀乐倾向，只是这种个性是蕴涵在文字中的，人们看到的是文笔的个性，观点的个性，至于记者采访过程的个性一般不会全面表现出来。而广播电视节目主持人的采访活动几乎是直面受众的。主持人的素质、个性风格是直接展现在人们面前的，这种个性表露是丰富的、多方位立体的、直观的，因而也往往很鲜明，给人以深刻印象。不同类型的主持人节目，必然会影响到栏目的采访风格，而这又会与主持人自身的修养、性格气质等相融合，形成本栏目的特色。

例如，中央电视台的《焦点访谈》，以贴近生活、贴近百姓的价值取向与视角确立了它的特色与地位，已成为中央电视台的名牌栏目，深受广大受众喜爱。每档节目，主持人的采访活动都有各自的内容范围、风格特色。每档节目主持人，在把握总体风格的同时，也各具特色。

《焦点访谈》以其特有的样式展现着人生百态，主持人要以不卑不亢、不偏不倚的心态与被采访者对话。基于受众对人物的陌生，主持人尽可能多地将有关访谈对象的信息量包含在尽可能简短的提问中，因此这种将陈述与发问糅合在一起的提问方式是《焦点访谈》中主持人常用的。这可以说是所有《焦点访谈》主持人采访中的共性特征。然而，翟树杰儒雅中隐含着犀利，沉稳中不乏活力；敬一丹的学者风度，也各具风采。

追求个性化应当是节目主持人的终极目标，是明星主持人成功的关键，因此，在采访的策划过程中也要紧紧围绕这一目标进行。

无疑，个性化的内涵是极其丰富的。主持人采访过程是主持人个性的综合体现，有时采访的过程便也是主持的全过程。因此，注重节目个性自我控制、自我把握，树立良好的个性化形象显得尤为重要。即使是独家采访，也要努力追求表现出有深度、有意义的独特个性。

在主持人采访策划中要塑造鲜明的、富有个性的主持人形象要注意以下几点：

（一） 主持人的角色化

角色化是指主持人在采访过程中所选择的特定的身份、立场和情感取向。也就是说主持人不应该为了采访而采访，他应该是一个生动、实在、带有感情的节目参与者，生动、实在、带有感情的采访会使节目产生生动的效果。

水均益在他的《高端访谈》中曾经与联合国前秘书长安南有过这样一段对话：当水均益问完最后一个中国观众对安南提出的问题之后，安南反问他一句："你的问题是什么？你总提到老人和孩子的问题，你的问题呢？"水均益幽默地回答说："我的问题都藏在他们的问题中间了。"水均益这个回答不仅机智幽默地回应了安南的提问，同时还回答了主持人与节目内容、节目受众之间的角色问题。在这个访谈中，主持人具有"受众的代言人"的意识，主持人的任务是传播受众关心的内容。

（二） 主持人的观察力

在主持人采访过程中，观察力与应变力十分重要。观察是应变的前提，没有观察谈不上应变，只有具备敏锐的观察力，才能在采访中产生机智的应变。主持人在现场采访过程中，处于一种复杂多变的环境之中，许多情况是无法预料的，为了采访的正常进行，就要求主持人具备敏锐的观察力以适时应变。主持人只有具备敏锐的观察力，才能真正驾驭现场采访。

（三） 主持人的对象意识

主持人在采访过程中，是否具有鲜明的对象意识直接关系到节目的感染力和整体风格。例如，你主持一档体育类的主持人节目，在采访现场穿一套运动装和穿一套板板正正的西装，给受众的可信度会明显不同。成功的主持人采访是主持人与采访对象合作的结果。因此，主持人一定要感受现场的气氛和环境，体会现场采访对象的感觉、思想以及人之常情，并融入其中，采访才会自然、贴切。

（四） 主持人的人格形象

大凡成功的主持人采访，无不是以自己良好的人格形象确立在受众心目中的地位的。主持人作为节目的代言人，其所具有的综合素质、风格等都可通过采访得以体现，采访过程中对人格形象的把握，对主持人魅力的体现至关重要。因此，在采访策划中为了人格形象的确立，要力求避免随意、矫情、欠缺分寸、抢白、语塞、幼稚、有欠规范的情形发生。

主持人人格形象的树立，离不开自己平时的修养和努力。

在电视节目中，一些主持人朴实自然、风趣幽默的主持风格独树一帜。他们的主持给人印象最深的就是随意和自然，很多媒体都称他们的主持有很强的亲和力，与演员和观众都没有距离。

谈起电视节目主持人的素质，有位主持人曾经说："我觉得他首先得对节目有一个准确思维的把握。比如在主持《秋菊打官司》中，从头到尾我说的话开的玩笑都围绕《秋菊打官司》这部电影，或者都围绕陕西话，或者都围绕张艺谋一个主线去组织，绝对不会乱。其次就是驾驭现场的能力，主持人可以照本宣科，但是在有观众的现场必须能够控制观众的情绪。还有一个最主要的就是作为主持人你一定要是个'博士'，你的知识一定要'杂'。因为在现场你可能什么行业、知识都会接触，所以你必须都要知道一点。当然，作为一个娱乐节目的主持人，你还必须要有幽默感，只有具有这种素质才能让场上活起来。"

正如其所言，这位主持人在各个领域都有所研究和学习，比如在《快乐驿站》中，他就能够在节目中随性画漫画；在《梦想剧场》《星光大道》节目中就能经常听到很地道的各地方言，这些都不是一日之功，而是在日常生活中不断学习、提高自身素养的结果。

有追求，有目标，积极努力，是树立主持人良好人格形象的基础。

三、自我意识　真实展现

记者在采访中，一般注意在提问中倾听采访对象的介绍或叙述，保持比较客观的立场态度，他们很少直接表达自己的见解，流露自己的情绪。

从受众的角度来说，记者采访时采访的对象是交流的主体，采访者是交流的客体。而在节目主持人的采访中，采访者是主体，采访对象是客体，采访和被采访在交谈中进行，而主持人随时可以调整话题，发挥感想，补充采访对象的意思，阐明自己的观点，被采访对象和被采访者的一切言论都是为了主持人设计的中心话题服务。

新闻记者采访的对象是要反映的主体，记者处于次要地位；主持人的采访是通过被采访对象的讲话内容来为自己的观点服务，主持人在采访中占据主导地位。

主持人采访的自我意识还体现在独有的公关优势上。这种优势又造成了“形象效应”。这里当然指的是包括内在形象和外在形象的主持人总体形象。主持人一旦在节目中确立了良好的形象，便会在受众的心里留下美好的、可信任的记忆。他们会以你为知己，对你怀有信任感，并渴望得到见面、谈心的机会。当你走下荧屏，走出播音室，以朋友的姿态来到他们中间时，“形象”的效应就发挥出来了：他们不仅不会敬而远之，与主持人有陌生感，反而会面对采访话筒畅所欲言。一般说来，主持人在节目中的“形象”越牢固，越有基础，采访的效果也越佳。这也提醒节目主持人要表里如一，经得起受众的直观“检验”，还要注意风度举止这些“外在形象”方面的因素，要和环境、对象融洽。事实上，主持人的出色采访本身也是完善自我形象的一种机会。

“公关优势”还体现在“声音效应”上。广播电视节目主持人的声音条件是经过挑选和锻炼并符合专业要求的，一些受众完全是凭借主持人的富有特色的声音形象来记忆心目中的主持人的。当然，主持人并不能单一地依靠外在的声音来树立形象，而是要靠在优美的声音中体现出的丰富的内涵、渊博的学识、亲切的语气、自然的语调来感染受众，要通过“真”来树立形象。

不仅是声音，包括主持人采访时的化妆、着装等都应是真实的展现。

例如，央视女主持人董卿的着装就很好，既寻求属于自己的风格和美丽，又能尊重节目的性质和内容。在2008年抗震救灾晚会中，董卿一套乳白色的西服套装显得庄重典雅，又凝重深刻。在纪念改革开放30年系列节目之一的《歌声飘过30年》晚会中，董卿的一套宝蓝色礼服让人眼前一亮，把整个人烘托得气质脱俗，从众多主持人中脱颖而出。在2009年春晚上，董卿的一件绿色旗袍更是夺人眼球，与她温婉的气质完美地结合了起来。

四、采访主持　融会贯通

主持人的采访，事实上是将采访与主持融为一体的，可以说是主持性的采访。如果说直接性、现场性是主持人采访与记者采访的形式上的区别，那么控制性、主持性则是他们之间本质的不同。

主持人在采访中除了要像记者采访那样，努力提出各种各样的问题，从各个角度、各个层面去拓展信息、捕捉信息、挖掘内涵以外，还要始终注意调整节目气氛、把握节目节奏、控制节目进程和时间。

主持性的采访表明了主持人是节目的主体。他需要掌控全局，要处于节目的主导地位，始终把握住节目主旨，善于提问，机敏应变，既尊重对方，又不能被动地被对方牵着走。要能够很好地控制自我、掌握分寸、调节情绪，既要与对方沟通思想、产生默契，又不能受对方过度激动或消沉情绪的影响，明显地溢于言表。

主持性的采访，要求主持人要充满自信，充分发挥主观能动性。要有“泰山崩于前而不惊”的涵养，要镇定自若，以乐观轻松的心态、优雅的气质、洒脱的风度，机敏灵活地去采访和主持。

在采访中，被采访者千差万别，有的被采访者自我中心意识很强，他们在有意无意间总明显表露出强烈的主宰整个谈话内容和进度的意图；有的则恰恰相反，对采访消极应付，勉强应答；还有的对采访可能采取抵触和不配合的态度。面对各种各样的被采访者，主持人就更需要采访前的策划，设想各种可能发生的意外，灵活掌控全局。

素质不同的主持人，在采访中能够把握、控制的层面有所不同。高素质的主持人不单要能把握主旨、营造气氛，还要能够发掘节目的深度和广度，对采访中话题的选择、视角和时空的转换、交流的程度以及情绪调节、节奏快慢都能控制自如。

一般来说，大悲的情感应该采用较慢的语速、较低的语调、较长的停顿来表达。大喜的情感则采用较快的语速、较高的语调、较短的停顿。虽然说基本如此，但是主持人应该控制好这些要素的度。关于这些方面，《爱的奉献》赈灾晚会中的主持人们，都发挥了极高的水平。

众所周知，汶川地震的直播报道中，新的伤亡和新的余震的发生、新的生命奇迹的出现，这些语境要素的不断更迭，均要求主持人依照语境对情感作出相应控制，以更好地完成情感表达，达到最好的传播效果，这不是仅仅用理智就能完成的。所以在《爱的奉献》大型直播晚会中，全场都笼罩在地震所带来的沉重的情感中。

然而，当小白灵的父母突然被找到，语境发生突变时，主持人白岩松适时地对其沉重的情感作出了有效控制，调节为相对轻松的。“我以最快的时间告诉大家一个好消息。还记得刚才在舞台上用她的泪水和讲述感动我们所有人的小姑娘白灵吗……”不难看出，此时白岩松的整个语速明显加快，语调明显提高，语气也表现得较为轻松。他通过对语言形式的有效控制，完成了情感由悲痛到轻松的转变。

不仅是白岩松，董卿在运用语言形式控制情感方面，同样做得非常到位。她在介绍三个来自灾区的学生时，整个语速大致控制在每分钟 140 个字，停顿时长在 2 秒以上的六处，整个语调非常低沉。这些语言形式的运用，使得悲痛情感恰当地呈现，没有任何的失控。控制其情感表现时起到了非常突出的作用。这就是语境被动控制所取得的传播效果。

总体而言，在《爱的奉献》晚会中，各个主持人对大悲、大喜情感的控制十分到位。

记者的采访如果不成功，可以不发或者补充采访，但主持人的现场采访和主持却是一点退路也没有。

主持人采访的主导性，还表现为主持人应有时间意识。因为无论广播还是电视的采访，幕前还是幕后的，都有时间的限制。广播电视节目本身是时间性非常强的，不像报纸，随时可看。记者采访也没有时间限制，多多益善，写作时可以再提炼。主持人可不行，漫无边际地交谈，冗长地对话都是不行的。更何况许多主持人的采访过程，也就是主持节目的过程，节目时间完全由主持人把握着。如果主持人没有时间意识，也就不能适时展开节目进程，甚至有头无尾，草草结束。

第二节 主持人采访策划的运作

广播电视采访长期以来被看做是一项独立的工作，甚至是一种岗位分工，然而随着主持人节目的出现和发展，采访也已成为主持人所必备的基本功，并且主持人的采访因其节目的特点，又有了许多新的要求。

应该说，不论采访的复杂程度如何，良好的策划都会使一次采访进行得更为顺利。从实际效果来看，策划对于采访特别是主持人节目采访是至关重要的，对于直播的主持人节目就更加重要。

一、策划的必要性

主持人采访必须要有一定的策划，这是因为：

（一） 获得采访机会的需要

采访现场的人和环境有时是非常复杂和瞬息万变的，而且有些采访面对的是特殊行业的问题，甚至是横跨多个学科、有复杂的人文历史等背景的问题。

在一些重大采访中，有时由于采访对象无暇顾及采访的主持人，而造成采访的困难；有时采访对象可能不乐于接受采访；有时主持人甚至无法接近采访目标。面对一瞬即逝的采访机会，主持人在采访前一定要做好充分必要的准备，要精心策划、周密筹谋。

美国许多著名电视新闻节目主持人都是经验丰富的记者出身，其中芭芭拉·沃尔特斯是以采访名流而著称的记者型主持人。在古巴举行的一次不结盟会议上，芭芭拉·沃尔特斯想要采访约旦国王侯赛因、巴解组织领导人阿拉法特和古巴领导人菲德尔·卡斯特罗，但这些人物都是世界媒体关注的焦点，更何况会场上世界各国记者云集，警卫森严，芭芭拉无法接近任何领导人。

这位机智的女记者想出了绝妙的点子：写字条叫卫兵递上去。芭芭拉写给侯赛因国王的条子是这样的：

“亲爱的陛下：我们可以确定我们的采访吗？我穿着粉红色的外套，坐在记者席上。如果你看见我，请挥手，芭芭拉·沃尔特斯。”

结果，收到条子的这几位领导人出来举行记者招待会时，不约而同地在记者席间巡视着什么，并向芭芭拉挥挥手，当然，她也就得到了难得的采访机会。

（二） 协调配合的需要

主持人采访、特别是电视主持人的现场采访需要工作群体的密切配合。目标、角度、题材、环境、人物、背景、事件、设备等各环节之间的设计都要紧密衔接，要有事先详细的策划。否则，面对复杂的环境和突发的事端就很难默契地完成采访任务。

（三） 达到目的、保证获得真实的第一手资料的需要

主持人在采访前，应通过策划来设想采访现场的一些情境，要事先有明确的目的。这样在一些可预知的新闻现场就能够准确把握住现场介入方式，迅速找到拍摄的对象和细节。

著名的主持人杨澜在她的《杨澜访谈录》中，每一次采访都要作细致而充分的资料准备，所以不管采访对象再怎么话少，甚至不配合，她都能让话题持续下去，而且与采访对象之间有很好的互动。比如有一期采访圈内闻名“清高”的陈道明，就是很好的例子。有段对话如下：

杨：你还记得你刚去天津人艺的时候演一些什么样的角色？

陈：那时候我就记得我没演过什么角色！

杨：民兵？群众演员？

陈：第一幕演匪兵，第二幕演民兵，第三幕演解放军，到第四幕就演群众。我记得好像就是这么一个流程。我记得那时候，我挨过批吧，也当然是对一个职业的不满了，演一个群众匪兵，是最后一幕……

杨：没有叫群众匪兵的……

陈：就是群众演员，匪兵，最后一幕，就是我最后一幕，从左边幕条跑到右边幕条，就是说，冲啊，跑过去了。

杨：你就是被追赶的那个。

陈：于是乎我就化了半拉脸。

杨：因为你想，只有半边脸。

陈：只有半边脸，我冲着那边，观众在这边，我就化这半边就可以了，而且，我一跑过去就完事了。

杨：你在中戏上学的时候，据说有一年都没跟老师说过话！是吗？

陈：主讲老师，对，我们班主任，其实这老师特别好。

显然，在陈道明说“我就记得我没演过什么角色”时，杨澜能马上补充“民兵”？这当然不是想补充就补充的，杨澜之前是作了非常细致的了解。又如“据说有一年都没跟老师说过话”这些话题，同样是经过仔细搜索寻找出来。又看其中“于是乎我就化了半拉脸”，杨澜马上就接上说：“因为你想，只有半边脸。”于是陈道明就顺着她的话继续说下去。这不仅是因为杨澜达人知意，反应敏捷，而且她了解陈道明，最起码知道他是个怎样的人，有着怎样的大致性格，所以可以按着他的逻辑来推理。这样的了解，既会使得自己与采访对象的距离一下子很近，又能让采访对象非常的惊奇——她这么了解我！于是可以得到对象的更加配合。

（四）完成节目样式的需要

采访的最后成果是节目，由于广播电视节目有样式的限制、有自身的要求和规律，因此，节目主持人在前期采访时必须将后期完成的节目样式预先构想好，这也是要求进行采访策划的重要原因。

首先，现场连线的开头要及早交代新闻事件的时间、地点等要素和主要的新闻事实，而且要做到先声夺人，尽早把听众引入新闻现场，使之身临其境。切忌开篇就长篇大论，迟迟进入不了主题，让听众等得不耐烦。其次，事件过程的叙述不能面面俱到，只能介绍最关键的地方，舍弃一般性材料。这里特别值得注意的是：对现场人物的采访要有针对性。包含两个层面的含义：

第一，选择的采访对象要有针对性。就是说，被采访人要与正在发生的新闻事件有着直接的关系，最好是新闻事件的直接参与者，因为只有这样的采访对象，讲话才具有权威性，才能对深化新闻主题起到画龙点睛的作用。而对新闻事件中其他的非关键性人物的现场采访，不必苛求，因为现场连线报道受时间、空间的限制，增加一个环节就多一份失败的风险，为了现场播报的流畅顺利，记者要舍得放弃对那些新闻事件边缘人物的采访。

第二，现场提问要有针对性，要尽量采用闭合式的提问方法。就是说，记者在新闻现场提出的问题要具体，要符合主题需要，要针对新闻事件进程中的细节设计，而不是笼统的、开放的。例如，对一名乒乓球运动员刚刚夺得世界冠军后的采访，像“拿了世界冠军后你有什么感想”，或“你的体会是什么”，这样老套的提问就缺乏针对性，由于问题太过空泛，采访对象也不好回答，很可能讲出一大堆与比赛无关的话。相反，如果换成具体一点的问题，如“今天的比赛你在大比分2∶3落后的情况下，及时采取了怎样的战术又重新掌握了比赛的主动?”就比较适合运动员回答，同时由于问题和现场气氛、比赛内容直接相关，符合听众当时的求知心理和收听情绪，报道的含金量随之增加。

二、策划的运作机制

除了现场直播的采访外，一些需要制作的主持人节目还要考虑到节目的后期制作，因为，采访与后期的节目制作是密不可分的。广播、电视的采访应在策划期间就将后期的节目完成样式、包装等内容考虑进去。

（一）以制作群体为核心的采访策划

除了一些节目适合主持人单独采访外，大量的重要事件、王牌节目、特别是一些新闻类的主持人节目，越来越趋向以制作群体为核心的报道运作机制发展。记者、主持人不是单兵作战的个体，而是通过统一指挥调度而进行采访和节目制作的系统和集体，采访采用的是集体合作的工作方式，系统化、协同化采访方式更加明显。

在宏观上进行策划，就是根据一个时期的政治、经济等形势，制定这一时期的报道方针、目标、重点以及为实现这一方针、目标、重点进行的重大选题部署和采访安排等。

例如，2004年国家“两会”期间，新闻频道发挥24小时滚动播出的优势，遵循最新、最快和突出现场的报道原则，增加直播节目，共进行了85小时的直播，平均每天7小时。直播节目不仅场次多，而且时间跨度大；并首次对会议准备情况进行直播，对分组讨论进行延时转播。许多栏目还不同程度地设计了直播报道的点，进行大量连线与现场报道。直播的方式实现了“两会”与观众最直接的接触。

专题类节目调动新闻评论部资源，集中优势兵力，确立了每天直播、自选专题跟进、相关栏目配合的报道计划，采用访谈、纪实、直播等多种手段，运用现场连线+现场短片+背景短片+演播室访谈等结构形式，兼顾节目的时效与背景，对“两会”进行了充分立体的报道。播出时间晚的“央视论坛”，为了不重复别人的看点。经过反复提炼，把“两会”的亮点当做栏目的看点，每天选择一点做深做透，并增强短片的分量，丰富画面，增加信息量，避免了会议报道容易形成的刻板面孔。

（二） 由主持人完成的采访策划

在采访的策划中，还有一部分微观方面的策划通常需要节目主持人独立完成。这些策划内容相对微观，要求主持人运用对比思维、求异思维、逆向思维等思维方式对整个采访个案的切入点、表现角度、表现手法等进行策划。

微观方面的采访策划具体到广播电视采访中包括以下几个方面的内容：

1. 采访细节的预见性策划

在采访前，要尽可能将被采访对象和现场的各种可能发生的复杂情况、突发情况周密地予以考虑。这种采访前的预见性策划本身，主要目的是为了无论遇到什么情况都可以获得详细的第一手资料。

美国著名记者约翰·布雷迪在《采访技巧》一文中说：“采访前宁可准备过头，而不要准备不足。”只有做好了尽可能详尽的采访之前的预见性准备，记者在采访时才能迅速进入采访状态。这样即便在采访过程中遇到一些变故导致原先的计划不能顺利实施，也能通过其他方式来解决，从而最终完成采访任务。

在确定了采访对象的同时，记者还需要尽可能地多了解采访对象一天的行程安排，以便控制采访时间和节奏。这些细节并不能直接体现在报道中，却是必不可少的工作。

比如，2010年《鲁中晨报》的一位记者在接到对中国足协新主任韦迪的采访任务后，就做好了详尽的采访前的预见性准备。他首先通过北京同行了解到韦迪这一天的日程安排，然后通过韦迪老家辽宁的记者深入了解了韦迪的性格和习惯，然后重新设计采访提纲中问题的顺序。了解到韦迪是一个工作生活化的人，记者还事先将采访提纲背熟，以便控制采访的节奏。经过这样一系列的准备，最终完成了一次成功的采访。

为了获得采访的现场画面，为了取得真实的第一手材料，经常需要在策划中绞尽脑汁地想出拍摄的最佳方案。这些策划内容千变万化，要根据每一次采访题材和对象的不同和需要来设计。

2. 对采访对象及现场的提问、报道事件的语言及逻辑思维和评述要有充分的策划准备

采访是否能够成功，往往取决于主持人把握采访现场的能力。为了不打无把握之仗，能够准确地把握采访现场，找准切入点，事先的策划准备就至关重要。现场采访，主持人一般已知道被采访事件的大概情况，即便是一些突发事件，事件的性质一般在接到通知时也已了解，事先定下主题的现场采访更是事先心中有数，因此完全可以在现场采访前提出一些问题进行设计。问题的准备是采访策划中必需的。

中央电视台著名记者水均益，在谈到自己如何准备资料、如何设计采访问题时这样说："经常做一些预先的想象，就是搞模拟，模拟对他（采访对象）进行提问。有些问题大家感觉像是现场追问出来的，其实都要事先想好，或者说是尽可能去判断他。比如我问一个问题后，他（采访对象）会作什么样的反应，他可能有的几种反应是什么样的？然后我们根据他几种可能的反应来判断，做出使我可能再继续追问他的东西。"作为一名记者，在采访前根据以往的经历、资料、对采访对象的个性把握情况，把采访问题进行有对象感的设计，与采访对象保持潜性交流，这样才会在面对面的采访中，语言的选择有针对性、有力度、有特点，才会将访前有对象感的准备和设想转化为采访双方互动性的交流，推动采访顺利地完成。

3. 主持人要预先策划采访现场的介入方式

为保证采访的客观公正，合理的介入方式需要事前制定。

对于电视台，主持人在采访之前还要让摄制组明了现场采访时自己是否出镜，是否出现主持人的同期声，抑或是光出声不出像，此外还要考虑是否让其他主持人进行配合采访等。明确这些才能便于摄像师、录音师做好事先的准备，并在现场工作时配合出镜主持人进行合理的言行摄录。

第三节 主持人采访策划的环节

一、精心选择采访对象

不管是资深主持人还是新主持人，有一点是非常明白的，那就是要选择具有社会价值和舆论效应的人和事作为采访的对象才能使节目生辉。采访什么样的对象最容易使节目得到受众的认可？最明了易懂的是要具备“名、特、优”三个基本条件。但是，要想成为一名著名的主持人，要想使节目成为精品，光懂得这三个基本条件还不够。作为一位主持人应该明了，先期的采访只是迈出到达目的地的第一步。你的最终目标是要拿出有机结合的一档完整的节目，而采访是你总体设计中一个不可缺少的组成部分，是整个节目的有机体。你是主持人，应总控全局，还要精心选择采访对象，要考虑采访对象诸如语言、声音甚至形象等审美方面的条件。另外，作为主持人，你又是节目的形象和中心，还有必要考虑采访对象能否根据一定的需要和你默契配合。当然，我们不能对采访对象过于苛刻，但作为节目主持人，从主持人节目的特点和整体效果出发来选择采访对象是必要的，而更关键的是，主持人要能够尽可能地去与采访对象相互适应，最大限度地发挥自己的主观能动性，去挖掘出他们的闪光点。

比如同样是名人访谈类节目的主持人，杨澜、陈鲁豫和许戈辉三位主持人选择采访对象的侧重点就有所不同，采访的整体风格也就不同。

杨澜的采访对象从职业角度分析，商业人物占到50%，而政治要人占到1/4的比例。可见，杨澜名人采访定位为一种具有时代特征的高端采访，采访对象的主体是企业界商业精英人士或与经济相关联的风头正健的政治人物，而文化界人士绝大部分是文化市场的杰出代表或光环符号。从本质上看，杨澜锁定的采访对象具有很强的时代感，是公众投入众多注意力眼球的新宠。因此，可将杨澜的采访风格概括为“聚光灯式采访”。

陈鲁豫的采访对象从职业角度分析，主体部分为艺术家，占30%，其他选项中作家、学者、体育人士、演艺明星基本平均。此外，演艺界除谢霆锋、张柏芝等年龄偏小外，其余采访对象平均在40岁以上，特别像常香玉、秦怡、黄宗英、梅志、章含之等一批老艺术家、老作家，平均年龄在75岁以上。因此，《鲁豫有约》的采访对象是能够见证历史的群体，在他们身上撰写着充满传奇色彩与人生悲欢离合的往事情感，但他们因年龄的原因走下历史舞台，从幕前走向幕后，消失在时间的视线里。从这个角度看，陈鲁豫是一种“挖掘式采访”，通过名人访谈的形式，运用最新的电视手段，再次记录与挖掘历史尘埃下的感动与故事，打开尘封已久的记忆。

许戈辉采访对象从职业角度板块划分统计，演艺明星、学者专家、体育人士、艺术家基本持平，商业人物选项仅为3%。许戈辉在总体上与陈鲁豫有一定的重叠处，但通过具体案例考查，从美国高尔夫球手泰格·伍兹、英国魔术大师大卫·科波菲尔、旅法画家赵无极、法国建筑大师保罗·安德鲁、丹麦导演拉斯冯特里尔的采访看出，许戈辉的风格可以定义为一种“导游式采访”。因为在所选的采访对象中虽然有作者、艺术家、导演、体育明星等，但有一半是外籍人士，或有国际背景的旅法、旅美的华人群体。正如许戈辉在节目定位中所言，带领观众走遍全球，拜访各地豪杰英雄，所以《名人面对面》在总体上颇显异国情调，触角延伸到海外华人的奋斗经历与情感历程。

在节目主持人的采访中，主持人居于主体的地位，采访对象是客体。因此，在采访中，节目主持人可以站在节目全局的利益和高度上来看待事物和现场，具有较大的主动性，立场也带有浓重的“主观”色彩，不仅要善于提问，主动与采访对象交流沟通，还要善于抓住时机，有感而发。不仅让受众了解采访对象和客观事实，更要积极地展示自己，让人们了解节目主持人的看法、态度以及思想情感。

二、详细了解背景材料

背景材料是指一切与采访对象有关的非直接性的资料，包括与选题相关的业务知识、政策法规等。研究了解背景能够丰富、加深对事件和人物的认识，增强洞察力，发现线索，合理使用，从而拓展节目视野，深化节目主旨。

在过去的新闻记者采访中，作为消息的一部分，记者在涉及新闻事实时，只能做一个简单的交代，无法说得太多。而作为主持人节目，大量丰富的背景资料的利用是使节目得以深化、使人们获得更大信息、增加节目可信度的重要手段，这也是主持人节目的一大长处。

了解背景的途径是多种多样的。最基本也是最有效的就是查阅资料。许多记者采访前的准备就是从图书馆开始的。

自由撰稿人罗恩·弗雷德里克就认为：“在图书馆的调查比采访更重要，因为为了提出中肯的问题，你必须了解采访对象的背景。实际上，任何图书馆收藏的资料都比大多数记者了解得更为丰富，而且全摆在那里，我认为记者应当像卡车司机利用公路那样利用图书馆。”

通过广泛浏览资料，获取选题涉及的历史与社会背景、现实状况、发展动向，以及相关人物的个性特点、职业生涯、人生观念等。不占有一定数量的背景材料，就很难展开实质性的采访。

美国新闻学教授威廉·梅茨说：“采访要人时，最糟糕的失误就是表现出你对他的工作一无所知。”难怪意大利著名的女记者奥琳埃娜·法拉奇每次采访前总要用很长的时间做准备。1980 年 8 月，奥琳埃娜·法拉奇在北京采访邓小平时事先做了充分的准备，制定了周密的采访提纲，采访出人意料的是先从庆贺邓小平生日开始的。可见，充分的材料，是设计采访问题的保证；而问题设计得充分又是访谈成功的基础。然而，拥有大量资料，并不见得能够充分利用它们。要提高效率，就要学会善于处理材料，既要分门别类进行研究，又要宏观把握，综合分析，还要善于发现、挖掘背景资料与主题的内在联系。这样，对挖掘事物的本质，深化节目主旨不无益处。

三、仔细准备采访内容

节目主持人在浩瀚的人海中选中一位采访对象，这位对象一定是有着与众不同的经历或有着某种特殊意义。主持人的任务之一就是要把这种最动人的经历、最精彩的部分挖掘出来，介绍给受众，营造氛围，感染受众，以达到传播目的。可是，常有这样的情况，节目之中，每一档节目都有嘉宾，同一性质的节目话题的范围不可能是宽泛无边的，许多主持人常常为如何找出新的创意而犯愁；另一方面，有许多嘉宾反复在不同的台接受采访，所讲述的内容也基本相同，特别是在一些有特殊意义的纪念日等，一些采访对象就反复出现在不同节目中，如何寻找新的角度，不落旧套，对许多主持人来说是一个很大的考验。

其实，这个问题对于有经验的主持人来说，并不难解决，关键是要对采访内容仔细准备。因为，不同的个体有着不同的经历，对于采访者来说就孕育着不同的视角或视点，进而就会产生不同的立意，并从不同的角度塑造出不同的形象，反映出不同的主题。

要做到游刃有余，达到有血有肉的采访效果，归根结底主持人要做到知己知彼，在采访前要做好细致的案头工作，尽可能积累与所作节目相关的资料，厚积而薄发。

在仔细的采访准备过程中，许多事件和资料很容易触发采访者的新闻敏感性，由此产生新的话题，为主持人寻找自己独特的采访角度带来突破，带来感人的场面。

如中央电视台的《艺术人生》，主持人在做节目之前就已将采访对象“吃透了”，经常利用采访对象人生历程中的某些细节突然发问，触动采访对象的心灵，使采访对象一会儿谈笑风生，一会儿声泪俱下。观众也在不知不觉中受到吸引，受到感染。“为什么《艺术人生》总让嘉宾哭，这是不是节目的追求。”主持人在回答这个问题时，说道：“每次听到这样的话，我都觉得比窦娥还冤。在我们的节目中，笑声是眼泪的N倍，只是眼泪更容易让人记住罢了。其实，笑声和泪水都是一种力量，他们同样能让我们感受生活的悲喜，并透过它体会人的真性情。”所以在直播现场，如不掌握采访对象的“第一手”资料，要想使采访对象的心灵产生震撼，几乎是不可能的。

四、周密设计采访方案

古人云：“凡事预则立，不预则废。”在仔细地准备好各种资料后，为了使各种资料发挥效用，还需要制订完整周密的采访方案，要按采访方案所设计的目标进行操作。方案设置得越清晰、越周密、操作性越强，采访过程就会越顺利、越轻松、面对各种复杂情况、各种突发事件就可以有条不紊、成竹在胸。

采访方案虽说是主持人实施采访的指南，但千万不可“本本主义”，需要在操作过程中根据实际情况灵活掌握，做出适度选择调整。

采访设计方案主要包含以下内容：

（一）采访对象

要明确采访对象，尽量通过第二手资料掌握采访对象的情况，尤其要分析采访对象的心理、性格特点、爱好、人生经历等。

（二）采访要点

明确采访的核心——主题和基本要点。要求主题鲜明，角度独特，立意深刻，要点清晰。

（三）采访提纲

为了对采访方案一目了然，便于采访时使用，应拟订一个采访提纲，以在有限的时间和空间更精确具体地把握采访。

（四）采访安排

要对采访时间、地点、人物、事件等作出准确详尽的安排，建立时间表，确定各期联系、筹备和要做的工作内容。

（五） 采访方式与手段

采访方式和手段是指主持人在实施采访任务过程中所采取的具体的行为方式和所采用的技术手段。

主持人常见的采访方式有：即席同步采访、预约追踪采访、联手合作采访。

与之相应的形式有：座谈式、追踪式、漫步式、随意式。

主持人常用的采访技术手段有：电话采访、电视话筒采访、录音机采访、航空采访、演播室录像采访、现场切换采访、卫星电视采访等。

广播电视主持人采访的方式与手段是丰富多样的，实际采访时各种方式和手段往往会被同时或交叉使用，这里对各种方式与手段的罗列是为了使大家对其有一个明确的了解，因此，具体运用时不可机械、呆板地“对号找座”，应根据实际情况灵活运用。

（六） 设计问题

策划方案应该是全面具体，有针对性的。它既能反映采访主旨，又能使采访顺利进行，并且对受众有吸引力，这就需要遵循一定的原则：

第一，不偏离主题的原则。要求设计的问题始终扣住主题，明确阐明主题。偏离主题的提问只会淡化主题，使采访趋于失败。

第二，准确传达的原则。要求设计的问题清楚、准确、具体、精练，能够简明扼要地传达给被采访者。

第三，服务受众的原则。要求设计的问题应该是了解受众心理、站在受众的立场上、有针对性的。要时刻想着所设计的问题不能脱离受众，是受众所关心的和想知道的。同时要考虑到提出的问题是受众易懂、易接受的问题。

遵循了这三条原则，从宏观上设计的问题就不会离谱，能够有针对性，主题突出、思路清楚、有深度、有特点，表达准确、具体、明白，又有可听、可视性。

主持人采访方案中所设计的问题要讲究技巧。首先，所提问题要有典型性。这样可使所提的问题别具一格；其次，所提问题要有分寸。要根据具体情况确定是选择“开放式”的问题还是“封闭式”的问题。在该提小的问题时，不要把问题设计得太大，太大就会抽象和笼统，就会使采访对象不知该怎么回答。最后，所提问题要抓住实质。在有限的时间里，主持人要问自己最想问的、群众最关心的实质问题。

对于采访的设计方案来说，设计的问题越多越充分越好。例如，美国哥伦比亚广播公司的名牌节目《60 分钟》的主持人麦克·华莱士在采访邓小平前，足足设计了100个问题，采访中真用到的也不过十几个。假若这上百个问题是杂乱无章地堆积在一起，那么现场提取肯定会出麻烦。所以对于设计的问题应该“有个合乎逻辑的结构——有开头、有中间、有结尾会有情绪的结构。采访的整体效果会超过各部分效果之和”。其实，采访有时也如同写文章，有起承转合，问题与问题之间应有内在的、有机的关联。整个采访过程应该是完整的，富有节奏、有张有弛、有高潮，使采访富有艺术性，产生独到的效果。因而，从设计问题开始就要进行周密的斟酌。

第四节　主持人现场介入的方式

在主持人采访过程中，无论是从主观角度还是从客观角度都存在一个难题，那就是主持人一定要出现在新闻及事件发生的现场，否则就不能记录到原始动态画面和原始音响素材。然而，当主持人出现在新闻现场时，现场就发生了变化，原始的生活状态已经有所不同。所以说，主持人在现场出现，本身就是一种介入，这种介入已经构成现场的一部分。在当时的情况下，为了不影响现场的真实情况和气氛，怎样介入现场就成了一门学问。在进行采访策划时要将介入方式作为一项重要内容予以考虑。

一些经验丰富的主持人认为，在采访现场的拍摄和录音过程中，应该把尽量不干扰被采访对象、不改变现场的气氛、不破坏现场的环境，同时又尽可能时时刻刻关注着现场情景的状态作为最理想的介入方式。

曾有一位主持人指出：“已经出场的摄像机不可能真正隐身。虽然可以采用偷拍的办法，但它提供的东西有限，我们从偷拍得到的知识是一种特定或定向的典型窥视。这远远不能满足随机应变‘无所不在’的需要。所以，我们只能在承认并且正视‘摄像机就是在现场’的前提下寻求解决问题的途径。”

那么，采访介入过程要求不干扰现场和采访对象，但现场有时又无法满足采访需要该怎么办呢？其实，广播、电视主持人的采访介入过程中，主持人的介入是主客观的辩证统一过程。在现场采访的介入方式上，要实事求是，要辩证地看待。一方面，现场介入时，要尽量不干扰被采访对象、不改变现场的气氛、不破坏现场的环境；另一方面，必要时主持人要积极主动，适时介入。可以采取事先策划好的话题去激发采访对象，利用提问、行为、姿态、表情等手段发掘现场的有用信息。通过主持人介入来调查原因、了解线索、搜集不同见解，完成采访任务。

广播、电视采访是主持人与现场之间的互动过程。在这一对相互交融、辩证统一的主体与客体之间，主持人作为主体是主动的。主持人的现场活动及现场表现，既会影响采访对象的情绪以及现场气氛等因素，又会直接构成采访现场的成分。

因此，要求我们主持人在采访中要讲究对现场的介入方法：

首先，要尽可能减少对现场的干扰，摄取现场原始信息形态。

其次，形成采访风格和节目风格。

最后，保证新闻节目的客观和公正，避免主持人主观的行为对采访对象、采访现场的不当影响。

要把握主持人采访现场介入的方法，需先从了解观察和参与的基本概念入手。

一、主持人的观察和参与

观察和参与是主持人存在于采访现场的两种方式。

（一） 主持人采访现场的观察

主持人在采访现场的观察实际指的是对采访对象本质的发掘。这种挖掘不仅要注重表象、注重其外在形态的分析，还要通过大脑的理性思维，通过逻辑推理，由表及里，剖析不同的事物之间的内在联系，得出深刻合理的结论，还要注意运用逆向思维去分析事物，开拓思维，对比分析，找出更多的佐证材料，抓住问题的实质。

美国心理学家鲁道夫·阿恩海姆在《艺术与视知觉》中说："由于我们总是习惯于从科学的角度和经济的角度去思考一切和看待一切，所以我们总是要以事物的大小、重量和其他尺度去解释它们，而不是以它们外表中所具有的能动力来解释它们。这些习惯上的有用和无用，敌意和友好的标准，只能阻碍我们对事物的表现性的感知，甚至使我们在这方面不如一个儿童或一个原始人。如果一所房屋或一把椅子适合于我们的需要，我们便不再关心它们的外表是否适合于我们的生活方式。在人与人之间的交往关系中，我们同样也是习惯于按照人们的社会地位、经济收入、年龄、职务、民族或种族去衡量一切——而用这样一些范畴去解释人时，就会完全忽视人的内在本质的外部表现形式。"

为什么有些主持人在采访现场总是抓不住问题的实质呢？正像鲁道夫·阿恩海姆分析的那样，主要是乐于采用习惯的方式去看问题，因此也就常常得出一般性的结论，作出世俗化的判断。

主持人采访前的策划恰恰能弥补这一不足，通过事先的大量积累，可以在更广泛的角度上了解问题、观察问题、分析问题，以在采访时为灵感的发挥做出铺垫。

电视主持人采访还更多地借助于形象素材，这一特性还使得主持人的现场观察类同于艺术家对生活的观察。很多时候，主持人在采访现场只有依靠心灵感悟，才能发现和记录那些一般人所不易察觉的内在本质。

主持人采访介入现场开始观察后，应立即对现场的人和物作出准确地选择，这是观察的第一步，也是关键的一步。选择准确与否，决定着采访的成败。因此，主持人到达采访现场，首先需要寻找和选择的就是谁是所要采访事件的关键人物？周围都有哪些人了解所发生的事件？谁的话最有价值？

纪录片大师伊文思认为：“每当他真实地表现一个工人的面部表情或神经紧张的姿态时，他才感到真正说出了自己对这个题材所要说的话。为什么？因为人是负载意义传达的主要载体。”

当然，由于有时采访现场是比较混乱的，你不可能去在众多的人中一个一个去甄别谁最重要，也不可能每一个人都采访一遍，因为这既受环境和条件的限制，又受采访时间的限制，这个时候最能体现出主持人的水平。

如在中央电视台 2009 年 8 月 17 日播出焦点访谈节目《谁堵了渔民的航道》，报道了辽宁省丹东市西南航道工程在没有经过环保测评、没有经过听证、没有按照法定程序进行审批的情况下就开工了，并在施工过程中堵塞航道，破坏浅海养殖区。采访中，记者首先通过渔民之口，告诉观众，废老航道开新航道不仅让渔民们怨声载道，海产养殖户们更是叫苦连天。而随后东港浅海管理站说明承包的 2.4 万亩浅海，由于开通西南航道时采取野蛮施工方式，致使三年前投放的贝类几乎全部死光，紧接着，记者在政府采访，工作人员表示在开挖航道之前既没有召集有关各方开听证会，也没有对造成损失的单位和个人依法进行惩罚。

在电视采访中，人物在镜头前的行动举止构成情节内容，直接或间接地表现人物个性、展现人物的内心情感。在一些篇幅较长的电视片中，现场人物的行为还承载着事件发展的过程，这些也都是必须加以重点观察的内容。

新闻事件的核心是采访时要始终关注现场的人物。被采访对象在现场的言语行为、面部表情、情感态度以及人物关系等都是观察的中心内容。

人物的行为如同文学作品中的行为描写，它们在不自觉地塑造着自身的形象。

“言为心声”，在采访现场，往往能透过被采访者所说的话而发现具有重大新闻价值的线索。同时，被采访者的话还能突出地反映本人的精神风貌和内心世界。因此，主持人、特别是以声音为传播手段的电台主持人，要特别关注被采访的主要人物的语言和状态。

每个人都有先天或后天形成的好恶，表现出来就是人的态度和情感。态度和情感是人的价值、好恶、性情等各方面取向的自然流露。人物的情感、态度也是电视采访现场的重要组成部分。

2008 年 8 月在北京举办的第 29 届奥运会上，中央电视台主持人白岩松主持节目时，最善于抓住赛场上一些细节来进行评述。比如有一位美国运动员埃蒙斯，在 2004 年的雅典奥运会上因为最后一枪把子弹打入别人的靶子上而痛失金牌。这一次北京奥运会上他又鬼使神差的在最后一枪中大失水准，再次与金牌失之交臂。此时，他的妻子卡特琳娜（北京奥运会女子射击冠军）走上台，深情地抚摸丈夫。对此白岩松是这样评说的：

美国射击选手埃蒙斯的妻子卡特琳娜看老公的眼神让我印象最深。当自己的丈夫在两届奥运会上都出现了失误的时候，卡特琳娜看丈夫的眼神，使人看到了她对金牌人性化的感悟。

人物的态度和情感以其语言和行为为主要载体，也表现在人物的表情、姿态等细节中。在电视采访中，态度和情感是容易被忽视的重要环节。通过这一要素，可以表现现场人物的个性，负载主题意义，进而推动事件和情节的发展，形成故事的高潮。出于观察的需要，我们将人物这一现场要素分解成行为、语言、态度、情感等更细微的因子，然而在实际的采访中，它们总是同时出现的，需要记者、主持人发动自己的全部思维能力，对现场进行敏锐而全面的观察。

（二） 主持人采访现场的参与

在现场采访过程中，除了要把握观察的诀窍以外，还有一点就是积极参与，要发挥主持人的主导地位，发挥主持人的主观能动性。通过主持人现场采访时能动性的发挥，使沟通和交流趋于有机，让受众更加全面地了解采访对象和新闻客观事实。同时也了解主持人的观点、态度、思想和感情。

主持人现场采访中，“参与”有两个方面：

1. 心理参与

主持人现场采访所要达到的目的，除了要揭示事物的本质外，还要具有感染力和震撼力。就像艺术家创作艺术作品一样，只有创作者自己被感动了，才能感染他人；只有创作者自己富于激情，才能唤起他人的冲动。主持人对采访对象、采访主题都应该有较深的心理投入，从情感上、理性上参与到采访对象的精神世界中去才能深入理解采访主题，从而出色地完成采访。要达到这一目的，主持人自己在采访时就要全身心地投入，因此也可以说，主持人现场采访的过程也就是自己心理的历练过程，是自己的“心情告白”，要用心灵去体会感悟并采访现场的人和事，用心灵和感悟去感染受众。

2. 行动参与

行动参与是指主持人在现场采访时，面对不利于采访的人与事和环境，发挥主持人的主观能动性，通过预先策划和准备与采访对象息息相关的材料去触发采访对象的内心情感，调动有利于采访实现的有利因素的活动。

心理参与和行动参与两者形成的风格会有区别。作为以心理参与为主的采访来说会形成比较客观冷静的旁观式的节目纪实风格；以行动参与为主的采访会形成主观性较强的互动式的节目纪实风格。有时两种方式也会交叉并用。

二、主持人的镜头存在方式

镜头存在方式主要是指电视节目主持人在画面中呈现出的与被摄对象之间的关系状态。

通常，主持人在现场的镜头存在方式有三种：旁观式、声音参与式和出镜参与式。这三种不同的镜头存在方式不仅决定采访时的素材质量，还直接影响最后完成片的风格和样式。因此，镜头存在方式，是每一名电视主持人在拍摄之前都应该考虑的。

（一）旁观式

旁观式顾名思义就是“置身事外”，在电视采访中尽量不在镜头中出现摄制组成员的形象和声音，同时在节目的编辑中努力消除摄制组在采访现场的存在痕迹，这就是所谓“旁观式”的镜头存在方式。

《新闻调查》在汶川大地震之后，做过一期名为《杨柳坪七日》的节目。镜头记录了一个叫杨柳坪的羌族村庄的居民在地震之后七天的生活。主持人柴静后来这样回忆整个采访经历：

节目几乎没有采访，没法问，也无法劝慰。我陪着一对叫叶光明和杨正红的、失去儿子叶强的夫妇和他们的乡亲，度过了十天的灾后生活。镜头记录着叶哥、叶嫂站在坍塌大半的房子面前站着，静静地看了半天，什么也没说，也没法说。进屋，叶强遇难头一天跟叶哥下的象棋还在桌上，“三八”妇女节那天叶强给叶嫂折的一串纸鸢还在，上面有字：“妈妈：节日快乐，全家幸福！”

帐篷不够，叶哥自己从废墟捡拾木条和彩条布，邻居帮着搭住处，叶嫂翻出一口没砸坏的锅，开始震后第一次自己做饭。我还是没有采访，叶哥、叶嫂要是愿意说话，我就听着，偶尔，往临时搭起的锅台下塞一把柴火。他们有时候商量以后怎么盖房子生活下去的事，挺有雄心的样子，有时候又沉默着，干什么都没有心思。过日子，不可能靠喊口号，痛苦也不是眼泪流下来，是持久不断的心酸。

从主持人柴静的回忆中，我们可以看出，节目并不刻意表现主题，只是让主持人和镜头去陪伴、观察、记录。2008 年 6 月 7 号，《杨柳坪七日》播出，虽然没有主持人的解说，但观众却十分深切地了解到叶哥、叶嫂最大的心愿是盖起房子、生个孩子……观众感受到了村民一边采收蒜薹一边对价钱太低的心疼，看到了他们捡回瓦砾下的腊肉的一点笑意、看到了一个失去母亲的 11 岁男孩对一只幸存但还走不稳的幼猫的悉心照顾。

旁观式现场介入方式是主持人介入现场的重要方式之一，它具有以下特点：

1. 能比较完整地保留采访现场原生态的生活状态。由于主持人干预减少到了最低点，所以采访对象能充分展现其日常的面貌，从而使采访风格更加冷静而客观。

2. 主持人躲在镜头后，可以充分突出采访对象。

3. 由于日常生活的平淡，使旁观式采访增加了难度，一些纪录片通常需要比较长的拍摄周期才能记录下足够的素材。

在西方，人们把采用“旁观式”拍摄的纪录片称作“直接电影”（DirectFilm），取的也是直接记录生活原始形态、不加干扰的“直接”之意。

（二） 声音参与式

声音参与是主持人比较常用的一种镜头存在方式。

主持人在现场的拍摄镜头中只出现声音，在某些关键时刻用提问或对话方式与被采访者交流，但始终隐藏自己的形象。这种现场的介入方式就是“声音参与式”的镜头存在方式。采用“声音参与式”有以下一些好处：

1. 由于隐去了主持人的形象，这一点与旁观式介入方式一致，采访所拍摄的素材能够保持突出采访对象的优势，避免喧宾夺主。

2. 主持人的声音作为一种较为温和的激发现场信息的手段，可以与采访对象形成充分的互动，避免现场节奏过于缓慢和信息冗长的现象发生。

声音参与式也存在一些问题；比如受众明明知道现场中有主持人的存在，但“只闻其声，不见其人”，在很多题材中这种情况并不利于节目的构成与意义表达。

（三） 出镜参与式

主持人在采访现场及本人的言行全部出现在镜头中的现场介入方式，也叫“出镜采访”。现在的新闻采访中，出镜采访十分普遍。

在采访之前，摄制组要策划好主持人现场采访时是否出镜、是否出现主持人的声音或者只出声音不出图像、还是出镜采访。只有摄制组事先统一明确主持人的现场介入方式，摄像师、录音师才能做好必要的事前准备，并在现场工作时配合出镜主持人进行合理的言行记录。

第五节 主持人采访策划的技巧

节目主持人采访不同于一般报刊记者采访的最明显的表现，就是在许多情况下整个采访过程的声音或声像是直接传达给受众的。因此，采访的技巧关键也在于对有声语言和形体语言的运用把握上。良好的主持状态和得体的语言是迅速打开局面，并使采访顺利进行的保证。现将采访策划技巧归纳为以下几点：

一、充满自信 积极沟通

节目主持人是代表媒介向受众进行传播活动的第一人，在采访中必定要体现出一定的权威性。主持人无论面对什么身份的采访对象，都要充满自信，情绪稳定。就像擅长现场采访的著名主持人，全国“金话筒”优秀主持人之一的高丽萍所说的：“现场采访实际上是一种心理战，要想打胜仗，记者首先要战胜自己，其次才能把握住采访对象。”只有这样才能保持清醒敏捷的思维状态，迅速与采访对象沟通。主持人的采访导语，应有主持感，简洁、明了或直接点题，或概括总体，应有一定的指向性，语气要肯定。

营造气氛，沟通双方心理是首要的。主持人要善于寻找共同点、近似点，比如同乡、熟人以及兴趣爱好、家庭子女、相近的阅历等，使双方产生亲近感、认同感，也可以帮助对方消除镜头、话筒前的紧张感。使采访能在轻松、友好的氛围中进行。

二、主题明确 提问简洁

主持人采访受时间限制，提出的问题应该是针对性强、明确、具体、简洁的。不要大而抽象、笼统而空泛，让人一下抓不住要点、理不清头绪，难以回答。或者几句话不能讲述清楚，只好一句话应付回答了事。同时问题还应该是与采访主题密切相关的。有些主持人在采访时，连珠炮似的发问，看似成果颇多，回去一看素材发现可用的少而又少，这就是采访问题偏、选点浅的原因造成的。

著名主持人杨澜参加在上海举办的“2005 中国电视主持人论坛暨年度颁奖盛典”期间曾说：“主持人的问题应该更有针对性，《60 分钟》的主持人内部有句名言很值得我们主持人学习，他们说，有时提问比回答更重要。因为你的提问反映了你对这个问题的思考和背景的了解。有时我们不是因为不知道才问问题，而正是因为我们知道了一部分还需要知道更多的部分才提问。”

常用的提问方法有以下几种：

1. 正问法。主持人的提问开门见山，直截了当。

2. 设问法。根据事先的采访策划，提出一些假设的问题以诱导被采访对象，使之谈出真实感受并向纵深发展。

3. 反问法。主持人为了使被采访对象说出不想说的想法，而考虑从事实的反方向提出问题，达到目的。

4. 追问法。主持人在采访时顺着被采访对象的思路进行提问，最终搞清事实。

5. 潜问法。在采访的交谈中，主持人虽没有明确提出问题，但已经有意识地向采访对象“表达”了自己的意图，进而引起采访对象的注意，只需用语言稍微点拨一下就可达到目的。

三、提问技巧　创造发挥

主持人的采访提问技巧是相当重要的，成功的提问是主持人采访过程中主导作用得以发挥的重要标志。

《高端访问》作为央视最有影响的以专访外国元首、政府首脑和国际各界知名人士为基础的大型人物访谈节目。2006 年，阿拉伯国家联盟秘书长穆萨于百忙之中接受了水均益的访问。如何轻松自然地开始谈话，而避免给受访者“又一次小型官方会议”的感觉，是摆在水均益面前的难题。面对高端，水均益又一次展现了高超的访谈技巧。

入座甫定，水均益开始唠家常：“我听说您刚刚爬了长城？”

穆萨笑着回答：“是的。”

受访者尚未进入状态，水均益追问：“那么您一定知道中国的那句俗话喽？不到长城……”未等水均益说完，穆萨便略显自豪地说：“现在我已经是一个好汉了！”两人大笑。

水均益表现出极大的兴趣："您感觉如何？这是第一次登长城吗?"

这是一个开放性的问题，很容易打开受访者的"话匣子"。果然，穆萨饶有兴致地讲述了他的长城之行：长城很陡峭，爬得很艰难，但是他一直登上了烽火台，感觉很好，否则会有遗憾，等等。短短几句话，让双方都进入了访谈的状态，成功预热。

赵淑萍在《电视采访与写作》一书中归纳了八种采访提问技巧：

1. 充当对手，展开讨论：此种对策适用于观点、思想采访。

2. 抛砖引玉，唤起回忆：此种对策适用于人物专访。

3. 探索询问，留有余地：此种对策适用于比较敏感性的采访和关于个人生活的采访。

4. 声东击西，旁敲侧击：此种对策适用于批评性报道采访或揭示问题报道采访。

5. 恰当肯定，给予理解：此种对策适用于成就、经验报道。

6. 提出疑问，澄清事实：此种对策适用于有争论的事件、人物采访。

7. 接住话茬，深入追问：此种对策适用于了解细节、顺藤摸瓜的深入采访。

8. 分门别类，主次分明：此种对策适用于复杂事件、调查报道的采访。

四、问题客观　事实说话

主持人采访与记者采访的最大不同点是主持人可以用第一人称"我"进行提问，或发表评述的观点。在此，主持人一定要清晰地认识到，虽以"我"的身份提问，但问题要客观，要用事实说话。需掌握以下技巧：

1. 问题要有特点。也就是说所提的问题要有个性，要提出能突显被采访对象特点的问题，能提出直指矛盾焦点的问题，以引起受众的关注。

2. 不要提笼统和不着边际的问题。主持人在采访中所提的问题一般小一些较好回答，因为问题小就更具体，针对性强，回答就更易准确。应以提小问题为主，大小结合。

有时提的问题太大，就太笼统，采访对象一时根本就无法回答。比如，"你对中国举办奥运会怎么看?"这样的问题让对方不知从何答起，可适当的化小，更好回答。

3. 要问实质性的内容。实质性的内容也就是受众最关心的、最想知道的东西。采访时间一般都较短，应迅速抓住关键问题。

4. 要问易打动人心的问题。一般来说，采访对象和受众对最关心的、迫切要求解决的问题都很关注。主持人如果有针对性地准确提出问题，很容易引起情感的共鸣，易产生更好的效果。

5. 寓问于谈。主持人要善于把问题融入交谈之中，让采访对象在不知不觉中谈出问题的实质。

五、正确引导　思维宽泛

我们说正确引导，给被采访者思维空间，包含两层意思：

其一，在采访中，有时被采访者常常会用“是”或“不是”、“好”或“不好”等简单的话来回答问题，这不能简单地理解为被采访对象“不善言谈”，而是采访者没能抓住“噱头”，没有触动被采访者的内心感受和感兴趣的内容。如果你不管什么样的对象、什么样的场合，总是那几句“你有什么感想”、“你有什么打算”、“你说是这样吗?”，被采访者的思维就不可能宽泛、就不可能被调动起来。

在引导时，要利用采访前的策划准备，用自己的真诚和信任找对方熟知的话题，选对方感兴趣的话题，激发对方的兴奋点，通过真挚的情感交流，拨响对方情感的琴弦。

在《新闻调查——生命中不能承受之重》这个节目中，柴静采访出租车司机提恩海：

柴静：我看您这照片上，10年前真是挺精神的，这才10年您才40多岁，怎么？

提恩海：是啊，这个行业，就是这个行业，它就是催着你老啊，没办法。

…………

用“怎么”一词来提问，很女性化，也更委婉更关切，于是很快就引起了采访对象——出租车司机的感慨。这一方面是出于自然，另一方面是由于女性的这种委婉、关切的语气而引发出采访对象的情感。这一对话引起了相当多的观众的情感共鸣，从而很好地抓住了观众的眼球。

其二，主持人要善于提出独特的、尖锐的、使被采访者有兴趣回答的问题。主持人的问题要使被采访者始终处于积极思考状态，而不是被动应付，这样往往能使被采访者得以充分发挥，使采访出彩。不过在一次采访中所提出的尖锐问题不宜过多，要张弛有度，否则就会使采访没有层次、缺乏节奏、淹没主题。

还是以水均益在《高端访问》里采访穆萨为例。在谈到战后伊拉克这个当时的国际热点问题时，水均益问道：“今天，看看伊拉克的情况，阿拉伯世界或者阿拉伯联盟，是否对这种现状感到高兴?”

这个问题让身为阿拉伯人的穆萨十分触动。因为这场战争中，无数阿拉伯同胞陷入水深火热，至今仍在痛苦地挣扎。穆萨动情地说：“没有人对伊拉克的现状感到高兴!”水均益继续明知故问：“错在哪?”穆萨激动地说：“很多地方都是错的。一个经历了残酷战争的国家，一个被残酷政权压迫过的国家，战争夺去了很多生命，就像你所看到的，直到现在，很多生命都被结束了……这个国家通过选出自己的政府和宪法，前进了一些，这是件好事，但这并不能使伊拉克重新站立起来……直到现在，还不断有绑架和杀害的新闻出现，那里有反抗、恐怖主义、暴力、外国军队，还有伊拉克内部成员的分裂和对抗，等等。所有这些混在一起，不能再这样继续下去了！我希望新政府可以让全国团结，从而使伊拉克内部和平，但是我们需要调解，整个局势都需要调解。我们下一步将要召开会议，阿拉伯联盟正在带头解决这个问题……”通过主持人的巧妙设问，穆萨既在回答中表达了自己所代表的阿拉伯联盟的立场和观点，同时也从个人的角度，真诚地表达了对战争的谴责和受难者的同情。一档时政类的访谈节目，嘉宾竟然真情涌动。可见这次主持人采访的成功。

六、语言锤炼　“精”“泛”得当

我们有时会发现，个别主持人在采访时，不是通过内在的魅力和所具有的素养去展现自己，而是故作高深地去绕圈子，好像自己很有学问，其实反而会适得其反。主持人采访之前策划时，完全可以设计一些必要的、巧妙的“铺垫”，通过精妙的语言达到所要求的采访目的。

“精”是指主持人采访时要抓住问题的实质，语言要精练，要让被采访对象和受众一听就明白，不啰唆。

“泛”是指主持人采访时为了使被采访对象紧紧围绕主持人采访目的回答问题，巧妙地利用场景、人物、事件和背景等所作出的恰如其分的铺垫。

有一次，一位西方女记者在一家饭店门口拦住了以色列总理拉宾想采访。她首先滔滔不绝地向拉宾讲了一番背景，直到拉宾不耐烦才赶紧问出原来精心设计好的问题，谁知她刚刚问了半句，拉宾一转身就扬长而去。那位记者对着拉宾的后背大声喊道：“你不能这么对我，我还没问完呢!”拉宾头也不回地回答：“可是我已经回答了您的问题。”后来拉宾来中国访问，中央电视台决定让水均益采访他。水均益和导演已经了解了拉宾的习性，于是有了下面这一段对话：

水均益：总理先生，一千多年前，一些犹太人和拉比（犹太教士）带着商品和在羊皮上写成的圣经卷宗来到中国的黄河岸边。从那时候算起，犹太人民和中华民族有了第一次友好的交往。今天，您作为第一位犹太国家的领导人又一次来到中国，您给我们带来了什么？

拉宾（脸上出现了慈祥的微笑）：犹太人和中华民族确实有着悠久的友谊，虽然我们隔着千山万水，但我们有一个共同的特点，就是我们都是勤劳、勇敢、智慧的民族。

拉宾开始了详尽的回答。采访结束后，陪同拉宾访华的助手艾坦哈贝尔对水均益说拉宾先生从来没有对记者说过这么多的话。

七、声画并茂　切忌重复

电视以其声画并茂而独具优势。电视节目主持人应尽量利用画面效果作报道，再通过语言进行深入补充说明，尽可能地扩大信息量。主持人的采访要利用画面、挖掘画面，但绝不能重复画面。视角要拓展到画面以外，力求通过对方的回答展示画面以外的东西，如内心活动、思想、观念、经历等，或是补充画面没有拍到的东西。

八、把握主动　善控时间

主持人在采访前要进行详细的策划，否则在实际采访时就会不得要领，不明目的，加长采访的时间，使整个采访过程中的有效信息量大打折扣，甚至会造成所采访的内容偏离主题，根本无法使用。

主持人在采访中，一定要时刻不忘“主动”。为了更好地利用采访时间，实现采访目的，主持人要主动地提出问题，让对方明了应该说什么。当被采访对象离题时，不能被对方牵着走，要适时地巧妙地予以中止，主动地进行引导。当现场氛围不适合采访时，要把握主动，及时地调适。主持人要具备能在有限的时间里采访到最重要内容的能力。

面对采访时采访对象发言时的意外状况，可采用以下方法进行调控：

（一）顺势而为

2002年初，《东方时空》直播特别节目《三峡再聚焦》，敬一丹是北京演播室的总负责人。当直播节目进行到奉节县城按照统一部署实行爆破时，现场灰飞烟灭，象征着有着悠久历史文化的老城将要永远从人们的眼前彻底消失了，老百姓们十分伤心。一位奉节老人接受采访时说：“看到老家爆破，心里很难过。”敬一丹意识到此时应该及时引导因老人伤感可能带来的对三峡工程进展不利影响的情绪，以达到平衡和引导舆论。于是敬一丹接下来说：

刚才我们听到那位奉节朋友说，看到爆破心里很难过，我们都能理解他的心情，毕竟是故土难离。我想三峡人既有对老家的怀恋，也有对新家的向往，就在离老城不远的地方，奉节新城正在建设。

通过这段话，敬一丹首先顺应了对方的某种观点情绪，然后巧妙地另辟蹊径，不知不觉地迂回到主持人应该表达的观点上来，有效地引导了受众从原来的观点过渡到主持人的观点上来。

（二）借势而为

在采访中，面对被采访者过多的而又对表现采访主题没有太大意义的话语，主持人可以通过巧妙地借势发问、请教或总结等来实现掌控。

比如，一个好的访谈节目，主持人需要处于一个自然流畅的发问状态，对一些该问、该深入问、不该问、该一带而过的问都应该了如指掌。在前期的准备中，要充分地做好这方面的工作，在与嘉宾进行交流时也要做出迅速的反应，因为谈话节目是没有彩排的。不要让节目成为一个堆砌而成的故事集，如果主持人只让受访者对自己的经历陷于一种纯粹的回忆，而不能做一种理性的概括和思考，就缺少深层次的回味与思考。这就说明访谈节目要从故事中总结出一些人生的启示，应进入理性思考层面。所以主持人在与嘉宾交流的时候要把握“由表及里”、“层层递进”的每一个机会，主持人需要做一个话题的引领者，要引导受访者把其人生经历加以总结，把思考后的人生感悟加以细致的提炼。这将是最能打动观众、使观众产生共鸣、引发受众震撼的声音。

九、形体语言　落落大方

主持人形体语言无疑在采访过程中发挥着重要作用。主持人在与被采访者的交流中，除了有声语言外，举止、态度、服饰等也传达着一定的信息。

主持人得体的服饰、自信大方的风度、饱满的精神、诚恳的态度等是接近并赢得采访对象继而赢得受众信任的保证。

特别是电视节目主持人进行采访时，如果不加注意就会起到副作用。比如，飘忽不定的视线，就会给人以心不在焉、不尊重对方的印象。主持人在采访时一定要关注被采访对象，并对其要有所回应。如果被采访对象不止一人时，要多方关照，不可有冷有热。

主持人采访时的整体形象应是大方、和谐、端庄、自然，应给人以可信、可亲、可近、可谈的良好印象。

采访一直以来都是被作为新闻工作者的看家本领来对待的，其对新闻性质的影响至关重要。不仅如此，采访还具有很高的艺术性，而主持人采访因主持人节目的特殊性就有了更高的要求。因此，如果想获得主持人节目的成功，如果想使自己成为名主持就必须加强主持人采访能力的锻炼和修养，同时也使自己主持人节目的采访策划能力得以提高。

第五章 主持人编辑策划艺术

第一节　主持人编辑策划中的结构分析

主持人节目的编辑在广播电视传播活动中具有重要价值，是因为它具有策划性，是能充分表现出主持人的意图的艺术。在主持人节目的编辑过程中，其所表现出的是以什么样的方式来安排时间，以时间间隔的异同来吸引节目对象的注意，因此节目的编排作为一种结构便成为了一种策划的艺术。

主持人节目是个多元的综合体，内容丰富，头绪错综，结构复杂，需要从整体上进行合理的布局和周密的编排，使节目的每一次组合都能在共性中显示出个性特色来。

如今，主持人节目的一个突出特点就是“说”，或意气飞扬，或温丽委婉，或各领风骚。但是大量的提纲加资料或者干脆无稿播出，使得有一些节目犹如工序不全的工艺品，所缺的工序就是“编辑”。在一些实行主持人中心制的主持人那里，编辑这一环节随随便便，无足轻重，时常是几本杂志，几张光碟，一个大板块就支撑下来了。有些有嘉宾的节目，更是不需准备。实际上，任何节目没有细致的案头工作，就无法提高节目的质量，无法有出新的策划，无法创出名牌。

韩国一位新闻节目的主持人在谈及主持人播出前的准备时说，他的节目的40%是有稿子的，60%是说的，有一个提纲。他每天必须参加三次编辑会。这个编辑会不是泛泛的，要参与整个节目的编辑过程，甚至具体到哪些话可以说，哪些话不可以说。

美国WBNS电视节目主持人劳·弗里斯特和中央电视台著名节目主持人沈力都发表过这样的见解，认为亲自动手撰写稿件，比如写开始语、结束语、串联词是主持人的基本业务。

主持人要参与节目的编辑工作，就需要了解主持人节目的结构形式。目前，主持人节目结构形式有许多不同分类法，但大致有以下几种样式：

一、直播式结构

主持人直播式这种类型有两种情况：

（一） 主持人通过热线电话与听众直接交流

一般分为围绕主题和围绕节目宗旨进行，随意性较大，如一些听众投诉类节目，受众可能今天打进的热线是投诉交通方面的，那么，主持人就主要围绕该话题展开；另一天可能是市容执法方面的，那么，主持人就围绕这方面的话题展开；有时是多个方面的话题同时展开。这类节目结构形式随意性很大，并很难有一个固定的结构样式，相应的对主持人的主持水平要求较高，要求主持人对党的方针政策、法律法规等各方面非常熟悉。这种样式的节目主持人有许多是专家学者型的，多为采、编、主持集于一身。广播这种类型要多一些。

还有的则是事先确定主题、确定提纲，导播接入的热线，基本是围绕“既定方针”进行的。直播当中，有时也会有采访录音及采访资料等。

（二） 现场直播

现场直播多用于一些大型的活动，如“春节联欢晚会”、“两会直播”等大型活动等。还有一些则是“录播节目直播”。如有些大型晚会等，录播过程采用模拟直播流程，虽为录播，但通过主持人的串联，感觉上仍充满了直播气氛。

该种形式的直播多为合作完成。

二、谈话式结构

主持人节目的谈话式结构多用于一些对象性的“一对一”节目，比如一些夜话等情感类节目，有时也会邀请一些权威人士进入直播室与受众一起交谈。这种类型的主持人节目在电视上也开始多起来，如中央电视台的一些医药卫生节目，这种节目一般是有主题的，所有的谈话内容都紧紧围绕主题展开，整个节目由主持人方和受众方一起构成。

谈话式结构主持人节目经过多年发展一直魅力不减，拥有相对固定的视听群体，这类节目中，情感话题具有很大的优势。像中央电视台的《艺术人生》、凤凰卫视的《冷暖人生》、江苏卫视的《人间》等，可以说各台该类节目都占有一定的比重，而且都拥有较高的收视率和收听率。

该类节目的长盛不衰是有着一定的社会原因的。著名电视策划人张锦力在对中国社会形态变迁进行梳理之后，认为 20 世纪 90 年代末到 21 世纪之初，百姓对媒体的主流需求是解惑。近年来，中国电视开始走向了人文化的道路，“人文关怀”是改革开放后从国外学术界引入的一个概念，它包含了现代社会的时代精神与先进理念，这就是不仅要关注自己，还要关注他人；不仅要关注人的生存环境，也要关注人的人文环境，更要关注人的生态环境，不仅要关注人的现在，还要关注人的未来。电视也开始把触角伸向“关注人类生存”的每一个角落，通过平视的视觉，记录普通人的欢乐与忧伤，希冀与失望，抗争与无奈，等等，满足人们不同层面的需求；而在内容上，锁定群众的生存空间和情感空间，关注群众的冷暖痛痒和喜怒哀乐。在社会转型期的中国人面对新的社会环境，有着越来越多的疑惑和心理波动，这些疑惑，多与情感有关，因此电视策划人便把情感类栏目搬上荧屏，关注大众生活中最平凡最常见的情感，像朋友般为之解决情感问题。

三、块式结构

主持人节目中有许多板块节目，这种节目是主持人节目中产生较早，采用比较普遍的一种样式。

如，中央电视台的《第一时间》就是一档大板块节目，整个大的板块由“第一时间·新闻”、“第一时间·读报”、“第一时间·预报”、“第一时间·时尚”等组成。

“大板块”节目曾经作为主持人节目的“主打”为主持人节目的兴起和发展起了很大作用。这种板块式的结构节目在许多情况下，素材相互间有的并没有必然的内在逻辑联系，通常采用主持人的串联词巧妙地连接起来，也就是说在上下两段内容间寻找一个交叉点进行转折贯连，这个交叉点只是两部分内容在某一方面的相似或相关之处。比如，前一个板块内容介绍的是西双版纳美丽的自然风光，后一个板块则介绍的是服装的流行色，两者之间似乎没有什么内在联系，但是主持人却可以开动脑筋，寻找两者之间的融合点，通过民族服装将两者联系起来，这样“一环扣一环”，形成结构。整个节目不存在一根“主线”，首尾之间可能是有新闻、有服务性内容、还有歌曲音乐等，各部分之间完全靠主持人的串联即编辑技巧连接起来，并使之成为一个整体，紧凑而不散乱，这种结构形式具有较大的灵活性。

四、益智式结构

受众对用游戏来制造快乐的节目的文化消费心理正在发生变化，而另一类节目的视听率却在上升。这一类节目里也有游戏、娱乐，但同时还有智慧和知识，提升了游戏节目的知识含量和文化品位，这就是新兴起的益智式结构。该类节目无论是节目设计还是手段的运用都是以受众的广泛参与为基础，是以场内与场外相结合的智力和知识问答为主要内容，以别具一格的形式来制造轻松、健康、休闲的氛围并传播知识的节目类型。

例如，中央电视台李咏主持的《幸运 52》、王小丫主持的《开心辞典》等，就是这种类型。

益智式结构的主持人节目，虽然是知识问答节目，但是在节目中，“大游戏”的概念贯穿始终，融合了游戏娱乐和传播知识的两种功能的开发。益智式结构主持人节目摆脱了一般的游戏节目把简单的游戏作为搞笑的工具“嫁接”到明星身上造成的肤浅，摆脱了受众在笑过之后新鲜感消失时感觉到的无味。

以《开心辞典》为例，节目从策划之初就注重保持节目的完整性，在“大游戏”概念下，由初赛、复赛、选手档案和进入演播室决赛共同组成，演播室部分是游戏的高潮环节。选手档案既是节目的外延，又是整个节目中具有较强形式感和娱乐性的段落，是节目中表现趣味性与动感结合的特殊设计。所有游戏都用知识贯穿其中；给选手和观众以思考和娱乐空间。

益智式结构的主持人节目具有公益性和科学性特色，虽然是知识问答节目，一样有舆论导向，只不过它的导向是通过公益性来体现的。如它对家庭亲情的关注；又如节目中的选手都是通过层层选拔上来的，都是具有知识、智慧、勇气的青年，无形中在社会上树立了健康形象。

《开心辞典》还把家庭代表及其家庭成员的参与作为与众不同的特征，通过家庭成员参与挑战智力、传播知识的现场答题比赛、实现家庭梦想的概念，表现出家庭共有的默契和亲情，在节目中展现出家庭的和谐关系，使节目具有了亲和力。

该类节目策划时追求了科学性。单凭经验和灵感产生的即兴化点子在这里已不是策划，策划需要大量的信息和综合分析，从策划前的调查研究到确立目标、制订方案，再到实施、评估、调整方案，策划提供的是一个完整的、可行的运作方案。这种科学化的策划完美地适应了节目发展的需要。

《开心辞典》是以观众座谈会、收视数据分析、与同类节目作比较的市场调查为依据，进行节目长远规划与细节调整后才形成的。具备了科学性，也就具有了可行性。

益智类节目的编辑策划是一个系统工程，有长远目标的策划，也有短期局部宣传的策划。有传播内容策划，也有传播方式策划；有整体节目的策划，也有具体栏目的策划。以上在《开心辞典》中也有体现。如节目的策划包括以季度为周期定期推出新的节目改造方案，也有适时推出的特别节目的改造方案，目的是让节目以常变常新的姿态不断开发新的收视增长点，刺激观众的收视兴趣，巩固和拓展节目的收视人群。

该类节目的题目在节目中占有至关重要的地位，既要有灵活性、趣味性，又要求答案的准确性，因此风光的节目主持人后面都有高级智囊团，有些甚至有专业人士参与。该类节目发展较早的台湾，出题者包括医生、律师、教授、研究人员等，有时还邀请社会名流作为顾问。该类节目往往设有高额的奖金。

例如，之前提到过的《开心辞典》、《幸运52》，增加了节目竞技的知识性，多注重节目内容的智力竞争，淡化名人效应。同时，节目的博弈色彩渐浓，智力抢答赢大奖、现场抽奖、幸运观众的抽取等环节的设置，使节目极具诱惑力，观众的参与明显加强。

此外，还有人列举出了诸如按时间顺序排列内容并展开话题，带有“追踪报道”的特点的“日记式结构”。这种结构往往是对某一事件的专题性介绍，“时间”意识很强，循序渐进并且以此作为串联的脉络；根据节目的主题确定内容的采集点，然后按线索录制现场音响（有时可在现场直播串联词；有时为了更加精美完满，后期配制串联词），整个节目是以音响资料为主体的巡礼式结构等。

随着广播电视事业的不断发展和受众要求的提高，主持人节目也在不断发展，在主持人的策划探索下，新的主持人节目结构形式还在不断出现。

第二节　主持人编辑策划中的策划意识

在主持人节目中，根据制作播出的不同，一般可以分为直播节目和录播节目两类。有的在直播节目中插入事先录制好的内容，从编辑角度说依然应归为前一类节目。

对直播节目来说，主持人要进行节目的前期选题、构思，进行节目提纲或播讲稿的撰写、编辑、串联。如果直播节目中需要音响资料和采访对象的录音资料等，还需要在前期就录制好。

录播节目的主持人，除了前期准备工作外，还要在后期阶段对各种音响资料和摄录的声像素材进行鉴别、选择并进行艺术的加工与处理，使之成为一个完整的节目形态。

这期间，作为采编主持合一的主持人，自己头脑中一定要明确自己所编节目的编辑意图；作为有编辑班子的合作型主持人要主动涉及编辑工作，了解编辑意图，培养编辑意识，这样才能在主持节目时“得心应口”，完美地表达出节目的中心意图。

主持人编辑策划意识具体体现在以下几个方面：

一、对象意识

所谓对象意识，就是强调对主持人节目个性化的认识，突出节目的特色，节目的特色是此节目区别于彼节目的标志，这种标志主要从节目主旨、取材范围、基本风格、受众群体几个方面形成，同时要有比较明确的传播对象感，这是主持人节目编辑的指导思想。

广播电视节目之所以设置大量的对象性节目，实际上是通过各种栏目的编排及每个节目中的节目构成、顺序安排，来组织收听者和收看者。对象性节目的最终目的是为了吸引更多的受众，为了实现这一目标每档主持人节目都必须办出自己的特色，这个特色就是个性化，而个性化与对象意识有着密切关系。

（一） 对象化的构成与受众需求

受众一般借助节目的线性结构布局对节目进行选择。

一方面，表现为不同对象对不同的主持人节目产生不同的兴趣。其用于节目的时间也是不均匀的，这就要求对象性主持人节目在编辑策划时要“适销对路”，要满足对象的视听需要。

另一方面，还要从不同对象的个案中找出共性原则，以利用最小单位的时间间隔吸引最多的受众。

现代传播媒介的对象使用媒介有四个目的：

一是消遣娱乐；

二是协调人际关系；

三是确认自我；

四是通过使用媒介获取信息。

例如，据国内一份有关受众收看电视动机的调查资料说明，受众将看电视作为一种休闲方式的占46%，将看电视作为了解信息的占39.7%，没有明确目的、只是习惯收看的占12.9%。这一资料与上述收听、收看节目的动机分析完全吻合，这使得我们对受众收看电视的规律有了更为清晰的认识。我们在认识受众需要的过程中，往往采用倒金字塔方式求得媒介传播的主导方向。

因此，主持人节目的编辑策划应在了解受众需求与动机的情况下，探讨受众需要的共性原则与个性要求，正确处理“窄传”与“广传”节目的需求关系，借助编辑手段，优化节目的时间结构，在更大范围满足受众对广播电视主持人节目的多方需求，以扩大节目的影响力。

（二） 对象的选择性行为

广播电视受众选择收听、收看节目，不外乎是通过节目时间表、预告或即时选择等方式。对不同的对象、不同的时间进行科学的划分，有助于引起受众对节目的关心。另外，收听、收视对象的注意力具有选择性。这种选择性需要通过功能性因素与结构性因素来实现。

功能性因素包括带有延缓性质的对象的经验范围。经验的范围不同决定了节目对象选择行为的不同。节目对象的即时情绪还对其选择性的注意产生影响。因此，应研究节目对象选择性注意中延缓性因素与即时性因素对受众收视、收听需求方向的改变，对节目进行适时的编排，将适应性强、接近性强的节目安排在不同对象的最佳收视、收听时间播出，保持节目较高的平均视听率。

在结构性因素中引起节目对象注意的方面，主要体现于节目主体诉诸受众视听感觉器官的刺激程度、节目的新异程度等。因此，主持人在编排中要注意利用单个节目结构性因素的异同，通过编排使结构发生起伏和变化，调动收听、收视对象的视听兴趣。此外，在主持人节目编排中，要力求突出主要栏目，培养节目对象定时收看的兴趣。

（三） 把握视听对象对各类节目的喜好程度，实现节目定位

受众喜欢收听、收看新闻类主持人节目、综艺类主持人节目等，因此，可以利用受众对他们的喜好，通过巧妙地编排策划带动其他栏目，也就是在结构时间间隔时加以利用，提高平均视听率，拓展黄金时间。

比如，2003 年 10 月的改版，CCTV－2 虽然将呼号改为“经济频道”，但是专业财经的概念明显淡化，娱乐元素则得到了强化，不仅保留了《幸运 52》、《开心辞典》，而且增加了《非常 6＋1》和《绝对挑战》等娱乐栏目。改版后，节目明显“大众化”，收视率有所提升。2003 年第四季度明显扭转了收视率下降的趋势，不过也在很大程度上降低了专业财经节目的观众满意度。2005 年 3 月 28 日 CCTV－2 再次进行大规模的改版，基本延续了 2003 年的改版思路：原假日特别节目《超市大赢家》成为周播节目，《欢乐家庭》剧场播出时间改为每周一至周五 18：00～18：45，由原来每周两集扩为每周 10 集。专业财经节目《中国证券》则由原来的上午、下午、晚间三档改为上午、下午两档播出。

因此，主持人应该牢牢把握“对象意识”这对于发挥节目主持人能动性，更好地编辑好、主持好节目具有重要意义。

二、自我意识

广播电视最终是依靠主持人完成传播任务的，主持人是传播效果的关键。主持人节目的编排与以往的专题节目、专题片有很大不同。主持人在把握节目主旨的情况下，可以竭力表现主观意图。可以自己为中心，进行构思、编写等一系列创作活动，这就是我们所说的主持人意识。

强调主持人意识，说明在围绕主持人这一支撑点进行节目创作时，要比较多地考虑到主持人在节目中的地位、作用，尽可能地挖掘主持人的潜力，通过主持人的口将常人感受到却表达不清的东西表现出来，同时将主持人自身个性与栏目个性相互融合。例如，《杨澜访谈录》不但以其大量地吸引了一大批较高层次的受众，而且以主持人的特有气质、清新、机敏、坦诚、富有个性的形象和语言获得许多中青年受众的青睐。

为了充分表现主持人的自我意识，在节目的策划和节目的编辑时要注意节目的整体编排细节处理，要留下自我发挥的余地，留下再创造的空间，这样才能为主持人形成特色主持风格创造条件。

陈鲁豫的访谈节目同样形成了独具特色的风格。比如在以美国为首的北约轰炸我国驻南斯拉夫大使馆后，很多主持人都会直接谴责以美国为首的北约的粗暴行径，沉痛悼念遇难者的离世。但陈鲁豫在此刻利用一组照片的特殊感染力，掀起了人们心底的波澜。在节目中，她特意向受众介绍了在轰炸中遇难的我国记者的照片。这个处理，表现出她对电视这种视觉艺术规则和效果的准确把握，对烈士家属和观众心情的细微体察和理解。

三、整体意识

采编主持合一的节目主持人作为主持人节目的核心，直接策划、编辑所主持的节目。有编辑班子的主持人，也会直接涉及节目的全过程。他们不仅对节目的主要内容了如指掌，而且对节目中所使用的音响、画面等节目中的所有环节都了然于胸，这样在主持节目时才会充满信心、挥洒自如，这就是我们所说的节目整体意识。但是，有的时候，有的情况下，有些主持人不善于参与节目的策划编辑过程或不能全部参与节目的编辑过程，结果常常在主持节目时出现这样那样的问题。

整体意识，首先应是对栏目的整体编排宏观上有所把握，对起承转合、人物对象、主要事件话题之间有所了解。

其次，对具体的局部组合应清晰明了。在直播节目中了解细节对现场发挥主观能动性颇有益处。对于先分解制作再合成的录播节目，主持人只有深入了解每一个环节的安排组合，如音响、画面、剪辑、特技、解说、独白、对话、采访等。理解消化具体内容，才有可能把握好上下段落和各个子栏目的内容，在录制时做到语气连贯、自然流畅。比如《超市大赢家》，每次的整体编排框架基本一致，但现场嘉宾是在变化的，主持人在出场前要对他们有基本了解，如何进行介绍要心中有数；节目中的各个小栏目基本上是通过现场大屏幕展示的画面组合串联起来的，主持人虽然看起来好像与受众在现场同步观看，但在做节目前事先的了解、熟悉、感受画面内容是必须的。只有这样才能使自己在现场迅速地先受众一步进入画面所规定的情景中。

有了整体意识，主持人不仅能更好地把握节目节奏、情绪分寸，也能更积极更有意识地配合制作人员，在话筒前、镜头前注意语言的连贯自然、表情的得体、大方，避免紧张、游移、松懈的情绪状态。

第三节　主持人编辑策划中的辩证思维

以“我”的眼光透视社会和生活，是主持人节目的特点之一，也最能体现主持人编排整合节目的功底，特别是新闻类、法制类的节目。但同时个人的观点与正确的舆论导向之间本身又是辩证的，处理好他们之间的关系才能使个性产生光辉，才能展现出正确的舆论导向，否则，主持人的个性发挥过了头，就可能出现导向问题。所以，要做一名优秀主持人，就必须要具备辩证的编辑思维能力。

如何使主持人的主观感受和正确的舆论导向统一起来？如何既充分体现主持人节目的特点，又能展现主持人的才华？应该注意三个方面的辩证关系：

一、主持人形象与普通人的辩证思维

什么是主持人形象？所谓主持人的形象是主持人本人的个性特征和节目的宗旨特点的有机结合，是两者的和谐统一。

主持人在节目中，既要考虑到节目个性的制约，又不能“深陷”其中。要明了主持人节目形象与自己不是简单的“从属”关系，而是要充分发挥“自我形象”起到互为补充、合力生辉的效果。

如果主持人能够充分理解并发挥“自我”的自身优势、展示个性，两者之间就会紧密结合为一个整体。否则，就会出现两者的游离，导致主持人形象的失败，导致节目的失败。

在主持人节目中，主持人总是以第一人称在节目中出现的。主持人和受众之间始终是一种平等的关系。这个“我”也是活生生的个性的“我”，因此，在编辑节目的过程中，在主持人形象的设置上，一定要突出主持人作为普通人的意识。

主持人只有作为普通人置身于社会生活之中，才能够感受和经历普通老百姓的喜怒哀乐，才能够发现生活中的热点和难点，才能够与他们产生了解与沟通，双方的交流才能够产生共鸣，才会在群众中树立起威信、确立起形象。

当然，我们提倡主持人的朴实自然和生活化，但并不是说就要主持人随意化。

不可否认，在生活中，我们每个人都有自己的局限，但我们必须学会用普通人和传媒形象双重身份来感受生活。虽然这两种身份有时会有重叠，但并不能因此就把它们完全等同起来。现在有些主持人，在节目中的随意化倾向很严重，误以为这就是贴近生活、贴近受众，事实上这些主持人在节目直播过程中暴露出的随意化，不仅极大地损害了主持人的形象，而且也破坏了节目的整体品位。

主持人在主持节目时、在生活中，都应以更高、更宽阔的视野来透视生活，要善于从纷繁复杂的现实生活中发现生活的本质，捕捉来自生活中的灵感，不断创造出新的适合于自己形象的节目形式或者使自己的形象与节目相吻合。

意大利著名主持人拉法埃拉开始只是主持一些“本色”的轻松节目，当节目收视率下降时才引起了她的思考。一个周末的夜晚，拉法埃拉带着4岁的外甥漫步街头，孩子想小便，可拉法埃拉没有抚养孩子的经验，因不知道怎样解开孩子的短裤而发急。正是这普通的生活事件触发了她的一个新的策划，为什么不创出一档孩子及家长们喜欢的节目呢？后来，拉法埃拉如愿以偿，主持了355集儿童专题节目。在电视台举办的一次民意测验中，她被孩子们选为最受欢迎的电视明星。

作为一名主持人，应在深入生活、接近生活的同时，树立强烈的使命感和责任感，要正确看待自己在节目中的形象，使自己无论是在节目中还是在节目外，都展现出一种和谐的形象。

二、主持人个性与节目风格的辩证思维

我国从诞生主持人节目以来，产生了许多灿烂的“明星”，可以说他们无不是以自己的各具特色的鲜明风格而受到广大群众喜爱的。主持人节目之所以短时间内在中国大地上生根发芽，蓬勃兴起，“风格”起着非常重要的作用。

事实上，深受群众欢迎的主持人节目都具有鲜明突出的节目风格。优秀的主持人不都是具有很强的个性色彩，主持人的个性色彩和主持人节目的风格在成功的大道上是相辅相成的。节目风格对于主持人的个性魅力形成起着烘托作用，主持人的个性魅力又影响着节目风格的形成，并在客观上又起到了很大的推动作用。

比如，在央视的节目主持人里，李咏绝对算是有个性的一个。其外形条件并不非凡超群，但却是央视娱乐节目主持人的品牌代表之一，他靠的就是为节目注入的个人活力和性格魅力。李咏礼服出场，故意乱扔问题卡，明目张胆地优待女选手甚于男选手；爱穿亮色花边衬衣，能在舞台上下自由随意走动，最后一句对着摄像机镜头：“别走开，广告过后马上回来!”开场有大段的“脱口秀”，和选手有很多的交流……李咏给观众每次带来的是新鲜的东西。这种独特性为树立品牌形象起到了很好的推动作用。

因此，在编辑主持人节目时，一定要在保持节目风格的同时，注重突现主持人的个性风采，使两者相互融合。成熟稳重的主持人形象与节目之间的相互融合，鲜明的主持人个性特征都是节目必须考虑的因素之一。

在具体操作过程中，有两点值得注意：一个是主持人对人、对事、看问题的角度应该符合他的个性特点；另一个是在语言表达上，主持人的语言风格应该是一致的，不能因节目内容和责任编辑不同而有所不同。

三、主持人节目“情”与“理”的辩证思维

情感是不同职业、不同地域、不同年龄的人与人之间联系的重要桥梁和纽带，它可以使人们达到彼此心灵上的沟通，缩小人与人之间的距离，让一个人对似乎是与己无关的人和事感兴趣，甚至为之寝食难安。这种情感的感染力可使得传媒与受众之间架起信任的桥梁，结成友谊的纽带，因此，情感也是实现传播目的的重要手段。

情感是以语言为主要传播手段的主持人的灵魂。它作为人类所特有的生理与心理机制的操作过程是一种高级的情绪，即使非常含蓄，也饱含着巨大的、有时

是不可估量的能动作用，不仅具有语言的一般社会功能，而且可进入美学意义的至高境界。情感对作为主持人节目核心的主持人来说是如此重要—— 一位主持人只有在他采编主持全过程中都渗透了情感，才能在受众中产生共鸣。

因此说主持人节目、中的“情”是一种感性的体验和认知。

“理”是由感性到理性，从表象到本质的提炼和升华，是情理相融产生的结果。它能丰富主持人节目的内涵，提高主持人节目的立意。

主持人要达到在节目中对“情”和“理”的准确把握，应做到如下几点：

首先，要积累真情实感。只有真情实感才会有人情味，只有真情实感才能造成“理”的厚积薄发，虚情假意只会与理不容。

其次，通过新闻素养的提高来合乎于理。要非常敏锐地了解受众的呼声，以新闻敏感性唤起真情。

最后，要摆正个性与共性的关系，要明了不能单纯依靠个人意志决定情感，而是要与时代合拍。值得注意的是在主持节目时，主持人的情感要有所控制。理性的控制可使情感不至于过度，可防止主持人的形象遭到破坏。

比如，在汶川大地震之后，中央电视台许多频道的节目主持人如赵普、张羽、李小萌等部分主播的落泪，文静、康辉等在直播时或哽咽，或泪流满面，或失声痛哭；来自四川电视台的宁远以及不知道名字的节目主持人表现亦如前者；香港凤凰卫视的节目主持人鲁豫在直播时泣不成声……

对大部分主播的落泪，网友给予了理解和赞赏，并称之为“播报灾情 名嘴哽咽”。此时流泪也是一种坚强，只是对极个别的主播落泪，网友们发出了不同的声音，有人赞成亦有人反对。

同样是哭，同样是为同一个灾难而哭，同样是在镜头前的哭泣，然而不同主持人给观众的感觉却是截然不同。如果说激情是带着责任去感受，那么控制就是带着自制去思维。控制就是要主持人在各种场合中（包括一线现场、演播室现场），能够不忘身份、良知与责任，能够灵活运用专业知识与技能解决困难，能够巧妙地进行角色转化。

因此，主持人节目编辑策划时应该处理好普通人与传媒形象、主持人个性与节目风格以及情和理三对关系的辩证统一。

这三对关系既独立存在，又相互依存，构成主持人节目编辑时所应注意的要点。

第四节　主持人编辑策划中的要领把握

主持人节目编排技巧的发挥首先在于策划和创造，而策划和创造需要一定的条件。一是主持人节目编排策划的创造性在于掌握和了解载体的性质与特征，把握传播的效能及对区域覆盖情况的知晓程度；二是对媒体自身实在的把握，包括节目的类别归属、类别归属的内涵和外在形态、专业化水准、节目地域水平等，了解对象对媒体的认知度。

主持人节目编排策划技巧还体现了主持人对编排自由度的把握程度。只有对节目进行科学而有序的组合，并通过结构性变化使节目的编排产生跌宕起伏的效果，才能调动受众有意无意的视听心理。这就要求，一方面节目主持人应在创精品、名牌上花力气，不断通过编排策划而推陈出新；另一方面，主持人应以精品带动一般性节目的编排，以穿插、错位结构方式安排异质同构、同质异构及异质异构的节目，改变受众收听、收看节目的时间总量。

此外，主持人节目编排还应注意对时段的科学分隔。一是节目按类别划分应与节目对象（年龄、性别、职业）相对应，确定可视、可听时间分布；二是题材按内容划分要适合对象共有的价值观念、情趣爱好；三是节目以什么样的结构、节奏对主旨取向进行组合及这种组合对对象的适合程度，应成为时间分割重点研究内容。主持人在编辑策划中需要把握以下要领。

一、编排的整体把握

广播电视的意图最终是通过主持人体现的，特别是新闻类节目主持人、访谈一类的节目主持人、法制类的节目主持人，他们在体现意图时，对节目的轻重缓急等整体的编排顺序必须有所侧重，有所把握，积极参与。

（一）找准主题

主持人节目编排首先要找准主题，主题是节目的中心和灵魂。虽然每天节目中的内容有许多，但主题是客观存在的。

要找准主题，需要感受时代气息，把握时代主旋律；要善于抓住社会的热点、焦点、难点，揭示其内在意义；要做到思想深刻，针对性强；要具有指导意义，并能够深刻地反映社会现实。

主题之中包含绝对主题和相对主题。

绝对主题也就是某天的节目中有一个核心或灵魂，缺少这个核心，节目就流于一般，这一类主题在遇有重大事件时表现得尤为明显。如中国“入世”，在整个节目中是主题，就是绝对的。此外还有世界各国及一些大的公司等对中国“入世”的看法和态度；中国各行业对“入世”的看法和态度；多年来的“入世”谈判过程以及一些背景资料等。如果在这期间你没有抓住和确立这一主题，而是将其作一般性的介绍，就说明你缺乏编辑策划能力，违背了办节目的规律，是一个不称职的主持人。

相对主题就是在某一天的节目编排中，没有什么重大事件时表现出的主题编排。相对主题之所以是相对的，是因为它不像绝对主题那样轰轰烈烈、立体式、全方位的去考虑。相对主题的编排体现出的是细微的、不显山不露水的编排，实际上越是看似平淡的内容，主题越不容易把握，可以通过观察来解决。如某一时期的中心工作、国际国内的节日、季节变化带来的变化等，都可突现出主题来，具体如：“世界防荒漠化日”、“防治艾滋病日”、“海洋节”等。而像那些进入夏季要防洪、进入冬季要保暖等，也都可成为主题。

绝对主题和相对主题有时是会相互转化的，如防汛。我们应当根据具体情况来把握。

（二） 把握大局

把握大局是主持人驾驭即主持能力的体现。作为节目主持人，特别是直播节目的主持人，在节目进行中必须有一个清醒的头脑，使节目控制在有序的运行之中。如在新闻节目中，哪条稿应放一条，哪条稿放二条；各稿之间有无内在联系；背景材料应穿插在何处；是否应增发议论等，主持人都应心中有数。

主持人能否把握大局、如何把握大局，取决于主持人对节目的整体编排起的作用。

首先，大局的把握取决于节目的性质和内容。从西方国家来看，虽然主持人占有重要地位，但其新闻的排列仍都是研究决定的。如美国三大广播公司的晚间新闻是通过会议由商量决定的，法国电视一台每晚的《新闻联播》也是这样。而我国的新闻编排是按重轻顺序确定，该类节目并非主持人一人就可把握，其内容安排当然不可能全由主持人说了算。

其次，主持人的个人判断决策在节目整体编排中又具有渗透作用。电视屏幕上展现的绝大多数节目是由节目编导总体负责的，但是主持人是节目传达过程中的轴心人物，因此，围绕主持人这一节目支撑人物创作节目，在编排上不可能排斥主持人的渗透。例如，崔永元主持的《小崔说事》，在直播大纲确定时不仅具有发言权，而且其独到的策划思维始终体现在节目之中；而克朗凯特本身是所主持节目的编辑部主任，对节目的把握权当然就大一些，拥有节目编排的一定权利。

（三） 细化局部

无论主持人在节目编排中是否能够左右所主持节目的编排，他都应该积极参与到节目之中；另一方面要掌握节目传达过程中的编排思想、规则、要求。主持人节目不仅综合了视觉和听觉的表现手段，也综合了时间和空间的表现手段。主持人在参与节目整体编排的过程中，应该从宏观上把握节目传达，力图达到特定情境与意图；在微观上对节目各个部分有所领会，知晓每个部分的内容、具体作用，这样才能做到心中有数。

二、处理局部组合

主持人是广播、电视传媒连接受众的关键，因而对节目局部组合与编排过程要非常熟悉。

许多节目的制作是先分解制作，然后再合成的。主持人的串联词特别是电视台画面的解说往往分开录制。主持人要把握好上下段落和各个小栏目的内容，才能在录制时做到语气连贯。

（一） 把握关键点

节目局部组合尤为重要。篇幅比较宏大的连续报道、纪录片的局部组合尤其关键。主持人除了对具体内容反复消化、理解之外，还要对具体的表现元素加以考虑，包括画面、剪辑、特技、音乐、音响、解说、独白、对话、采访等。节目中每一个部分怎样有机地组合到一起，只能从有利于受众收看的角度考虑。比如大型体育赛事专题报道期间，由于许多节目采取现场直播方式，各部分内容的推出只能由主持人现场介绍；又如 CCTV－10 的科教类节目《人物》，节目一次选题是一个人物的专访。为了吸引受众，不分散受众的注意力，主持人并不出场。首席主持人虽然出场很少，但是受众仍然可以从开头的提示、中间的采访和结尾的概述中感受到主持人对节目整体和局部的把握。

（二） 讲求综合效果

综合性是广播、电视媒介的优势，然而要充分显示其综合优势还须开动脑筋，不可以不讲综合效果。观察 2008 年 8 月 CCTV－1 综合频道的播出节目，每周播出约 6 个大类 48 档节目，节目类型涉及新闻报道、专题、电视剧、综艺娱乐、生活服务和青少类节目和特别节目。节目时长从 5 分钟到 60 分钟不等（特别节目除外)，其中30分钟以下节目13个，30分钟节目9个，30分钟至60分钟节目17个，60分钟节目两个，70分钟节目一个。CCTV－1全周主打节目播出比例大致如下：专题类节目占比为30%左右；电视剧为27%左右；新闻类节目为20%左右；青少类节目为5%左右；文艺与娱乐类节目为4%左右；特别节目占比例为4%左右；生活服务节目占比例为4%左右；法制节目占比例为4%左右；其他节目为2%左右。

美国CBS频道与CCTV－1在一周节目播出数量和节目配置类型大致相同，全天均采用以新闻节目为主框架的编排。而两者的不同点在于：CBS配置了体育赛事直播和真人秀节目，而CCTV－1尚无此类配置；CCTV－1配置了较大量的生活服务节目和青少节目，CBS则比较鲜见。节目类型方面，CCTV－1的专题节目比美国CBS播出量多；美国CBS娱乐节目比CCTV－1播出比重大。电视剧方面，美国CBS电视剧目比CCTV－1多，但播出量基本相同。从节目时长方面比较，CCTV－1的短时长节目远多于CBS频道。此外，CBS以平日节目带与精品周播节目组合编排，构成“5＋2”模式，而CCTV－1多采用自办栏目形成全天周播节目带，中间插播电视剧和专题片编排；剧排方面，CBS细化采用白天多集编排、黄金时段娱乐节目与定制单集精品剧编排的固定框架，CCTV－1则主要是多集剧的编排方式。

足见，将不同的节目进行综合配置，能充分体现出不同的频道特色，达到独特的综合效果。

三、掌握编辑手法

作为一名出色的主持人，不但要能够采访、善于写作，还要会编辑，掌握编辑的手法。

（一） 策划节目

策划节目是主持人编辑工作的一项重要内容，也是编辑工作的重要环节。

首先，节目的内容要丰富而不平庸，多彩而不杂乱。目前的主持人节目中有许多是“板块式”的。比如，《经济半小时》中就有“为您致富”、“经济信息”、“桥”、“消费者之友”等板块。这些小板块构成了整个节目的丰富多彩。一个节目策划的是否成功，内容很关键。主持人节目的栏目不管有多少，都要围绕节目的宗旨，有机贯穿在一条主线上。

其次，要重形式而又不唯形式，有风格而不唯风格。内容对节目的，成功很重要，但也不能忽视节目的形式。好的节目内容加上好的形式会锦上添花；好的节目内容没有好的形式会使节目逊色，要根据节目的内容设计形式。此外不同的节目会有不同的风格，节目的形式也应该与内容的风格相统一，如青年节目的朝气、老年节目的持重、少儿节目的活泼、新闻节目的严肃、文艺节目的轻松，体育节目的紧张等，都要求有与之风格相协调的形式来表现。但是，同样是轻松欢快，《超级大赢家》与《非常6+1》的形式就有所不同。节目策划时，应在确定与内容相适应的形式前提下，巧妙构思，使节目更加绚丽多姿。

此外，要重视节目的名字。节目的名字，也是整个节目的重要组成部分。名字是节目的脸面，它可反映节目的性质、突出节目的特点。人们常说，做文章易，起名字难，节目有个好名字就有了一半成功的把握。如李咏转型的新节目《咏乐汇》，此档由《非常6+1》的班底为李咏量身打造的“闲谈秀”，名字就非常有特色。“咏”，指的是节目的招牌主持人——李咏；“乐”，传递的是节目依旧是以李咏捧哏给观众带来欢乐，也强调了节目的氛围和基调；“汇”，表现的是节目有大杂烩的意思，节目组什么招式都使上了，如虚拟情境表演。

给节目起名，大致有以下一些方法：以节目播出时间命名，如《新闻60分》、《经济半小时》等；以节目内容命名，如《军事生活》、《体坛纵横》等；以节目对象命名，如《美丽俏佳人》等；以节目性质命名，如《杨澜访谈录》《说出你的故事》等；以行为方式命名，如《探索·发现》、《新闻调查》等；以形象比喻命名，如《商道》、《第十放映室》等；以空间命名，如《新闻会客室》等；以与受众的关系命名，如《为您服务》等。

（二）结构节目

1. 串联式

就是把板块式、杂志型等节目或栏目中的不同内容，按顺序一个个串起，结构成完整的节目的方式。串联过程中，要考虑串联词、间隔乐、节目的小片头以及主持人的有机衔接。如《讲述》、《第十放映室》等采用的就是这种方式。

2. 交叉式

交叉式是把不同的节目内容交叉结构起来形成一个整体的方式：《正大综艺》采用的就是这种方式，“导游观光”、“观众猜谜”等交叉结构在一起。这种又被称为“蒙太奇”的编辑分为相干和不相干两种。

内容相干的编排是围绕一个重要事件，从不同侧面予以烘托，主题在前，侧面材料紧随其后。如中国2008年举办的奥运会，主题突出后，国际上的评论、国内的看法，包括中国香港地区、中国台湾地区的看法等要紧随其后，如果当中编排上了别的内容就会很别扭。

内容不相干的编排可使性质不同的内容产生某种联系，运用得当可以起到衬托主题、渲染主题的作用；反之则会出笑话，甚至会出现差错、引起误解。

3. 倒“金字塔”式

该手法在新闻类的主持人节目中运用较多，整个编排自上而下，从头到尾组合在一起，呈现一座倒金字塔形状，最重要的内容放在前面，下面是围绕其从不同侧面作出的背景等的报道、评述。

4. 对比式

对比是反映事物本质的重要手法之一。对比式的编排就是针对某一事物正反两个方面来编排，通过编排手法的巧妙采用，表达出提倡什么、反对什么。此种手法在编排中也运用较多。

四、主持与现场画面合拍

对于一些合作型的主持人节目来说，主持人不可能对每一个环节都详细参与。但是在一些画面的编辑过程中、在一些录音音响的剪辑过程中，虽然主持人不直接参与，但是并不妨碍主持人体会或感觉画面及录音的内容。因为主持人在平时就有了许多知识积累，对这种情况所需要的只是对画面和资料再深刻地了解，所以做到“心中有数”，才能真正地“主持”节目。

如中央电视台《今日说法》节目，其有关法律知识的故事展现，就是事先录好的。现场播放基本上是为了通过大屏幕展示的画面来吸引受众，主持人虽然在现场同受众一起观看，但在播出前却要事先了解、感受画面内容，以便使自己的情绪进入画面所规定的情景。

（一）情绪上的吻合

生活在现实生活中的主持人，由于是不同的个体，并处在不同的环境之中，因此肯定会受到各种各样的外部环境的影响，他们的情绪也会产生变化。当主持人处身于主持现场时，本身的情绪和“规定的情景”之间必然存在一个调节过程。不论是你刚刚和别人争吵过，还是你身边的人遇到了不幸，或是你遇到了非常开心或不开心的事，你都必须进行调整。这种情感的调整也是主持人一项必备的基本功。

主持人感受画面和现场的“规定情景”，调试主持节目时的状态，首先要使自己的情绪同画面及现场表现的内容相吻合。

比如“5·12”汶川大地震发生后，各大电视台都在第一时间向亿万观众传递着灾区的情况。而处于地震灾区最前沿的四川电视台女主播宁远，因连续三天三夜坚守岗位和流泪播报，被大家称为“最美女主播”。地震发生后，经常看四川电视台的观众一定记得宁远基本上每天都是红着双眼在播报新闻。5 月 17 日，宁远在直播中，更是流着眼泪念完遇难群众的最新数字。说到自己直播中流泪，宁远坦言：“地震发生后，我就开始做直播了。我最不愿看到但又必须去面对的，是那些死难同胞的画面和不断更新的遇难群众的数字。”“我们的直播有公布数据这个环节，每次我去拿那个数据，手都会难过得颤抖。5 月 17 日那天，应该是那些悲伤的情绪堆积得无法再堆积了，当从提词器上看到可怕的数字时，我的眼泪一下就下来了。”尽管因为职业的需要，主持人是需要控制情绪的，但她承认，无论平时有多么的坚强，面临这次的大灾难，在离开镜头的时间里，她已伤心地大声哭过好多次。宁远情绪的失控非但没有让观众反感，觉得她牵强造作，相反她让观众看到了这是怎样一个有血有肉有担当的女孩，她因此得到 2008 年金鹰节“最受观众欢迎的电视节目主持人奖”，这是观众给予她的至高荣誉和肯定。这也说明主持人的情绪是受节目内容影响的，而合乎情理的情绪更能拉近与观众的距离，增强感染力。

（二） 进入画面及主持现场的感受

主持人要想迅速进入状态，对画面和现场的感受除了对特定的画面现场情景内容加以体会外，还包括自己对画面及情景的规定进行编辑构思，特别是电视台的主持人，如果缺少画面编辑意识，那么在镜头前怎么动、怎么讲、怎样攀谈、怎样采访、怎样把握时间长度等环节上则会出现失控状态。因此，主持人在录制节目前必须对后期编辑要求有所了解，在录制节目时仍然想到顺畅自然。要知道声音的剪辑缺少连贯性往往给受众一种断章取义的印象；如果主持人缺少编辑意识、说话顺序混乱，上下段没有过渡，或者没有间隔，那么编辑手段再高明也无法妙手回春，即使是现场直播，主持人仍然要有画面编辑意识。主持人的言谈举止虽然从现场直接推到受众面前，但剪辑台还在做着切换、剪接工作，主持人稍有松懈就可能造成切换的困难，哪怕是眼神、视线的不经意，反映到屏幕上受众即刻就会看出毛病。

（三） 画面构图的要求

电视节目主持人感受画面“规定情景”，一是画面内容的规定；二是画面形式上的要求。主持人应该在可能的范围内，多熟悉画面编辑环节，包括开头、过渡、结尾、转场、特写、中景、近景等，主持人最好能够亲自动手操练一番，基本功扎实，主持节目会更加得心应手。在某种程度上讲，主持人在编辑环节上的意识是全方位的。

五、“现场编辑”

许多电视台的主持人都知道，他们在录像时所面对的“观众”和“嘉宾”经常是假设的。因此，在他们的脑海中就要进行现场的“情景再现”，并实现虚拟的“交流”。这就是常说的“现场编辑”。主持人日常工作是常常要坐镇演播室的，比较容易熟悉录像播出的要求。难度较大的是增强现场主持和现场报道中的编辑意识。

如，中央电视台有一则关于印度火车相撞的国际新闻在晚间的《世界报道》节目中播出。原来的导语是：

2 号凌晨，一列满载旅客的列车与一列邮车在印度东部西孟加拉邦西里古里 80 公里以外的盖萨尔车站相撞后爆炸……

新闻编辑把这里的长句改为短句：

2 号凌晨，一列满载旅客的列车与一列邮车相撞后爆炸……

节目主持人康辉看到消息，为了引起受众的注意，并使其能意识到事件的严重性，他把消息主体的重要信息点放在了导语中。他修改为：

2 号凌晨，印度发生了一起历史上最为严重的火车相撞事件。官方证实有 250 人死亡。在印度东部西孟加拉邦西里古里 80 公里以外的盖萨尔车站，一列满载旅客的列车与一列邮车相撞，随即发生了爆炸……

主持人在现场主持或现场报道中如何增强编辑意识？如何进行“现场编辑”？归纳起来，可以从下述几个方面入手：

（一） 面对摄像机

当摄像机开始工作时，主持人就应当已经在脑海中形成了所“面对”的嘉宾和观众。主持人的每一个动作都要在脑海中进行“现场编辑”，考虑到这些画面在电视屏幕上出现时，受众能够产生什么样的印象，否则拍回的画面很难进行调整。

通常，主持人站在一个固定位置报道，第一个画面展现时就要入画。主持人开始入画的拍摄方法有这样几种：

一是拍摄一个中景，主持人慢慢走向镜头，位置是由后往前走。先站在一个地方，讲上几句话，边讲边向前走。

二是直接将镜头对准主持人，第一个画面是主持人近镜头，主持人站在固定位置上进行口头报道，然后镜头拉开或转换。

三是拍摄全景，慢慢推向主持人的近景，这时镜头固定，主持人开始讲话。

一般而言，主持人在远距离站立的位置上最好不开口讲话，因为会给受众造成声音上的距离感。

以上三种方法主要是从受众收视的角度来进行画面“现场编辑”。一般情况下，主持人第一个画面不要从侧面走进屏幕，如果要走动应该是从后往前，而且不要走动过多，因为受众这时要注意听主持人在讲什么内容。

（二） 面对现场环境

主持人在主持节目时、特别是在现场时，都有其特定的背景环境、背景音响等。这种特定的环境、音响往往具有独特的代表性。主持人出现在这独特的状态下，也就形成了用特定的现场环境等来做衬托进行报道的情况。不同的环境会给人以不同的感受，会产生不同的感想，因此，对现场环境也要进行选择，同时要为受众进行“现场编辑”。

主持人要选择比较典型的现场环境，要设想受众通过我们的选择会对现场环境产生什么样的感受。主持人在现场报道的目的是为了体现现场感，怎样将受众带入现场？怎样使受众产生参与感？这些问题必须在做现场报道时进行考虑。主持人要考虑哪些内容通过现场环境来表现，哪些内容要通过口头叙述来传达。同时，脑子里应该浮现出现场环境画面和自己口头叙述在电视屏幕上是一种什么样的构图形态，受众能够从中得到什么。

有经验的节目主持人在出现场时，就会考虑到实际的效果，比如，怎样在现场活动，出镜时应该选择怎样的角度等。这些问题考虑成熟了，对于后期节目编辑非常有利。

（三） 面对采访对象

主持人有时出现场时，现场的紧张场面和稍纵即逝的事件过程使得主持人要快速投入采访。对于一些经验不足的主持人来说，常常会忘记兼顾镜头。而有时的现场环境也使得主持人很难兼顾镜头，如报道侧翻在斜坡下的汽车时，由于特殊的地势，一时就很难兼顾受众收看的特定状态。对于这些情况，主持人除了现场应对技巧外，还要注意平时的积累。

主持人在现场的采访是三言两语的快速采访，怎样插入报道之中，必须在采拍时加以考虑，要想到观众。主持人为观众做报道，受众通过报道了解主持人，如果主持人经常犯这样那样的毛病，受众就会对主持人的能力表示怀疑。所以，主持人采访时不仅要想到怎样提问，还要想到采访是为受众进行的，要为受众较好地接受采访中传达的信息和观点提供最明晰的条件。

（四） 面对大庭广众

主持人作为公众人物，在采访现场经常会遇到大量观众围观的现象。这种场面往往对主持人的心理承受能力形成考验。经验不足的主持人常会因为围观的压力造成心理紧张，分散注意力，不能很好地进行“现场编辑”。这时主持人就要进行积极的心理调整，摒弃杂念，集中注意力，时刻想到画面出现后的效果，特别是一些细节不可忽视。假设主持人在情绪上显得不耐烦，或者在态度上显得很生硬，受众就会对主持人产生不好的印象。

另外，主持人在现场同一群人打交道还有个怎样出画面的问题。有时候主持人忘记了受众收看，只顾同现场的群体进行交流，画面拍下来比较难编辑，显得非常零乱；有时候主持人拿着话筒一个接一个采访，回来剪接时发现很难处理，声音同时带入画面往往不好剪辑。这些问题要不断总结经验，吸取教训。

在平时的工作中，主持人要养成在脑子里编辑的习惯，也就是大家常说的“过画面”。要不断地积累“现场编辑”的能力，要积极向有经验的主持人学习，要克服怯场的毛病。只有不断实践，不断总结，现场编辑水平才会不断提高。

六、话题的组合

参与型主持人即便是不能参与编辑的每一个环节，仍应该具备全方位的编辑意识。这不仅对主持节目非常有意义，而且全方位的编辑意识还会在主持人节目的话题组合过程中发挥重要作用。

许多主持人节目是由板块型或称杂志型结构构成的一个个不同的栏目。广播电视的栏目与节目是既有联系又有区别的两个概念。栏目是按照一定的方针和目的，把某些内容、性质、功能或形态相近的节目纳入定期、定时播出的某一栏目之中。一个栏目可以由若干个节目串编而成，也可以每辑只播出一个节目。有些栏目中还包容着几个小栏目，我们姑且称之为母栏目和子栏目，当然，不能排除栏目与节目相互交融之处。这也是人们时常会交替混称它们的原因。

话题是主持人节目的支撑柱梁，良好的组合话题对优化栏目内部结构有着重要意义。在主持人节目的编辑过程中，对每一个话题的切入、展开、结束进行透析好比排阵布局，组合得好就会打胜仗。

主持人栏目按节目内容性质可分为：新闻类、知识类、生活服务类、文艺类、少儿类、体育类和综合类等多种类型的板块结构。每一个板块又分成若干块，块的基本构成就是话题。

因此，话题不仅可以说是支撑栏目的柱梁，还可以被认为是构成栏目的细胞。没有话题便也无从谈节目。

同样的砖瓦和水泥可以造出不同的房子。由若干话题组成的节目，由于采取不同的方法进行组合编串也就会形成不同的节目风格。对话题进行最合理、最平衡的衔接、组合，这显然是一个优化的过程，要优化就是要产生叠加的效果，而不能产生一加一小于二的局面。掌握话题衔接的技巧，目的在于使话题通过组合产生最佳效果。

话题的组合的方式有：

（一）渐进式

即选择一个比较浅显、明白、易懂的话题做开场，随后步步深入，一个话题接一个话题层层递进，展现主题，加强力度，不断深化受众对主题的理解与把握。用形象的语言说，也就是“剥笋式”，对话题的组合采取由近及远、由浅入深、由表及里、顺时递进的方式。比如关于“世博会”的问题：

1. 百姓看“世博”；
2. 一位大学生谈“世博”；
3. 外籍人士谈“世博”；
4. “世博会”对上海的影响；
5. 专家学者谈“世博会”；
6. “世博会”的重大意义。

（二）中心辐射式

即以一个主题为中心，多方位、多角度、多层次展开话题，但形散神不散。这样的结构往往可以增加信息，拓展受众视野。比如北京奥运会：

1. 回顾古代奥运会；
2. 历数历史上令人难忘的奥运会；
3. 世界各地对北京奥运会的期待；
4. 中国举国上下对办好北京奥运会的支持和决心。

（三）反差式

即将两个截然不同、形成鲜明对比的素材成对地组合在一起，围绕着主题，小则一对，多则三、四对，衔接起来使用，造成强烈反差，从而强化对主题的揭示，给人以深刻印象。

比如2008年汶川大地震后，记者来到离北川只有20公里的重灾区安县桑枣中学采访，写出了通讯《一个灾区农村中学校长的避险意识》，报道了“5·12”地震中，这所学校2000多名师生无一伤亡的情况。在与校长叶志平聊天时，他随口说道，如果这些教学楼没有及时加固的话，那么2000多名师生肯定全完了。说者无意，听者有心，周边地区的校舍大都坍塌，师生伤亡惨重——反差就是新闻！“无一伤亡”和震后挺立的这栋教学楼变成了非常信息，因为它们与灾区各地巨大伤亡数字、大量倒塌的校舍之间相形反差。教学楼不倒，是什么原因？“无一伤亡”的事实是如何发生的？这篇通讯捕捉到了对比中产生的新闻价值要素，把一个普通中学校长平时加固教学楼、定期组织应急疏散演练的真实故事讲述出来，一定程度回答了当时人们关于“灾难能否避免”的疑问。这就是反差体现出的新闻叙事力量。

除以上所列之外，还有诸如：烘云托月式、响鼓余音式、留白开放式等。

选择什么样的组合方式要因主题、素材、栏目形式、对象而定，目的在于优化效果。主持人是话题的直接操作者，只有对组合的方式做到心中有数、成竹在胸，方能运筹帷幄、得心应手。

七、稿件的编写

主持人节目在形式上的一大特点应该是直播时的“提纲加资料”。不可否认，在直播时的“提纲加资料”在主持人的个性塑造中起了很大的作用，有利于主持人个性的发挥。现在大量的台、特别是电台的直播节目占有很大的比例，采用“提纲加资料”方式播出的节目也很多。的确，近年来出现了不少优秀的主持人，他们在主持节目时的“脱口秀”令他们名声大震。

但是，任何事物都有两个方面，有利也会有弊。

首先，主持人节目类型有很大的差别。比如，一位素养高的主持人，在主持文艺类节目时可能会出口成章。但主持人不可能是每一行的专家，还有新闻类的、谈话类的，更有知识类的、欣赏类的。

其次，主持人的水平有高有低。

最后，主持人直播节目本身也有很大区别。直播室内的一些情感交流节目、娱乐等类的节目可以采用“提纲加资料”的方式，但是还有一些节目具有很高的人文背景、具有厚重的文化积淀，如中央电视台的“老山汉墓发掘”现场直播。还有一些具有很高的科技知识含量的节目，如一些大型企业的直播等。在这类直播节目中，有稿件和没稿件的效果肯定是迥然不同的。近年来，广播电视界的一些有识之士已经认识到“提纲加资料”式的直播对精品战略的影响。因此，我们认为主持人节目的稿件还是要写的，关键看怎么写，重要的是写出主持人节目稿的特点来。主持人节目稿件的特点与主持人特点是分不开的，无论是采编主持合作型，还是采编主持合一型，都应当认真写好适合主持人节目和节目主持人特点的稿件。

主持人节目播讲稿需要从三个方面加以注意：

（一）展现主持人个性风格角度

主持人节目稿件的编辑有一个看似细节实则有关整体的问题值得注意，就是关于“我”和“我们”的运用。同是第一人称，前者是单称，后者是复称。长期以来，人们在一些公众场合自觉不自觉地喜欢在可以或该用“我”来指称的时候而用“我们”来替代。这在一定的语言环境和表达需要下为了达到某种模糊语义的效果是必要的。然而在主持人节目中，当需要“我”坦陈直言的时候，却带上个“们”的指称。主持人个性特征被掩盖且不说，听者还会感到不直率、不坦诚、不真切，从而模糊甚至动摇对主持人的印象，这就会给节目带来不利的影响。因此不能小看这个“我”字，用了这个“我”字，大到整个稿子的主题基调，小到一词一句的选择运用都可能受到“我”的制约。一个“我”字，恰好是主持人节目个性特征的汇合处，也是主持人节目编辑艺术的闪光点，因此值得在“我”身上下工夫。

主持人节目的最大特点之一就是主持人的风格的显现。这种个性的展现是以第一人称“我”来实现的，这种“我”不仅只是表层上的第一人称，在深层上主持人已成为节目的主体。“由我主持”、“我认为”、“我想”等表层的第一人称与深层的主体资格，应是贯通一致的。因此，在为主持人撰写稿件时一定要围绕主持人的个性风格来做文章。稿件要适合主持人的身份，要适合节目的特点，特别是在一些细节的处理上不能忽视，否则，主持人就会又出现“播稿”的情况，就会出现主持人说的话“假”的情况，人们就会对主持人失去信任感。

比如，根据节目的构思需要介绍一位受众亟待了解的热点人物，为了自然而然、顺理成章地引出这番介绍，可以由“我”出面构成一个噱头。沈力在一次节目开头说：

前些时候，我在路上遇到几位熟悉的朋友，问起一个人现在的情况，并且告诉我对于这个人，人们有种种有趣的传说。正巧前几天，我见到了这个人，告诉他朋友们都在关心他，希望他来这里和大家直接见个面，他很乐意，今天他就来到了我们的播音间……

主持人的直接介入、现身说法，使得叙述更有真实性、可信度和亲切感。

“我”的真情实感集中地反映了主持人的个性特征，因而，在编辑中要注意“我”的议论。主持人的议论是展现主持人个性“我”的一个重要方面。在编辑过程中，要通过节目主持人在传递信息、报告新闻、介绍知识的同时，通过议论来发表自己的观点见解，表明主持人对人生、交友、事业、爱情乃至对某件事、某个人的主观感受认识，从而突出体现“我”的个性。

“自我的角度”不仅要求稿件以“我”的口吻进行叙述，更要求体现节目主持人自我的观点见解。一个没有自己观点见解，只会人云亦云的节目主持人注定是没有个性的主持人。因此，即使是照播别人写好的稿件，主持人也应当结合个性特征，对稿件进行再处理，使之成为与自身个性风格相吻合的充分体现主持人自我风采的稿件。

例如，敬一丹之有一次在节目中讨论教师“流失”的问题，节目快结束时，敬一丹推心置腹满怀忧虑地说道：

这里说了半天的“流失”，我想起小时候第一次听到“流失”这个词时，是在一部介绍泥石流的科教片里，伴随着泥石流暴发的可怕画面，从此每逢听到“流失”这个词，似乎就有一种不祥之兆。现在眼前的教师的“流失”，对教育来说，恐怕也不是个好兆头。土地流失了，秧苗怎么办？教师流失了，教育怎么办？今天教育搞不好，明天我们的经济会怎么样呢？冰心老人曾痛心疾首地说：“我们不能坐视堂堂中华民族在21世纪变成文化沙漠，绿洲一点点流失，于是就变成沙漠。”从这个意义上来说，眼前的教师流失不是我们应当关注的信号吗？

（二）适合主持人语言特点的角度

正确选用与同类型主持人节目相对应的、带有风格色彩的词语句式，是形成主持人节目语言风格的重要因素。比如，中央电视台的主要对象为学龄前儿童的《七巧板》；针对中学生的《家庭课堂》；针对老年人的《夕阳红》，各有不同的语言特点。

一般说来，新闻评述类节目语言严谨、犀利、思辨性强、充满可信性和权威感；生活服务类节目语言亲切、通俗、富有人情味；少儿节目语言活泼、生动、形象、洋溢着天真；欣赏性节目则有如诗歌或散文的语言，抒情而有韵律。

广播电视语言表达方式丰富多彩，有提问、说明、叙述、描写、抒情、议论等，不论用哪种方式都需要尽量做到像和受众交谈一样，直接平等、通俗易懂、平易自然、和蔼可亲。这是主持人节目语言的共同特点。而主持人节目与非主持人节目在语言上的最大区别是“说”与“读”的区别。这种语言平和自然，接近于大家的互相谈话，是一种自然的口头语体，这一体式风格应在稿件的编写上得到鲜明的体现，口头语体的稿件是主持人谈话式主持时的依据。在撰写主持人节目稿件时要追求简单明了，要让人一听就明白，不要使用那些文绉绉的、生涩难懂的、容易产生歧义的语言。例如，这样一段文字资料内容是介绍多功能综合性电影城的，其中写道：“……四个立体声电影厅以颜色划分，黄厅最大，900座位，厅内的布置都是黄色的……”这里“黄色”一词可以作两种可想而知的解释，尽管可以凭我们的经验知道这里应该用其“黄的颜色”的意义，但毕竟存在着误听误解的客观基础，因此，就有必要把“黄色”改成“黄颜色”。

从上面的例子就可看出，一个稍微仔细的修改，就会使词义通俗明了。缩短主持人与受众的语言距离，首先要在可能的情况下，应尽量自己亲自编写，最少在直播前要多顺几遍。杨澜初做主持人时，总是拿着串联词硬背，搭档姜昆告诉她，不要老念别人的稿子，要变成自己的话说出来，这样才自然。从此，杨澜养成了自己动手的习惯。杨澜说：“并不是别人写得不好，可人家写的话是人家的感受，我要硬念出来就很容易像背台词，受众听了也不会感动。只有我自己有感而发出的话，受众才会觉得亲切，情绪上才容易被感染。”其次，缩短距离的另一个行之有效的方法是增加相互间的沟通、了解。第一届“金话筒”广播金奖获得者傅成励于1987年至2000年担任在中央人民广播电台的《午间半小时》节目主持人，同时也是编辑、审稿人时，总是积极参加《午间半小时》编辑部里的年轻人聚会，与他们神侃，把他们在酒桌上的话写进节目中去。他愿意和编辑们交谈，哪怕是片言只语，一个火花。他更愿意让他们了解自己，了解自己的思维方式。他认为那些主持人的编辑不好当，要让他们了解“主持人意识”，选材、构思、语言都以塑造主持人为中心，便提高了节目成功的保险系数。

要编写出适合主持人语言特点的稿件还要注意，尽量少用过长的“紧张句”，过长的句子常见于一些翻译的作品。另有些人在写稿时怕说不清楚，就不断加长定语，一口气说不完，让主持人根本就没法说。口语表达要求语句尽可能简短上口，以保证说起来流畅，听起来轻松。语句简短的主要方法是减少修饰成分，把一句长话分成若干短话来说，这是主持人必须具备的基本能力。语言的简短不仅仅是“说”的要求，在编写稿子的时候就应当尽量予以考虑，尤其是论说性的稿件，如果可看不可说，那就不能算真正完成了编辑任务。

对于主持人稿件的口语化要求大家应该不会有异议，但是，不能靠一些地方的俗语和“啊、嘛、呢、吧”之类的习惯上的“毛病”来体现“口语”。主持人的语言既是通俗易懂的，又应是经过提炼的、带有艺术性的语言，它应该代表一定的文化艺术品位。

例如，主持《半边天》的张越，有一次客串了一把《艺术人生》。那次是她采访谢霆锋。其实，张越那个年代的人几乎都不会喜欢谢霆锋的歌。在节目中，张越对谢霆锋说："我没听过你的歌曲，对于你我只听说过一些不好的新闻，我和你的年纪相差比较多，当我听到你的那些消息时，我只觉得，这孩子真可惜。"再看谢霆锋的反应，他对张越的提问和用词，都感到很意外又很震撼的神情。客观而言，两人的交流非常认真，也非常深入。谢霆锋几次都由衷地感慨张越与他有共鸣，眼睛里始终充满了对张越的敬意。

（三） 有利于双向交流的角度

谈话体稿件是主持人主持节目时进行交流的依据，编辑好谈话体主持人节目的稿件是有利于进行双向交流的前提。

为了严格地把握好平等交流、亲切谈话式的主持人节目的基本语体，需要对写好的稿子仔细审看，反复推敲，避免细节上的疏漏可能引起的不良效果。沈力就经常推敲编辑为她准备的稿子。比如，一次节目讲怎样做酸奶。有一段话原是准备这样说的："酸奶是发酵而成的，吃下去会不会有什么不好的作用？这一点我可以让你打消顾虑。"推敲之后，感到"我可以让你……"多少带一点居高临下的意味，于是琢磨着改成了这样："这一点您可以不必顾虑。"这样略作改动后，口气就和缓了，更显得与人平等了。

如何在主持人播讲稿编辑时有利于双向交流呢？陆锡初《广播新闻编辑教程》一书中引用了六条经验可供借鉴：1. 走进播音室，如同来到一个气氛和谐的家庭，和其中一个朋友进行交谈；2. 对所谈事物要发生兴趣，有一种与听众交流的欲望；3. 交谈时语调要轻松、活泼、自然流畅，不使对方感到紧张费力；4. 在话筒前与听众交谈，使对方感到你是一个有礼貌、有教养的人，感到对他关心、体贴；5. 讲解政策性、说理性内容时，要用商量口吻、探讨的语气，循循善诱，以理服人，以情感人，尊重朋友；6. 语气、声调不能造作、虚假，要落落大方、实实在在。

可以说，没有双向交流的节目就不能称为严格意义上的主持人节目。这种"双向交流"在主持人节目的编辑中，应该是在文字稿撰写之时就已经考虑到的。在主持人节目文字稿的创作过程中，创作者可以通过"情景再现"来充分调动活跃的形象思维，让自己眼前仿佛始终有着具体可感的交流对象，脑海中展现出那音容笑貌、那呼之欲出的举止神态，要让每一位受众感觉到"主持人是对着我说的"。

比如《焦点访谈》的一期节目稿中有一句话，编辑是这样写的："语言是人类交流的基本工具，而对喉癌患者来说，最大的痛苦就是有口难言。"敬一丹认为这句话虽然"没错，但这像面对面说的话吗？第一句话虽然不是艰涩的长句子，但它是教科书色彩的，语气太过于呆板沉闷，怎么说都像是背书……可是电视更像熟人之间的谈话，就是要面对面，要有交流感”。于是将其改为：“观众朋友们，欢迎你收看《焦点访谈》。当我这么说着，您这么听着的时候，我们的交流就开始了，可是在我们看来很正常的交流方式，对于喉癌患者来说，却已经是不可能，他们最大的痛苦就是有口难言。”改后的这段话，就比原话更有交流感，能引起电视机前观众的共鸣。

精心设计努力表现这样的交流感是节目主持人的一大能力，也是主持人节目得到受众拥戴的重要因素。

千万不可忘记，编写主持人节目稿件时，一定要在脑子中设想好主持人与受众的交流，设计得好，主持人与受众之间能够“天涯若比邻”；设计得不好就会“咫尺天涯”。是什么神奇的力量使主持人节目对大家有那么大的吸引力呢？那就是电波和屏幕上的“交流感”。因此值得在这方面花一番工夫。

大凡有经验的节目主持人总善于在如何增强“交流感”上精雕细琢。

例如，原中央电视台《对话》节目制作人兼主持人王利芬，在节目主持中，以精英为交谈对象，把嘉宾和现场观众作为真正的对话者，突出语言交锋，做到仔细倾听，反应机敏，围绕着主旨发言，使节目充满了智慧。

第六章 主持人节目的策划构思

第一节　主持人节目策划构思的特点要求

“凡事预则立，不预则废。”写文章要讲究谋篇布局，主持人节目的策划也要讲究策划构思。构思是为节目确定总体基调、框架结构、基本内容的环节。就好比创作一幅梅花图，先要在头脑中构想画什么样的梅花，也就是常说的写什么意。是迎霜傲雪的，还是迎春绽放的；是古干虬枝，还是茁壮新苗；是采用大的写意，还是一叶知春等。然后才是怎么下笔、怎么画，最后是添枝加叶的润色等。当然作画最重要的还不仅仅是以上的步骤和过程，最重要的是这幅画有没有新意。有新意的东西才有生命力，才有价值，否则，你的劳动就不能称为“策划构思”，你所生产出来的“产品”就会没人要。

基于以上要求，首先，要求策划者要把握热点。看一下节目策划出来后是否有新意、有个性，是否会引起社会轰动。因为这关系到节目的“卖点”和视听率，当然也关系到经济回报；其次，要看视角是否独特。也就是说要考虑节目的优势和特点，要选取最佳角度切入；第三，周期要恰当。要考虑节目的采访编辑等工作量能否适应播出，能否配合所推出的理由，达到预期目的，成为社会大众街谈巷议的话题；第四，形式一定要新颖。节目的整体包装应具有新鲜、不俗和变化的特征，让人耳目一新。

总的来说，主持人节目策划构思应符合以下三个方面的要求：

一、新颖的创意

新颖的创意是主持人节目成功的第一步；是主持人节目具有生命力的源泉；是主持人个性风格的根基。对于广播电视来说，由于对主持人节目策划过程中的创意越来越重视，现在整个播出时段上的“黄金时段”与非黄金时段的概念越来越模糊了。因为，在优秀的策划构思下产生的节目，在任何一个时段都可以成为受欢迎的节目。

从我国广播电视现有主持人节目的创意策划过程来看，创意的运用有两种情况：一种是原创。这种创意下产生的主持人节目是别的台所没有的，是零的突破，是一种可以拥有产权的“产品”；另一种是在别的节目基础上的再创新。这种通过“借鉴”后又有所提高的节目在我国占有很大的比例。另外还有一种情况已经不能算得上是“创意”了，完全是拿来主义，虽然对自己台来说是全新的节目，但实际上只是“克隆”了别人的创意，从长远来说，这是不可取的。

主持人节目的创意从另外角度讲还包含不同的层次：一是栏目的总体创意；二是某一专栏中具体一档节目的创意。

好的创意并不是光凭良好的主观愿望就能达到目的的，有时它是一项庞大的系统工程，需要长时间的积累，进行大量的投入，并要有组织保证。它离不开诸多的客观条件，只有把各项客观条件中蕴涵的积极因素发掘出来，综合利用，才有可能列出节目的特色新意来。

节目的创意重在把握以下两方面的客观条件：

（一） 背景气候

从中央台到地方台，任何一个节目的成功无一不是建立在贴紧背景、顺应气候的基础上的。这是广播电视创意节目的一个大前提和先决条件。它包括的时代特征、政治形势、思想趋向、社会风尚、文化动态、大众意识等，这些背景因素组合成了广播电视生存的环境，任何节目都不可能不受其影响和制约。节目的创意不仅不能与这背景气候相悖，而且还应该高屋建瓴，审时度势，以清醒的头脑、敏锐的触觉、深邃的辨察力，去发现，去创造。

但是，重视背景气候对创意的作用，并不是说一切都以背景气候为转移，而是要站在更高的高度上，把握时代背景和气候，以新的思维、新的角度去探索、去开创，走出一条前人没有走过的路，这样的探索才能产生新的创意。

（二） 环境基础

每一档主持人节目都不是孤立的，都是整个时段中的一个环节，作为整个时段中的一个环节，它必然要受到左右客观环境的影响。如，频道和频率的性质，是新闻频道、频率，还是文艺频道、频率等；从另一个角度讲，其还会受到内部和外部环境的影响。如，内部环境：节目的类别、性质、播出的形式、时长、时段等。如，外部环境：同一地区各台之间，本台各同类节目开设情况以及内容、形式、风格、时长、时段等。

一方面，节目的创意不得不接受这些限制性的条件；另一方面，在别人不敢去探索发现的东西之中、在那些不可能之中，往往却存在着精明的创意者成功的契机。

在习惯中生存，在框框中不思进取的主持人，永远成不了一个具有创造能力的主持人，实际中也正是这样。

一些台同时进台的主持人，有的在接手一档节目后，不安于现状，不断地吸取同行的建议和经验，细心地分析受众的反馈，经常用一些新创意调整自己的节目，包括话题、形式、内容等。当一年过去后，将一年中的最后一档节目和第一档节目相比就会发现，两档节目之间或许还叫一个名字，节目的性质和对象或许没有变化，但表现的内容和形式已经发生了本质的变化；而有的主持人一年中，最后一档节目和第一档节目各方面几乎没有区别，1 月 1 日的节目和 12 月 30 日的节目就像 1 月 1 日和 1 月 2 日的节目一样。这样的节目即使是刚上的时候有很好的创意，但最终还会因为节目老化而被调整。有些这样的主持人主持的节目多次被拿下，行内称这样的主持人为“节目终结者”。

因此，在特有的环境中，要积极锻炼自己节目创意的能力，要让自己成为一个有心人，要多听、多看，要勤于思考，要通过不断的积累为新的创意创造条件。比如，有一位主持人，其所主持的是最普通的点歌节目，但该主持人不是因为节目简单就应付，而是敏锐地察觉到节目在品位上需要提高，他开动脑筋，挖掘节目的潜在价值，在节目中增加了点诗、点曲等新内容，获得好评。

客观环境中还包含着人的因素，一个节目有时只需一个人就能承担，有时则需要一个班子方可胜任。而每个人与节目的适应程度是不等的，在节目创意中必须量力而行。有时候甚至需要节目因人而设，尤其是根据节目主持人的特长和优势创意节目。国外这种做法较普遍，国内也有，如中央电视台的《小崔说事》、上海东方卫视的《可凡倾听》就体现了这样的创意思路。

实际上，任何一个节目的成功都必然包含着主持人与节目本身相和谐的因素，而在节目创意中多考虑一些这样的因素就多一份节目成功的主动权。

二、准确的定位

策划构思过程中的准确定位是主持人节目自身的需要。主持人节目都是以特定的受众为视听对象，内容主题明确，有特定的节目形式，有固定的主持人主持，是定时、定量、定期播出的节目单位。策划构思的过程实际上就是以上七项内容确立的过程。

要求策划构思过程中的准确定位也是竞争的需要。目前中央电视台就有栏目360个，如果再加上地方台的频道就更多。如果对节目定位不准确，在众多的节目中没有鲜明的特色和风格，就会混淆和淹没于普通的节目之中，最终被淘汰。

策划构思过程中，定时、定量、定期是节目编排中要考虑的因素，而视听对象、节目内容、节目形式和主持人是主持人节目自身决定的。

构思过程中，视听对象是最先要确定的，属战略性决策，节目一经定位，一般不会有太大的变化。

一般可以分为几种类型：

按年龄定位。如少儿、青年、老年等。

按内容定位。如体育、服装、电脑等。

特殊的定位。如妇女、民族、残疾人等。

内容与主题是节目的灵魂，也是策划构思中定位的关键。节目内容与主题的定位更像节目的选题，选题得当就会事半功倍。

策划构思过程中主持人的定位最困难，有时甚至需要较长时期的磨合。

1993年《东方时空》中的《生活空间》（2000年改名为《百姓故事》）栏目在开办之初，总是找不到自己明确的风格与定位。经过长时间的反复思考，最后栏目制片人陈虻想出一句“讲述老百姓自己的故事”，于是这个栏目找到了自己的准确定位。

要实现主持人节目策划构思过程中准确定位，首先要有创新精神；其次要使用科学的方法。在栏目对象、栏目内容、栏目形态、栏目主持人等方面有着各不相同的科学的定位方法。如对栏目对象的确定一般由较高层的决策者根据各方面及各时期的不同需要或根据受众的需要而确定。方法可采取收视、收听分析法。定位中更多的可采取座谈法。座谈法也有很多种类，如专家座谈、受众座谈、选定特定人群的座谈等。

任何节目在产生和传播过程中都涉及宗旨、性质、内容、形式、对象、时间等一系列因素，它们之间的不同配置组合，就会产生不同的传播效应。因此，节目的构思总的来讲，首先要充分考虑这些因素的合理配置。

主持人节目策划构思总的定位要求是：

（一）宗旨明

主持人节目的策划构思首先要明确宗旨。没有明确的宗旨，就无法确定构思的方向。因为你不可能凭空想象出一个节目来，任何节目从无到有总是和一定的宗旨“结伴而行”的。

首先，宗旨要准确到位。不同的宗旨将取舍不同的内容、形式、对象，甚至时间，把节目导向不同的途径和归宿。节目的构思，必须把好这“开宗明义”的第一关。

其次，在宗旨准确的情况下，就涉及一个“立意”的问题。在确立节目宗旨的时候，我们应当融进深邃的思想内涵、丰富的审美理想。这样节目就会有一个高起点、大目标。

（二） 把握当

要在现有主持人节目策划中出新，就一定要有新的目标，但是这新的目标必须要把握得当。这种把握得当是指节目性质定位要与节目所在频率或频道的全套节目的总体编排步调一致，一般说来相同性质的节目分布要合理，不同性质的节目比例要得当。主持人对所承担节目的性质定位不应赶时髦，见哪类节目走俏或好办便办哪类节目，这样容易造成一哄而上，形成节目之间的内耗，也不利于主持人形象的树立。

把握当，从总的方面说就是策划的创意节目一定要服从于节目的性质。比如说你的宗旨是要创意一档文学性节目，在其内容方面，原则上肯定要设定一个外延，这个外延当然不能越过文学的范畴，但“把握当”的一个重要意义就是让我们在“当”字上着重考虑，什么叫“当”？能使节目的内容既不突破外延，又不落俗套，创出新意就叫“当”。

此外，在具体战略实施上，还要讲求艺术和技巧：一是边缘嫁接。例如以文学的边缘部分与音乐或戏曲嫁接产生出的一类新品；二是切割组合，也就是把某一学科范畴的基本内容按某一意图化整为零，为我所用，好比将一条大鲢鱼做成“烧鱼头”、“熘鱼片”、“鱼汤”等几种菜肴，量没有变，口味却好几种。

（三） 形式合

形式合是指主持人节目的形式要适合于内容的表达。节目的形式分为内在形式和外在形式两个层面。其中的外在形式，如直播的方式、录播的方式、直播录播相结合的方式，以及“模拟直播”等。在主持的方式上有单人主持、嘉宾主持、男女主持、有时还采用两位女主持的方式等，比较容易把握。

应当引起重视的是节目的内在形式对节目的影响更加重要，在节目内容已经确定的情况下，内在的形式是否与之相合往往决定节目的成败。

如中央电视台的老牌节目《正大综艺》是一档以介绍世界各地风土人情为主要内容的节目，具有很强的知识性和趣味性。其跨越时空、天南地北的内容是通过主持人的引领，运用现场竞答的形式来完成的。与现在火暴刺激紧张的益智类节目相比，其恬淡悠然的风格，不断变换的新鲜的内容与形式的巧妙结合，使其始终拥有一大批观众。

又如，东方卫视推出了一档《名人讲堂》节目，其形式新意。这档节目的内容可谓是《百家讲坛》与《艺术人生》的结合，请一些影视明星作为主讲，讲他们的人生经历，讲他们的艺术创作心得，也讲他们的学识和经验。濮存昕、张铁林、雷恪生、于荣光和王刚已有幸成为第一批“教授”。节目一经推出，就得到好评，其在上海地区的收视率已达1%，远超过了《百家讲坛》的0.2%。

（四）定位准

说起节目的定位，大家一定就会想到节目的收视、收听对象。这是由广播电视节目的视听对象和节目的性质、内容的对应性决定的。节目的定位不可能不考虑节目的对象。创意一档节目是给什么人听的，给什么人看的，一定要心中有数，这必须在节目策划之初就非常明确，否则根本就谈不上创意。

但是主持人节目策划过程中又最忌讳形成僵化的思维定势。主持人一旦在创意策划中为“思维定势”所束缚，就会思维僵化，了无新意，失去创造力。因此，在定位基本目标确定的前提下，要突破一些条条框框的束缚，辩证地看待定位的“外延”和“内涵”，运用创造性的思维去给节目进行定位。就像公园里新上一个游玩项目，如果你只把它定位在7岁以下的儿童，那效益就要大打折扣了；如果年龄大一些的孩子也能玩，孩子的父母也能陪同孩子玩，童心未泯的成年人也能玩，该项目的经济收益一定会大大提高。这就有如创意一档少儿节目，应当兼顾与少年儿童相关的两个群体，一是学校老师，一是父辈和祖辈。同样，如创意老年人节目，则不妨将儿孙辈纳入传播对象范围。从某种意义上说，一档节目的成功与否，可以看看是否能吸引圈外的受众，尤其是专业性节目。

例如，中央电视台的《金土地》节目定位就很准确。《金土地》的对象定位主要是针对广大的农民兄弟。节目多播出农业政策、农业经济、农业科技、农村管理与发展、新型的现代农业劳动者等方面的知识和信息。节目很受农民和农村基层领导的喜爱。他们认为《金土地》是农民致富的指南，所报道的事都离他们的生活很近，好像都是他们身边的人、身边的事。

三、“三统一”原则

创新虽然是各种新颖思维构思的体现，但又要遵循一定的原则，所谓“没有规矩，不成方圆”说的就是这个道理。节目构思的基本原则是在总体创意思想的指导下，做到三求："求实、求新、求巧"和"三统一"，即"整体和局部的统一，共性和个性的统一，内容和形式的统一"。前者是后者的灵魂，后者是前者的体现。"三求"和"三统一"的相互交织、渗透，能使节目形成鲜明的风格，浓郁的特色。

（一） 整体和局部的统一

建造一座旅游景点，首先要有自然的各种条件和物质基础。要选择好山水相间的秀丽的自然环境，要准备好各种适合使用的建筑材料，然后才能建造起各富特色的亭台、楼阁、回廊、流水、小桥等。由这些一个一个的景点，构成整个景区，这也就是常说的由局部到整体，局部的景点是基础，这其中的任何一个景点建得不合适，都会影响整个景区的大局。当然一个景区的建成，并不是由各个景点的随意散建构成的，而是要先有总体的规划图，在总的规划下，有预先的论证、策划、施工图纸等。有了整体的构思和实施方案，才能进行一个个景点的建设，最终才会形成整个景区的"天人合一"。

主持人节目的构思也是一样，一个个栏目就好比一个个景点，每一个栏目都按照总的策划构思进行设置，才能保证整个节目的成功。因此，构思节目要从一个个具体细节开始，在全局构想统帅下进行各个栏目的设计，做到整体和局部的统一。

（二） 内容和形式的统一

仍以景区建设为例，在整个景区的建设中还不能只求有亭台楼阁就可以了，还要讲求内容和形式的统一。可以想象，如果在黄山、武夷山景区建造起一些高楼大厦会是一种什么结果。这些景区的建筑形式既要出新，又不能破坏自然景观，要与景区的自然风光相统一，只有这样才能然风光与人文景点相协调，相得益彰。节目的构思也是同样的道理。

（三） 共性和个性的统一

要建成成功的景区、吸引游客，还必须在景区各景点的建设上求新，杜绝模仿、抄袭。要在学习的基础上创新，进行新的构思，创造新的形式。不仅在具体的景点建设上要寻求与其他景点的不同，而且在整个景区的大布局上要也要寻求标新立异，这样才能有个性，才能有风格，才能吸引游客。

在主持人节目的构思过程中应该明白追求个性，就是追求特色、追求新意、追求成功的效果。在整体与局部统一的前提下，个性可以说是节目生命力的根本所在。任何节目，只有个性鲜明，才有可能引人入胜，获得受众的好评。

成功的节目策划构思是追求个性的过程。如中央电视台春节晚会每年都倾注了编创人员的大量心血，每一台晚会，他们都用大半年的时间精心策划筹备，苦苦追求着晚会的个性特色，千方百计求新求变。2009年春节晚会就不仅设立了北京的一个主会场，还设立了四川分会场。

节目的个性应当从各个环节加以体现，可以说，成功的节目它的构思过程就是创立个性的过程。构思者的意识和思维，始终逡巡在寻找“与众不同”的方式方法的轨道上运行着，精心酝酿、尽力捕捉着维系节目个性的“金点子”。这种“金点子”越多，越细密，越渗透，节目的个性就越强烈。

我们强调节目个性的同时，不能忽略其与共性的关系问题。节目个性的体现，应当建立在共性的原则前提下，而并不是随心所欲的任意发挥。正如局部的构思离不开整体的把握一样，个性的体现不能离群索居摆脱共性的支配。例如，从每一年的春节晚会节目构思来看，尽管各个节目从主题、内容到表演形式都大相径庭，但至少具有两个共同的性质特征：一是“自己演”，二是“演自己”，因此，既“就地取材”，扬长避短，又生动别致，新意迭出，从而准确完满地渲染了主题，收到了预期的效果。

以中央电视台的《东方时空》为例。在电视新闻界，《东方时空》的举手投足都具有某种标志性意义或实验性价值。2008年3月，开播15年之久的《东方时空》大幅度改版，时长由原来的45分钟缩短为30分钟，首播由综合频道下午时段移入新闻频道晚间黄金时段，节目形态弃杂志型而就新闻专题，实现了自1993年创办以来的第五次华丽转身，并因其本质性的转型而引起众多人士的关注。与历次改版最大的差异是，此前改版一般在栏目内部进行，很少从频道整体的运行考虑，这种“栏目先行、频道照单接受”的自下而上的方式，导致各个栏目各自为政，貌合神离，无法有效发挥频道整体的合力，且新闻频道的特色没有得到彰显。而2008改版恰恰是与新闻频道改版同步进行的，也就是个别栏目服从于专业频道的需要，采取“频道先行策划，打造整体观念”的自上而下的方式。时任中央电视台新闻中心主任梁晓涛在2008年5月新闻频道成立5周年时道出了此次改版的初衷：“组织架构的动态调整，使频道能够打破内部壁垒，将零散的节目品牌、人力资源和无形资产，整合成一个大品牌，那就是我们的新闻频道——这种思路，五年来逐渐清晰。”

第二节　主持人节目策划构思的主要内容

主持人的节目构思就是对节目的内容与形式的策划与创意。主要包括以下几个方面的内容：

一、明确主旨　确定选题

广播电视主持人节目中的任何一个环节都离不开主题的统帅，主持人节目的策划构思也是如此。明确主旨，确定选题是主持人节目策划构思的最基本、最重要的一环。

确定选题的基本原则是："服从并服务于党和国家的中心工作；贴近群众，贴近生活，有一定的普遍性；考虑社会效益、导向作用；注意题材的广泛性、丰富性。"

基于此，选题主要来源有：其一，上级主管部门布置的宣传任务；其二，受众提供的题目、题材；其三，节目制作者自己寻找、发现、策划的选题。

主持人节目的主旨就像文章的主题一样，是贯穿全文的红线。它起到引导、串联整个节目的作用。明确节目的主旨，就可明确节目内容传达的方向，表明主持人的思想认识、创作意图和对生活的看法。在节目策划的思考过程当中，必须先明确节目的主旨，然后再确定构思的方向，确定选题。

敬一丹曾经主持过一年的《一丹话题》，在说到选题时，她认为："《一丹话题》采编播高度合一，我总得在发动着，运行着。最花费心血的是节目内容——选题。在从播音员到主持人的转化中，我逐渐把重心从'怎样说'转到'说什么'上来，因而获得了记者的心态。以记者的心态去观察世界，世界就到处充满选题。很多选题都源于长久的思索，偶然的触发。"

看来，偶然的"触发"与"长久的思索"存在着必然的联系。要想产生偶然的触发，就要积极地置身于丰富的社会生活之中。通过对各种社会现象的敏锐观察、积极地去思索、反复地去实践、长时间地去积累以产生深刻的洞察力，产生灵感和偶然的触发。社会生活是丰富的，也是复杂的，因此观察要站在一定的高度，不可一叶障目。要从全局的高度去观察问题，要联系各种背景去看待问题，要用辩证的眼光、逻辑的眼光去看待社会和生活现象。正如毛泽东所说："去伪存真，去粗取精，由表及里，由此及彼。"只有这样才能触发真情实感，把握时代的脉搏，找准主旨，确定选题。

构思的触发点是具体的、鲜明的，也是各种各样的。有时是一个社会现象；有时是某个人物的几句言谈；有时是一个生活事件；有时甚至是一个小小的生活细节。这些都有可能对有心的创作构思者产生开启性的触发，由此挖掘出“社会热点透视，大众话题评说”一个个精彩的节目内涵。

例如，有这样一个事件，反映的是一个新建的高级住宅小区旁边的湖水中有大量死鱼。记者经过调查后将目光停留在了污染上，这样的主旨就成了“环保”。而污染问题是较一般的选题，且没有新意。于是记者经过研究，又重新回到污染的湖水处进行更深入的调查研究。为什么死鱼，是因为高级住宅小区排污造成的，而工业排污，国家已有了相关的法律法规，又有相关的执法部门监管，可住宅区排污却没有相关的制约措施。全国的住宅建设随着人民生活水平提高、购买力的增加，正在大力开发。这样，住宅区建设的排污问题就成了带有全国性的普遍问题。呼唤相关的法律法规出台的崭新主旨就出现了。

由此可以看出，高质量的节目，最初的构思可能也就源于一个普通事件的心灵触发。这里包含着创作者对生活的新鲜的发现和特有的感受。芸芸众生现象纷杂，许多有意义的东西很可能是非常平凡的、普通的，不一定都是惊心动魄、引人注目的，而且很可能一闪即过。因此，主持人要做有心人，不仅要善于捕捉题材，更要善于开掘、拓展闪光点，从而确立明晰的节目主旨，为深入构思打下基础。

主持人在构思选题时，还应把注意力放在将处于发展当中的事物上，以敏锐的观察力和超前意识进行审视选题。

二、开阔视野　精选内容

确立有一定深度和现实意义的节目主旨后，就要精心选择最具典型、最富有表现力的材料，去充实、构架整个节目。

观念认识的表达，信息、知识的传播，创作意图的实现，都需要由具体的内容来实现。节目的主旨必然要渗透在有关的客观事件之中，渗透在具体人物的语言、行为活动之中。

运用敏锐的视角，选择有特色的独到的内容，是主持人构思时突出表现主旨的关键。构成内容的事件、人物、背景材料选择组合的准确到位可为顺利地完成构思打下良好的基础。

选择什么样的内容、素材才能最好地表现节目主旨是构思者思考的重点。选择时要充分考虑广播电视节目是用电子手段进行传播的媒介，具有可听、可视的特点，最大限度地发挥媒介的自身优势，尽量避免用单调、枯燥、乏味的材料。

第一，主持人选择的音响、素材等，要能突出地表现主题。对于那些杂乱的、不能对主题起积极作用的音响和材料要大胆舍弃，留精去杂，挤除“水分”。

第二，主持人要善于选择能说明问题的音响及内容为听众服务，这样不仅能增加节目的可听性，还能增加节目的可信性。

第三，要注意选择那些最能打动人心的，富于人情味的素材，直接打动受众是广播电视具有的独特优势（报刊等则需要阅读者经过感受和再现的过程）。

第四，主持人要开阔视野，注重选取音响效果好、视觉形象美的素材，尤其是广播节目要尽量多选用带“声”的材料。

第五，在内容的选择上应该选用那些内容充实、简短明了的材料，增大在单位时间里的信息量。对于繁杂、又必须使用的素材，要善于梳理，采撷最精彩、最能说明问题的部分。

广播电视的传播特点决定了收听、收看者是以休闲的心态在收听广播节目、收看电视节目。因此，主持人节目的栏目不管怎样设置，内容无论怎样纷繁，都要以受众的是否欢迎作为衡量标准，也正因为如此，我们才提倡“三贴近”。这就要求主持人在构思选材时，在节目性质允许的情况下，应该多视角地选择材料，尽可能地顾及各类受众的需求，尽可能围绕节目主旨穿插使用不同类型的材料。

以《人与自然》为例。《人与自然》是一个大题目，它可以讲人群、城市中的自然；个体的人中的自然，以及自然中的人；人与自然的关系；单纯的自然；单纯的人等多方面的内容，包容度非常大。同时，《人与自然》又是当今最热门、最前卫的话题，其中人与生态环境的题目更为社会所关注。所以，发现《人与自然》栏目的包容能力，扩展它的内容以及挖掘《人与自然》的热点，选好角度，确定内容，非常重要。否则，漫无目的地取舍内容，必定使栏目失去特色。

《生物圈》是《人与自然》中的一个大有文章可做的小栏目。它不是泛泛地选择一些动植物介绍介绍，而是在选取内容方面很讲究。比如，我国有许多被列入联合国“人与生物圈”计划的动植物，它们的被列入都有其独特的意义。像长白山的天池，是因为它特有的洁净的水体中没有动植物（微生物除外），为什么没有？因为它的水全部是地下水和雨以及雪融化之后的水。但是近年来，却有人在天池中放养利润很高的红鳟鱼，那么结果又如何呢？从人与生物圈的角度来谈长白山风景区，开阔了视野，内容就很有特色，也显示出了不同寻常的意义。

三、灵活多样　择取形式

广播电视主持人节目是一项系统工程。主持人在确立节目主旨、选择节目内容时，一般总是同时酝酿着采取什么样相应的表现形式，而构思的一切前期成果都需要完美的形式来表现。

我们追求的形式，应是灵活多样、完整和谐的统一体。内容越是复杂，越显出形式的重要。在构思选材中，应扬长避短，使内容与形式臻于和谐完美的统一。

主持人节目的表现内涵非常丰富，从节目样式、人员配备、叙述节奏到灯光道具、舞台与服饰、各种具体的方式和形式因素等涉及较广，主持人应有一个全盘的考虑，在宏观上予以把握，要通过总体表现形式的设计来安排节目的运行方式。

确定节目的运行方式是主持人在构思节目表现形式时的主要任务。目前，主持人节目的运行方式主要有这样几种：

（一）从主持人的主持方式来看，可分为“独立型”和“合作型”

1. 单独主持，也有人称之为独立型。现在大多数主持人节目中采用单独主持的方式，特别是采编播合一的主持人节目。

单独主持这种形式，特别适合一些谈话类的节目和一些对象性比较明确的生活服务类节目。单独主持节目时，主持人的注意力主要集中在对节目的总的调控上，其所交流的对象只有受众，不必分心去照顾与对手的配合和交流。单独主持节目的主持人常常是由主持人自己策划节目的全过程或参与节目的策划过程，这样可使主持人的潜力得到更大的发挥，更易于形成自己的个性风格，也更容易使主持人的风格与节目的风格相和谐。

2. 合作主持。合作主持一般由两个以上的主持人同时主持节目，双主持的形式更多一些，有时是一男一女两位主持人，有时还可以是两位男性或两位女性主持人。合作型的主持人在主持节目时，不仅要与受众进行交流，还要照顾与自己同时主持的对手的交流，对交流时的掌控能力要求更高。但是由于有对手的配合，往往可以使交流和气氛更加活跃，不呆板枯燥，可以更好地营造出平等和气的人际交流氛围。两位充满人情味的主持人的平等伙伴般的合作更容易感染受众，加速实现与受众的沟通。此外，由于主持人的个性风格不同，阅历不一，素养爱好各有所长，在主持节目时，还可很好地形成互补。

三个以上的主持人同时主持节目多用于与嘉宾共同主持、大型的综艺晚会、大型重点报道等。由于以上主持多数是不固定的，因此在风格的把握、对手的协调交流、主持人与所主持节目的风格协调、在与合作主持人交流时兼顾与受众的交流等方面更难于把握。合作得好，相映生辉；合作得不好，易生杂乱。有时临时合作的主持人对所主持的节目还由于各种原因无法参与策划和准备过程，主持配合时很容易出现“夹生”，所以在主持节目前的相互沟通和预先准备非常重要。

三个以上的主持人同时主持节目，有时会选择一个或两个为主，有时也会分量相同，可根据具体情况而定。

作为栏目固定的主持人，在邀请嘉宾或主持人同时主持节目时应该有能力成为主持中心，调度、把握节目的全局。

在节目形式构思中，对合作主持、特别是三个以上的主持人同时主持的形式使用应慎重。如果确定使用了，在内容与人员配置上都要做更为周密的推敲，对人员之间的风格，配合总体形象效果等方面都应仔细斟酌。

（二）从主持人的演播空间形式上，可以分为：“演播室固定主持”、“现场活动主持”和“演播室与现场交替主持”

1. 演播室固定主持，即主持人在相对固定的演播室，在展示相对固定的背景和节目标志的活动空间内，以大致相同的方式为受众主持节目。要求主持人在演播室同节目各个环节的制作人员密切配合，以极熟练的技巧在准确的时间限度内将节目内容串联起来，直接传送给受众。当然，对于录像制作合成的节目要求就没有这么高了。

2. 现场活动主持，即主持人在事件现场同步主持，随着事件，人物的变化转换，主持人的行动空间也活动、变化和转换。

现在，越来越多的现场活动主持方式，拓展了主持人的主持空间，可以向受众展现更为开阔的背景环境，最大限度地发挥广播电视媒介的优势。

现场活动主持还能够增加节目的现场感、时效性、可信度，因而，在一些重大事件的报道中这种形式正越来越多地被采用。

在主持人节目的构思过程中，对于现场活动主持要注意，并不是所有内容都适合。对于新闻性强，时效性、现场感、直观要求较高的节目内容，选择现场活动主持比较适宜，可增强节目的传播效果。反之，则会形成浪费。

3. 演播室和现场交替主持，也就是主持人在演播室与现场交替出现主持节目。他们活动的空间、背景环境明显变换着，但是不管镜头时间的长短，这种演播形式一般是以演播室为大本营的。现场采访报道是辅助手段，目的在于增强节目传播效果。比如，湖南卫视的《快乐大本营》，大本营在总演播室，可是也有外景的节目，场外镜头的插入拓展了单纯的演播厅晚会的内涵。

使用演播室与现场交叉主持的形式应该尽量避免流于表面化、形式化，关键要在内容上下工夫。在构思中要仔细思考挖掘现场活动空间与演播室传播内容上的内在联系，使两者有机相连，并且演播室中的内容，一般是现场内容的导引、评述或归结。

把握好两者之间的关系，才能使形式为内容服务，使节目达到既亲和受众又不失节目固有形象的良好传播效果。

四、整理思路　制订大纲

文字大纲的基本要求是：主旨明确、内容翔实、形式和谐、思路清晰、条理分明、语言简练。

深入的构思还应对节目的起承转合、疏密张弛、节奏高潮、主线副线等有所考虑。

第三节　主持人节目策划构思的基本意识

所谓节目策划构思的基本意识，是指节目主持人在进行构思的过程中，对于主旨的确定、内容的选择、形式的构想特别需要顾及的一些因素。具体说来主持人在节目策划构思中需要强化的意识，主要有以下三个方面：

一、风格意识

节目的风格是指某一节目与其他节目相比而出现的带有稳定性的个性特征。它可以通过节目的策划、构思、内容、形式、主持人等体现出来。

节目构思，首先要对当前的主持人发展现状了然于胸，要知己知彼，要能够分辨不同类型的节目之间存在着的共同之处和差异，明白别人的节目好在什么地方、缺陷在什么地方。节目构思，本身就是智力的角逐，智高一等，才可胜人一筹，这就是节目构思时的风格意识。

在构思节目时，要确立风格意识就必须要有非常强烈、鲜明的栏目意识，栏目意识是风格意识的基础。分析了解别人栏目的风格，扬长避短，是确立自己节目风格意识的捷径。

比较难以辨析清楚的是专题节目与其他节目间出现的交叉现象。比如：纪实性专题节目与新闻性专题报道，它们都强调节目内容要真实，要与现实生活紧密结合，不容许虚构和杜撰，在形式上跟纪录片比较接近等，然而，不能因此而混淆两者，需要注意它们之间还存在许多不同。

首先，制作专题节目与新闻节目的出发点不同。新闻专题报道着眼于最新信息的传播，比较注重时效，强调用事实说话。而专题节目着眼于教育人、感化人，因而注重内容的生动有趣与思想观点的鲜明、深刻。至于事件发生的时间则无关紧要。

其次，两者对真实的要求内涵不同。新闻节目不仅要求基本事实要全部真实，而且要求具体细节也要真实，因此，新闻节目在拍摄时是不允许重新组织的。而专题节目以传播知识为主，故对科学知识、历史事实要求真实、准确，至于画面可以灵活处理，可以组织拍摄。

最后，由于栏目宗旨的不同，表现形式也就有明显不同。新闻报道往往是靠抓拍、抢拍拍下来的，一般不作补拍，因此在用光、构图上都有局限性。为了赶时间，也不可能像专题节目那样从前期拍摄到后期制作都有较充裕的时间，可以精雕细刻。专题节目的表现方法则比新闻节目丰富、自由得多。因此一般说来，专题节目与新闻节目相比，具有更强的形式感，思想内容和艺术形式更加完整，也就更具艺术欣赏价值。

同样道理，教育节目、文艺节目、服务性节目等也都和专题节目存在着许多共通之处，在节目构思时，应予以重视。

此外，专题节目与文艺节目，专题节目与教学节目等，也是同中有异，需要认真仔细思考。

对于栏目的认识，需要把握住它的根本大纲——栏目宗旨，而后逐一与兄弟电台、电视台同类栏目作细细地分析比较，应侧重对其内容与形式的构成、展示作分析、研究。

二、对象意识

所谓受众（audience），按照《中国大百科全书·新闻出版》卷上的解释是："接受信息传播的群众。原指演讲的听众，引入传播学后，泛指报刊、书籍的读者、广播的听众、电影电视的观众。"也就是说，受众又被称做受传者、接受者、传播对象等。

对象意识是主持人节目的一个重要特征，关注受众已成为当代流行的美学思潮。第二次世界大战后，“信息论美学”、“接受美学”、“传播学”等相继兴起。人们几乎公认传播与接受是一个完整过程的两个部分，强调把读者、听众、观众等受传者放到重要位置上。广播电视的价值是创作意识和接受意识共同作用的结果。过去，广播电视虽然是最具威力的大众传媒，但传统的播报方式具有单方面的性质，而关注受众的最有效的方式是面对面的交流。经过长时间的尝试、探索，人们终于找到了节目主持人这一有效方式。事实上，广播电视节目栏目化和节目主持人都是对象化的产物。

双向交流是广播电视传播史上的重大变革，节目主持人是达到这一目的的最佳手段。双向交流对人们相互了解、对人类进步有重要意义。只有在双向交流中，才能更准确、真实地理解对方。双向交流打破了传统的片面传播模式，采取了对受众的极大的尊重方式，征询受众的意见，注重传播效果。

受众毋庸置疑的是广播电视进行大众传播活动的唯一的也是终极的目标。因此，主持人在节目构思时，绝对不能忽略受众这一重要因素。要想取得最佳的传播效果，就必须了解受众，关心受众；检验传播效果如何也必须从受众方面来衡量。

受众对于节目选择的自在、自主性，决定了节目创作者应该在把握栏目宗旨的前提下，投其所好，制作精良的节目。广播电视节目的空中大战，说到底就是受众争夺战，是节目质量的优劣较量。可以这样说，在这场空中大战中，谁赢得了受众谁就赢得了生存的机会，赢得了胜利。

据专家统计，广播电视的节目，已经几乎占有了我们醒着的时间的三分之一，不仅改变了我们的闲暇时间的使用，更在潜移默化地影响着我们的思想观念和行为。所以施拉姆提出“所有电视都是教育的电视，唯一的差别是它在教什么”的观点很有道理。人们普遍认为广播电视是各种媒介中对社会化最有影响的，虽然它并非像父母和学校老师那样，有意使我们社会化。虽然所有的儿童听广播、看电视的主要动机是为了娱乐，但我们不能忽略伴随着娱乐无意中学习的事实。

受众是一个综合的概念，是由无数个体汇集而成，生存于各自不同的生活空间。因而也存在着各种差异，诸如性别年龄、文化修养、性格爱好、阅历职业等，由此形成审美趣味、审美价值取向的差异。

主持人的受众意识正是表现在对受众群体的研究、了解，并且要及时对传播效果进行调查研究和总结。总之，主持人心中有了受众意识，就能在构思中，既注意节目的一定针对性，又具有一定的广泛性、多层次性，提高节目的引导性、适应性和传播效果。

三、主持意识

心理学认为，意识既不是客观世界作用于人的感官的直接映象，也不是人受到外界刺激产生的一般心理反应，而是心理活动的统帅，是人的一种特殊心理功能，它不仅可以统驭一般心理活动，而且对人的行为有着决定性的影响。人们无论进行任何活动，有没有相应的意识，所导致的心理状态、行为是大不一样的，因而往往最终结果也很不相同。在主持人节目的构思过程中具备主持意识显得相当重要。

主持意识是一种职业意识，是节目主持人在长期主持节目的过程中形成的一种意识。虽然要求节目主持人要具备采编主持的能力，节目主持又与编辑、记者、播音等相关职业有着某些相似的业务活动内容，但绝不是这些职业的混合体，也就是说不是具备了采编播的能力就是全能的、理想的主持人了。节目主持人是一种独立的职业，因为它有相对独立的节目主持意识。

明确了这一点，主持人的构思创作，就要在把握栏目宗旨，注意公众视点的前提下，发挥“自我”的创作个性，对事件应能阐明“自我”对问题独到深刻的见解，将“自我”彻底地融入节目中，这样才能有创意。反之一味模仿，对问题的剖析无新意、无深度、谨小慎微，做出的节目就无个性、无色彩。众所周知，节目主持人的个性是栏目风格与主持自我个性的复合体。那么在构思中，当然也不能顾此失彼，要掌握各种分寸。

主持人节目构思过程中要把握的主持意识主要体现在：

（一） 追求“个性”

传播者的威望与形象即主持人的个性魅力是主持人节目成功的法宝。努力提高传播对象对传播者的印象，是加强传播效果的最有效的方法之一。应该积极、主动、大胆地寻求“自我”视点，不要简单地、盲目地迎合社会视点，也就是说敢于对带有普遍性的问题提出自己的看法，作出独到的解释。这是一个主持人应该具有的高素质。没有个性风格的艺术创作者，永远成不了大家；同样没有个性追求的节目主持人，也难圆明星主持人的梦。

（二） 节目特色和风格的维护者

节目主持人在节目传播中是节目的特色、风格的体现者。要具备主持意识就需要积极考虑其所驾驭的节目在全台节目中的位置，在所有频道相同类型的节目中的位置，考虑它们的不同特点与差别，从这些比较中找准自己的位置。

（三） 将 “自我” 真正地融入节目当中

具备主持意识，就要站在全局的高度，积极投入节目中，要成为真正的节目组织者和操办者，成为策划编排的负责者。要积极研究选题计划，将素材进行有机串联，以增加主持节目时和受众的接近性和亲切感。要尽可能选择自己比较熟悉，能够驾驭的领域，使自己成为内行。只有这样才能在节目中拿得起、放得下、谈得来，才能出彩、生辉。

主持人的自我意识，个性追求不是在话筒边、镜头前才显现出来的，而是从节目的构思、创意开始，就孕育、萌发了。

第四节　主持人节目策划构思的基本过程

一、构思的阶段的步骤

主持人的节目构思，需要经过三个基本阶段与四个具体步骤：

（一） 三个基本阶段

1. 节目构想初步形成是构思的第一阶段，说得通俗一些，就是为创作节目想出一个点子。

点子的产生不是凭空而降的，而是经过一定时间的孕育、思考、观察才产生的。我国美学家王朝闻在《美学概论》一书中说得好：“卓越的、例如富于典型意义的形象的形成，是艺术家在对生活进行反复的观察、体验、分析、研究的过程中，为生活的某些人物、事件或自然景象所吸引，从中领悟到生活的某种意义、价值和美，产生了要把它在艺术上表现出来的念头或冲动而进入创作过程的。”通常，主持人对节目的构思同艺术家对艺术作品的构思脉络是大体相通的。倘若认真追溯主持节目的全部实践，不难发现每个节目构思都有一个或长或短的创作准备阶段。无论这初始的念头怎样不成熟，都有可能成为主持人构思的原动力和创作节目的一种依据。

经常从事主持人节目策划构思的主持人常常有这样的感觉，构想或灵感是瞬间就产生的。但他们明白，凭空就能产生出好的策划根本就不可能。这是平时的苦心思考、细心观察、认真学习、仔细研究、不断实践的产物。就好像我们常说的日有所思，才会夜有所梦，而有的主持人的节目策划点子也的确是在茶不思饭不想的情况下，在“梦”中得来的。

我们前面所举出的意大利著名主持人拉法埃拉只是通过带 4 岁的小外甥外出散步时，无法为小外甥解开短裤撒尿而产生感想，创立并主持了 355 集儿童专题节目，一举成为电视明星的事例就很能说明问题。

平时注意培养自己的观察力，善于发现和琢磨的主持人，在节目的创新上积累了一定的经验，站得高，望得远，其点子和策划往往就容易实现。但是也并不是自己的创意就都能够付诸实施，还要把你的策划拿到一个大的环境中去衡量，看其是否具有实施的价值和意义。

比如，2006 年的中秋节，央视想要在厦门、金门和两岸之间的游轮上同时举办一台双语中秋晚会，通过中央电视台 1 套、中央电视台 4 套（中文国际频道)、中央电视台 9 套（英语国际频道)、福建东南卫视、福建海峡卫视、厦门电视台并机现场直播，通过香港无线电视台、澳门电视台、台湾中天电视台以及海外华语媒体的同步直播和中华人民广播电视台“中国之声”、央视国际网络等合作同步播出，真正实现全球华人通过广播电视和网络在中秋节这一天“天涯共此时”的盛况。

尽管当时策划这个创意的时候，这台晚会的具体内容还没有确定，但仅通过这样一个联欢形式就使得“每逢佳节倍思亲”的含义与“情系两岸、呼唤统一”的宗旨不言而喻，可谓上承天意，下顺人情。

2. 构思的第二阶段，是对最初的设想进一步深化的过程。

在某种程度上，构思的第一阶段同第二阶段之间没有明确的绝对界线，需要主持人把最初浮现在主持人意识中的设想进一步明确化和具体化。

在这一阶段，主持人的功力显得非常重要，因为不论是对客体所蕴藏的思想内涵的把握，还是对节目个性的展示，都取决于主持人在构思过程中内在认识的深刻程度。

在这一阶段，主持人不论是对节目内容的理解，还是对节目形式的把握，都依赖于对节目本体特征的认识和深化。经过不断深化、不断反复的再认识，最初的构思就会越来越清晰。

3. 构思的第三阶段，是加工阶段。

主持人要再一次精心筛选节目内容，提炼思想，使节目内容具有上乘的质量，使节目主题富有社会意义。经过对获得的材料进一步加工改造的过程，节目构思的基本任务才算完成。

（二） 四个具体步骤

1. 理解受众对象

美国全国广播公司新闻节目主持人汤姆·布罗考认为：“主持人不能认为他们自己比他们报道的新闻更重要。如果你脱离群众，你就不再能起到作为一个主持人的作用了。”这番话确实道出了主持人对受众负责的重要意义。

理解受众就是将受众放在第一位，要考虑到不同地区、不同层次的特定受众具有不同的趣味和需求。要了解不同地区的不同群体的收听、收视习惯和收听、收视偏好；创造出适合受众口味的节目。

2. 明确节目的出发点及目的

我们开办广播电视的根本目的是为了传播和交流，但是，不同的节目又具有不同的传播交流意图，具有不同的对象。如新闻主要是让人们获取信息，而谈话类节目主要是求得情感的交流，益智类节目则是为了达到心灵上的愉悦。策划节目就需要搞清楚所策划节目的出发点和目的，即搞清传播的意向，否则各人策划各人的节目，整个节目就会发生混乱。

3. 确定节目的中心主题，找到节目的支撑点

对于节目构思来讲，这是关键的环节。

广播电视节目类型千差万别，风格各异，但每一个节目必须有主导的方向和基调，这是共同的规律。

4. 构造一个整体的框架结构的步骤

第一步，根据节目的主题、侧重点，将节目几个层次划分清楚。

第二步，对节目的开头、主体、结尾部分进行具体的设计。

第三步，考虑画面因素，学会用画面来结构全篇。

第四步，节目框架结构布局必须考虑受众的收视习惯，根据“有序”排列、组合的规则进行总体策划。

二、构思的实施

主持人的策划完成后，要付诸实施，还需要完整准确地预算，详尽具体地计划安排，否则仍然无法通过审查。

（一） 整理策划书

最终完成的策划书是主持人赖以展开策划内容、获得他人认同、并据以组织实施的依据，是策划由理性到实践的重要环节。

策划书如欲获得通过必须是完整的，无懈可击的，在逻辑上具有说服力，在

实施过程中具有科学性和可操作性。因此，在提交前应该认真仔细的整理，在整理过程中，发现问题及时弥补，有缺陷或不完美的地方可以进一步充实，以使策划书既具有丰富、翔实的内容，又能够完美地表达策划人的意图，同时还要具有生动的、吸引人的表达方式。

（二） 组织实施

对于一份获得通过可以实施的策划方案来说，可以认为从策划的开始即构思阶段，策划就已经在开始实施了。当然，提案未获通过而被束之高阁的策划是很多的，实施自然无从谈起。实际上主持人节目的策划方案从构思到方案完成，再到通过审查付诸实施是一个完整的过程。

（三） 效果评价与反馈

效果评价与反馈阶段包括两种可能情况：

一种情况是当策划方案未获通过时，策划人应仔细分析其中的原因并据此调整策划的结构和具体内容，以期以后再次提案时获得通过。

另一种情况是当策划方案获得通过并付诸实施，而实施结果不佳或偏离预定方向时，应随时根据反馈信息做出调整，使策划按预定轨道取得预期效果。

第七章 新闻类主持人节目策划

舆论不能直接决定人们的思考，但是却可以引导人们去思考那些值得思考的问题。也就是说，当节目有意识地、有重点地报道某一事件时，受众便会因其引导而关注这一问题。实践证明，新闻类主持人有意识的策划是把握事件的实质、创造出优秀作品的一项基本功。新闻类主持人的策划不仅用于一般的节目上，还常常运用于一些主题大型的、系列的、连续的节目中。

如“两会”期间，中央电视台进行大型的专题报道。直播节目“‘两会’之窗”、“‘两会’全面接触”力求多层次、多角度完成跟踪报道，在对会议进行不同节目处理的过程中，尝试分段引入现场视频信号、增加会场内外的互动。

专题类节目调动新闻评论部资源，集中优势兵力，确立了每天直播、自选专题跟进、相关栏目配合的报道计划，采用访谈、纪实、直播等多种手段，运用现场连线＋现场短片＋背景短片＋演播室访谈等结构形式，兼顾节目的时效与背景，对“两会”进行了充分立体的报道。

播出时间晚的“央视论坛”，为了不重复别人的看点。经过反复提炼，把“两会”的亮点化作栏目的看点，每天选择一点做深做透，并增强短片的分量，丰富画面，增加信息量，避免了会议报道容易形成的刻板面孔。

新闻类主持人节目策划常常运用于非事件性的战略性的主题事件。如在纪念改革开放30周年策划的特别节目中，《改革开放三十年故事汇》、《改革开放三十年纪念金曲》等都非常典型。

新闻类主持人节目策划还常常运用于可预见性的重大事件。如“2008奥运提前看”等。

新闻类主持人节目的策划主要是指：新闻类主持人节目本身的策划，包含主持人节目的片头、片尾等；主持人形象风格的策划，一个时期或一个阶段新闻报道内容的策划；对具有重大新闻价值事件报道的策划；对日常新闻节目内容报道的策划等。

事实证明，策划对新闻类主持人节目有着重要作用。

第一节　新闻类主持人节目及特色

一、新闻类主持人节目现状

在我国，新闻类主持人节目的出现，相对于综艺类主持人节目和生活服务类主持人节目要晚得多，而且发展也较缓慢。这种状况对以新闻为主体、以“新闻立台”为根本的我国广播电视来说很不适应。这种状况既与社会的大环境有关、与中国的国情有关、与中国的改革开放进程有关、与人们的认识有关，也与新闻本身的性质有关，同时也与新闻节目的操作难易度有关。比如，新闻主持人是“说”新闻、还是“播”新闻就经历了许多年的争论，至于新闻类主持人节目的策划创新就更加困难。时至今日，新闻类主持人节目在策划出新上、在内容和样式上，远远没有其他类型的主持人节目多彩多姿。

（一）一般认为新闻重在事实报道，在新闻节目中没有主持人发挥的余地

甚至有人认为：“新闻媒体是党的工具、喉舌与旗帜，丝毫也不能含糊，是绝不允许个人色彩浓重的主持人涉足电视新闻领域的。”“主持人的个性追求和新闻的要求有无可调和的矛盾”，“主持人处处以‘我’出现，引起受众对新闻可信度的质疑，主持人有碍于新闻传播效益的提高”等。

要想在新闻类主持人节目策划上有创意，就应该对以上的看法进行仔细探讨：

首先，应正确认识主持人个性特色的含义。我们所说的主持人个性是遵循人民利益，亦即符合宣传原则这一共性前提下的个性特色，是指主持人独特的视角、独到的见解、独有的感受、独具的语言风格。显然，主持人的个性特色并不等于与人民的立场观点不同，更不意味着两者的对立。

其次，主持人的个性是优化传播效果的手段，并非主持人追求的目的。主持艺术中的个性化本不应立足于“处处以‘我’来展现”。

最后，“实践是检验真理的唯一标准”。事实已经证明，一些优秀的新闻类名牌主持人栏目以及他们的主持人非但没有“引起受众对新闻可信度的质疑”，相反，优秀的新闻类节目主持人以他们的敬业精神、他们的学识，以他们新闻素质和业务能力，以他们别具一格的视角和新颖生动的语言所起的到位的议论，恰

恰是“有助于”新闻传播效益提高的。

（二） 人们对新闻类节目主持人的素质及期望值高

这种期望值无疑是正确的，但这种期望值往往又使得人们对新闻类的主持人斤斤计较。这种观念的形成，从一个方面阻碍了新闻类主持人节目的创新。受众有时对其他类型的主持人，即便是临时上场忘了该说什么都可以容忍，却认为新闻类的主持人在主持时是万万不可错的，甚至是一个“磕巴”都不能打。原因很简单，新闻类主持人要“真实”、“可信”。可问题是这“真实”“可信”的内涵虽然并没有人划定一个统一的标准，但是人们似乎有一种“默契”——新闻类节目的主持人，必须具有采访报道新闻的能力。“采访报道新闻的能力”只是一种“简而言之”的概括。对此，专业工作者自有明确所指，受众则能从主持人在节目中的实际活动做出判断。摆在我们面前的事实是，受众对新闻类节目的主持人颇为“较真”，以至于对于一直做新闻播报的播音员突然改称“这次节目由我来主持”，都不认可。可随着新闻改革的深入发展，不管人们怎么看、怎么说，新闻类主持人节目终于在我们的广播电视节目中出现了。它一出现就带着一种强有力的势头，而且导向正确、时代气息鲜活、贴近百姓。新闻类节目的主持人也以朝气蓬勃、锐意进取、有较强新闻素质和基本功而引起人们的关注、兴趣和重视。现在，说新闻也已得到了人们的认可。新闻类节目主持人终于也与时代的发展同步了。

作为传媒主体的新闻，其在改革之路上的成果备受人们关注，应该说新闻类主持人节目的发育成熟具有很大的象征性意义。它标志着我国的广播电视改革又跃上了新台阶，达到了新的水准。新闻类主持人节目的出现不仅在理论上，而且在实践上都具有重大意义：

1. 成为电台、电视台的领头节目。新闻类主持人节目除具有新闻性属性之外，还具有直播双向交流、群众直接参与、及时反馈、结构形式灵活的节目形态特点。作为新闻类主持人节目，主持人既发挥了积极的导向作用，同时又灵活地运用了丰富的表现形式，特别是新闻类主持人节目的主持人已走向成熟，能够在与受众的交流中把握节目的方向，以深刻地阐述完成动态评论。

例如，2008 年 5 月 12 日发生的汶川大地震，举国哀悼。全国各地政府、军队、救援队、医疗队都投入了这场举世关注的重大斗争中，这成为了当时国内外新闻媒体报道的焦点和热点。这场斗争中，电视、广播、报纸以及互联网共同完成了汶川大地震的报道。

这次大规模报道中，观众能看到，许多主持人在第一时间冒着危险去灾区深入跟踪，获得了宝贵的第一手资料。既是记者也是主持人的张灵泉、李小萌对灾区人民的近距离访问，给观众留下了深刻感人的印象。

主持人在主持中没有照本宣科，背景报道与现场进展同主持人的现场感受有机连接。主持人胸有成竹，侃侃而谈，其从容和自由发挥的程度是以往所没有的。节目和主持人的权威性、可信度大大增加。

2. 它是广播电视评论中出现的一个新品种，是对传统新闻评论节目的发展和创造。它是一种更具现代广播电视传媒优势，有很强的影响力、权威性和生命力的节目形式，也是今后广播电视发表言论的主要渠道。

3. 它的出现使我国主持人节目整体水平得以提高，改变了新闻类主持人节目与综艺类主持人节目、生活服务类主持人节目发展不平衡的状况，使得人们不仅可以通过综艺类节目、生活服务类节目得到享受和信息，更能从广播电视的“主体”得到优质服务。

我国新闻类主持人节目的出现和趋向成熟可以说是我国广播电视的一大进步，体现了节目主持人的时代感和社会责任心不断增强，是主持人关注时代变革、关心社会、关心人的具体表现。它可以通过新闻类主持人节目充分发挥主持人与受众平等交流的优势，通过以事说理、事理结合的方式，反映人们关心的热点、难点问题，融入真挚情感，将硬道理“软化”作及时细雨，更易被受众接受。它的思辨性、情理交融性和感染说服力得到了更好的发挥。它以其稳定的形象、权威的内容，群众参与独特的说理方式赢得受众信赖。

诸如《东方时空》、《焦点访谈》、《第一时间》、《面对面》等知名的栏目，开创了电视新闻节目一种新样态；而旧有的新闻节目也在不断改版，推陈出新，如《全球资讯榜》、《晚间新闻》、《综艺快报》。这些节目极大地丰富了我国电视新闻节目的样式、形态，同时也给其主持人提供了更大的话语权和创作空间，使得一批优秀的电视新闻节目主持人坚持“用自己的眼睛去观察，用自己的头脑去思考，用自己的心灵去感受，用自己的语言去表达”。如董倩主持的《新闻 1 +1》、水均益主持的《国际观察》、柴静主持的《面对面》、崔永元主持的《小崔说事》，等等，这些新的节目形式给我国的电视新闻主持人节目注入了新的生机和活力，一大批个性鲜明、独具荧屏魅力的电视新闻类节目主持人涌现出来。

4. 它是伴随着我国社会改革开放和民主化进程出现的一种特殊的文化现象，是作为政治文化不断进步的现代人参与社会的愿望希望得到认同、自我价值希望得到实现的反映，也是社会进一步开放、自由民主权利获得更大提高的表现。

凤凰卫视的杨锦麟在《有报天天读》中“吼报”的神情深入每个观众的内心。自陈鲁豫在《凤凰早班车》中开“说新闻”先河之后，“说新闻”和“读报”式的电视新闻节目在全国各地雨后春笋一般涌现，纵观全国各电视台读报主持人他们当中的佼佼者，依然是凤凰卫视的主持人——杨锦麟。杨锦麟在节目中意气风发，抑扬顿挫，一种社会知识分子书生言责的形象跃然屏幕之上，遇到一些腐败贪污、骄奢淫逸、损害百姓利益的事情，他的辛辣讽刺、责难点评都让观众感觉到“大快人心”。主持人能开放自如地在广播、电视媒体上讨论大家共同关心的问题的热情，是一种观念和心态的调整。

5. 它起着舆论监督的作用，既坚持正确舆论导向，又造福于人民，当好政府的参谋。关注社会焦点、热点问题，报道真善美，批评假丑恶，为平民百姓伸张正义，为国家政府和人民之间架起桥梁，是新闻类主持人节目的宗旨，也是赢得群众欢迎的原因所在。

以中央电视台《新闻调查》为例。它是中央电视台一档深度调查类节目，时长 45 分钟，每周一期，在百姓和高端都有着广泛的影响。2010 年 4 月 19 日播出的《新闻调查——直击云南干旱》，通过深入的访问调查得出调查结果，认为资金投入不足致部分水库难起作用。《新闻调查》注重研究真问题，探索新表达，以记者调查采访的形式，探寻事实真相，追求理性，平衡和深入，为促进和推动社会和谐进步发挥着点点滴滴的作用。

不论是从舆论监督方面讲，还是从关注热点的内容看，批评报道是不可缺少的。“舆论监督要的是建设性思维。批评报道不怕多，只要产生积极效果就是正面报道。所谓积极效果，一是为各级政府提供实际情况，以便及时地惩治腐败和纠正错误。二是替广大人民群众说话，维护广大人民群众的利益。”

6. 它的出现是传播媒介人格化，主持人人格化的体现，有利于形成并发挥主持人的舆论引导作用，可确保传播舆论导向的正确性、权威性。为此，各级电视台、电台要着力培养新闻评论主持人，以期今后出现富有权威性的、在受众和社会上拥有较高知名度和影响力的头牌主持人——即新闻评论员。

目前，我国新闻类主持人节目在各地发展不平衡，水平也参差不齐，无论是数量还是质量上与受众的期望还存在较大的差距。在制作群体机制上，主持人所占的“分量”还不够，许多新闻类主持人只是播报新闻，甚至不参与了解新闻类主持人节目的策划、采编环节及内容，还没有成为真正的“主持”，与国外的新闻类节目主持人相比，还存在着较大的差距，尤其是还缺乏有权威性影响力的头牌主持人。

以美国公共广播网的名牌节目《麦克尼尔/勒里新闻一小时》为例，它的特点是以分析为主，不走极端，不哗众取宠，因此许多教育程度高的观众都愿意收看这一节目，包括一些国会议员以及对美内外政策的制定有一定影响力的院外人士。统计数字表明，该节目观众中有40.2%的人受过高等教育，而全美受过高等教育的人的比例为23.1%。《麦克尼尔/勒里新闻一小时》每星期一至星期五晚上由麦克尼尔在纽约、勒里在华盛顿同时主持。由于这个节目专注于深层报道的特点，使它赢得了5次著名的乔治·福斯特·皮博迪广播奖和6次全国新闻埃米奖。时代–明镜盖洛普民意调查把它列为美国最可信的电视新闻节目。

相信随着日后新闻类主持人节目的不断发展完善，我国也会出现更多新闻类名牌主持人。

二、新闻类主持人节目的类型

作为新闻类的主持人节目，虽与过去的新闻节目有所不同，特别是采用了主持人的形式，因此具有了主持人节目的一系列特征。但是，作为大的新闻范畴，在形式上，又与过去的新闻节目有共同之处，尤其体现在分类上。

（一）消息类主持人节目

过去消息类的新闻节目，在我国各地电台、电视台都是作为“主打节目”推出的，收听、收视率也都最高，是受众获取信息的最主要渠道。消息的最后传播手段是通过播音员播音来实现的，主要风格特点是爱憎分明、讲气势、重激情、求规范。新闻节目完全是由记者、编辑完成的，如中央人民广播电台的《新闻和报纸摘要》及中央电视台的《新闻联播》、《新闻60分》等。

在广播电视宣传深入改革的大潮中，新闻改革作为突破口，在报道内容、报道广度、报道深度、报道形式等方面都有许多新的举措，如播出次数、播出容量、整点新闻、滚动新闻、直播新闻、现场直播等纷纷上马。在消息类主持人节目的直播中还增加了演播室专访、与前方记者对话等环节，卫星异地传输、“双视窗”等新技术、新方式在新闻节目中捷足先登。新闻消息类节目在时效性、针对性、现场性、可视性等方面都有了明显的改观。但是，消息类主持人节目的发展一直较缓慢，并且不平衡。消息类主持人节目的策划更显得相对滞后。

那么，消息类主持人节目与过去的消息类节目有何区别呢？很明显，是由于采用了主持人节目的方式，节目具有了主持人节目的一些特征（如串联词的使用）。“说”成了最大的不同，如香港凤凰卫视杨锦麟的读报；中央台则采取了“播报”的语言态势，介于说和播之间。因此非常有效地加大了贴近性和亲和力。另外，适应了新闻报道多样化的发展态势，也为新闻性主持人节目策划创新提供了可借鉴的天地。主持人的参与，使不同的新闻现场、不同的信息时空、不同的报道形式都由主持人有机串联起来，使信息的传播更具整体性和灵活性，更加真切，也更加权威。

当前，理论界对消息类主持人节目和消息类节目主持人，还存在不同看法，或者说其本身尚存在着某些“不确定性”。而称作“主持人节目”的，运作情况亦不尽相同。但无论如何，了解分歧所在，对把握未来消息类主持人节目的策划可以提供方向、借鉴和帮助。

对主持人资格及作用的认识分歧主要有：

1. 有的以美国 ABC、NBC、CBS 的新闻节目主持人作为标准，认为只有播报者充任主编职务，负责或参与策划节目、选择消息、确定编排、修改导语和串联词的，才是真正意义上的新闻（消息类）节目主持人。

2. 有的认为，目前适当参与修改串词的播报者应称为“主播”，以示与主持人职责有所不同。

3. 有的对已经开始尝试的主编式主持人有不同看法。如担任主编后工作繁忙，不能坚持经常播出；有些“主持人”在语言表达上还存在这样那样的问题，只是起了一个“主持人”的名字，对他们的优势听不明白、看不出来。这种状况，尤其在那些水平素质达不到要求的主持人身上表现得最明显。

4. 有的认为，新闻节目主持人适当参与节目的采编环节，才能符合受众对新闻节目主持人的“角色期待”，也才能胜任新闻节目主持人的工作。这一观点，为许多台所接受并实践。原因是，在名牌消息类节目主持人出现前，作为一种“中庸”的过度，更有利于操作，在心理上也容易为受众接受。

5. 还有的干脆认为，目前在中国还没有或不可能有消息类主持人节目。

（二） 杂志型新闻主持人节目

相对于消息类主持人节目，新闻杂志型主持人节目以“在固定栏目时间内采用杂志综合编排方式”出现。如中央电视台的《东方时空》、《海峡报道》、《足球之夜》等都是典型的新闻类杂志型主持人节目。他们有各自明确的定位，有各具特色的节目风格，有相当广泛而稳定的受众群。

新闻类杂志型节目，是指“借鉴杂志多栏目的编排方式，用不同栏目、板块构成整体节目”，它既有消息新闻的板块，也可以作深度报道，还可以对新闻事实进行评述。

这种新闻类杂志型节目，由几个子栏目构成，编排有序、容量适中、形态多样；主持人在节目中灵活穿插，可述可评，既可以坐镇直播室，又可以游动在新闻现场。不仅增强了节目形态的丰富性，还增强了节目各环节的整体性。尤其在新闻事件的报道、与新闻人物的访谈和串联节目的点评及独立成篇的言论中，主持人都以独特的视角、独到的见解、独有的感受、独具的表达，使其所应具有的融亲和力、权威感、个性化于一体的传播特色更加丰满，从而增强节目的传播吸引力。

以中央电视台《东方时空》的子栏目，已报道了几千名各行各业的杰出人物、优秀分子的《东方之子》为例。作为新闻类杂志型主持人节目，它一反过去人物报道以介绍事迹为主的报道方式，通过主持人的现场访谈，让人物与观众进行心与心的交流。张光礼在《精神的田园——东方之子访谈录》中评价说："直接地、面对面地、近距离地讲述自己的心路历程，袒露自己的思想，表达自己的主张，张扬自己的个性。"这种方式灵活、自由，更便于探索人物心灵世界的方方面面，既突出了人物的先进性、独特性，又显示了人物的丰富性、多面性。

《东方之子》中的人物与过去一些通讯、报道中所表现的人物明显不同，从不食人间烟火到有血有肉、个性鲜明，应有尽有。如"周身是刺"的原副总理张爱萍，无论什么情况下都"爱笑"的体操运动员桑兰，从小就爱锻炼身体的科学家袁隆平，曾被人称为"厉害的老太婆"的科技部长朱丽兰等，表现动人，令人信服；从全智全能的人到人无完人。在采访中也让他们说出一些"不动听"的话，如采访小提琴演奏家盛中国时他说："一天下来，好像人是空的，什么都感觉不到了，累到这个程度了，累得不会说话。"又如，著名服装设计师张肇达认为："这一行真的不容易，太残酷了。"山东泰安检察院检察长公丕汉在办案过程中受到层层阻挠，腹背受敌，他说："精神几乎到了崩溃的边缘。"以上展示，取得了似贬实褒的效果；从默默奉献到独立思考，注意发掘人物的独特思想、独特行为。如一代鸿儒季羡林，他具有的深厚学识，言传身教的文化传统乃至一生的际遇都堪称是"东方之子"。

新闻杂志型广播电视节目目前已成为一种十分流行的节目形式。这类节目一般由若干不同内容、不同体裁、不同形式的节目单元组合而成。节目遵循的基本原则是"一线贯穿，跌宕有致"。

心理学家认为，主体对客体的接受程度，因客体的秩序程度而增高，因此要求新闻杂志型主持人节目的内容要有一定的相关性，这不仅易于增加受众对节目性质的了解，也是接受美学的客观要求。假如刚议论完孩子的早期教育，又谈城市出租车的现状；刚进行了一个劳动模范的动人访谈，又谈起了秋季养生保健，这样的结构无论和所设置的栏目多么贴近，也避免不了凌乱之感。

例如，2008 年 12 月 21 日《东方时空》播出了《团团圆圆明日赴台》，第二天紧随其后的《新闻 1 + 1》再播《“功夫”熊猫》，前者出题，后者点题；同样，12 月 22 日《新闻 1 +1》推出《“洋”跑跑》，25 日《东方时空》再播《外企出逃调查》，不同的解读方式相映成趣，观众对事件的认知更加全面和深刻。

从今后的发展看，新闻类杂志型栏目应当充分发挥主持人解释、引导、分析、说理的特殊作用。主持人要注重对事件的分析、研究和评价。因此，从目前来看，由新闻素质好、语言表达能力强、成熟可信的主持人来主持新闻杂志型节目，是增强新闻性节目整体传播效应的好办法。

（三）专题型新闻主持人节目

专题型新闻性主持人节目获得了更大的成功。最明显的特征是出现了一批有影响力的主持人，各地此类节目都丰富多彩，大量的以节目主持人主持的形式播出的此类节目的社会影响力很大。

专题型新闻主持人节目，以其对新闻事实作较详尽而有深度的报道见长。它较为详细、系统地解释、分析，深入完整地反映新闻典型的发生、发展过程，并采用主持人主持播出。如中央电视台的《焦点访谈》、《新闻调查》都是典型的专题型新闻主持人节目。专题型新闻主持人节目对当前的新闻热点、群众关心的社会现象，进行深入的、多方面的采访。访问当事人、见证人、群众、专家学者、政府官员，为受众提供客观、系统、全面、权威的信息，深受广大听众的欢迎，产生了非常好的社会效益。

这类节目因容量不同，有大、中、小之别（《新闻调查》为大型、《焦点访谈》为中型、凤凰卫视的《文涛拍案》为小型），但是深入的调查采访及到位的分析评议，是这类节目的共同特点。

目前，我们的专题型新闻主持人节目往往围绕一个事件或一种社会现象做深入的报道，节目形态多种多样，有深入的采访报道，有演播室专访，有主持人穿插其中的解释、分析和评论。在这类节目中，主持人或亲自深入社会调查采访，直接进行报道，或者在主持播出时，对记者采集的报道提供必要的背景、做出简要的分析和画龙点睛的评议。由于选题得当、内容深刻，加上采用主持人形式的专题报道，使传播者的意图更为鲜明，使信息的组织及分析更加有序，使传播突出了“引导”中的服务性、“交流”中的针对性，因而也更富有感染力，受众收听、收视此类节目容易产生共鸣，引起强烈的反响，从而加强了新闻节目引导、沟通、监督的功能。专题型新闻节目的主持人往往以他们深入细致而又精彩出色的采访，融传媒意图、受众视角、个性特色于一体的访谈，既鞭辟入里又通俗易懂的评议，赢得受众格外的青睐。他们在节目中表现出来的“铁肩担道义”的责任感、正义感，以及勇往直前的敬业精神和令人感佩的新闻业务能力，无疑成为新闻类节目主持人独具的魅力，从而提高了节目的收视率和收听率。

值得注意的是，在策划过程中要注意安排“述”和“评”的比例。现在有些专题型新闻主持人节目，在“述”和“评”上不注意控制。10 分钟的节目，经常是事实叙述了 9 分钟，才在最后简单地议论一下。该类节目当然是以事实说话，但策划该类节目的目的绝不是就事论事，而是要通过主持人的议论传达给受众一种信息，该类节目的社会效益关键在“论”上。

三、新闻类主持人节目特征

要想成功地进行新闻类主持人节目的策划，就需要详细地了解新闻类主持人节目的特征，在了解特征的基础上，寻求创新、寻求突破。

新类主持人节目基本特征可归纳为以下几个方面：

（一）新闻类节目主持人的“个性”特征

突出新闻类节目主持人个性特色，就是要求该类节目的主持人要具有丰富的新闻工作者经验和素质。既要具备很强的主持能力，又要具有鲜明记者化特色。这种全能能力的融合所展现出的具有生命力的节目形象——充满魅力的个性，应该是新闻类主持人节目的最明显特征，也应是新闻类节目主持人追求的终极目标。

所谓记者化，就是说主持人具有鲜明的记者特征。由于我国过去新闻节目采用的是编播分离的运作方式，因此培养和造就了许多播音和采编方面的非常著名的专家。可是当新闻类主持人节目出现后，当需要几方综合能力都具备的专家时，明显出现了“人才不继”现象，高素质的新闻类节目主持人就显得太少。在这种情况下一些具有丰富新闻工作经验的记者或一些具有丰富新闻工作经验的主持人成为新闻类主持人最佳人选。他们新闻嗅觉灵敏，善于发现和捕捉新闻；善于现场提问采访，能挖掘到有价值的新闻；他们掌握娴熟的采编技能，能迅即写出好新闻，乃至独家新闻；他们观察分析能力强，评论到点，可以增加新闻的思想内涵。从传播效果看，经验丰富的老记者具有权威性和个性魅力，受众容易接受和信任他们。

中央电视台《东方时空》负责人认为：“主持人如果离开编辑、记者这两根拐杖，是很难把节目主持起来的。因为他们对于如何与采访对象交流，怎样调节现场气氛没有实际感受，因此说起话来就到不了位，就显得不真实，自然也就影响收视效果。”因此，他们对《东方时空》进行总体设计的时候，就推出了与记者合为一体的主持人。从收看的实际效果来看确实不错。这些记者编辑型的主持人提问有水平，与采访对象交流真实自然，对事物有独到见解，虽然早期的这一批记者型主持人现在大多都转到《焦点访谈》、《新闻报道》等栏目中，但仍给观众留下深刻印象。

所谓个性化，是指新闻类主持人，尤其是板块杂志型节目主持人的个性要与他主持的栏目风格相一致。板块杂志型节目由若干不同内容、风格的栏目组成，要求每个相对固定的栏目主持人有与之相适应的个性风格，这样也利于树立节目或栏目的权威性。中央电视台《东方时空》的成功，与他们选择了具有不同个性的节目主持人不无关系。如当初《东方之子》栏目的主持人近乎学者型，《东方之子》的主持人是端庄职业的女性形象，而《时空连线》的主持人则更多的是记者型的。多种风格的主持人与栏目内容、风格和谐一致，交相辉映，大大增强了《东方时空》的可视性和吸引力。

（二）新闻类主持人节目的“忧患意识”特征

忧患意识是节目表现出的爱国心、民族情，是对国计民生的深切关注，对广大百姓的尊重、理解、支持和鼓励。新闻类节目主持人要有一颗赤子心，要有强烈的责任感，要不怕困难、不畏风险，要敢于直面人生、揭露社会弊端。《焦点访谈》主持人关海鹰曾说过：“《焦点访谈》的同仁们劳神费心吃苦流汗，甚至有时在冒着危险做问题报道，绝非是要与谁过不去，也不只是要所谓的轰动效应，其中还蕴含着人间正义、记者良心、新闻道德、社会责任。”

从《焦点访谈》的所有选题和内容来看，的确是这样。“忧患意识”的特征非常明显，主持人们始终关注现实生活，紧贴人民群众。如物价问题、假冒伪劣问题、反腐倡廉问题、国企改革问题、农民问题、高教问题、环境污染问题以及住房、医疗、交通等国计民生的大事，充分显示了主持人饱含着对祖国、对人民深挚的热爱与关怀，以及他们先天下之忧而忧的精神。

2010 年 5 月 23 日《焦点访谈》播出《贫困县的大拆迁》，报道河北省邯郸市广平县城镇建设存在违法拆迁问题。节目引起中央领导及国土资源部等相关部委高度重视。河北省委、省政府也非常重视，要求拆迁量力而行，以人为本，落实政策，对个别地方的不当做法要予以纠正。节目在社会上引起强烈反响，新浪、搜狐、腾讯各大门户网站纷纷在节目播出后转载视频或文字，并放在首页显要位置。《新京报》等报纸予以刊登并配发评论。从中可以看到，《焦点访谈》坚持的社会责任感。

（三） 新闻类主持人节目的"深度报道"特征

新闻类主持人节目有别于过去的新闻节目的另一个明显特征，应该是节目的深度报道和深刻思维。

"深刻"是一种思想境界，是一种思维能力，如：对报道的事实是否具有独到见解，能否从新闻报道中开掘那些尚未开掘的思路，解决那些尚未解决的问题，道出新闻的价值、意义，揭示出客观事物的本质，揭示出与其他事物的相互关系及其事物发展的客观规律等。

2010年1月27日，《焦点访谈》经公安部授权，独家采访推出《足协工作人员导演假球案》节目，关注公众关心的足球打假反赌行动。节目播出后，相关频道和地方台纷纷使用，新浪、搜狐、腾讯各大门户网站转载并予以跟进，网上点击率攀升了36%，各地报纸纷纷约稿予以刊登。一时间节目内容成为社会热点话题。这期节目在行动节点推出，大量独家富有细节的报道，起到引领舆论，突出中央惩治腐败、关注民生主题，起到巩固政府形象的重要作用。

从11月25日起，《焦点访谈》持续关注足球打假反赌行动，先后推出《揭开赌球黑幕》、《金钱操纵下的球赛》、《足协工作人员导演假球案》等多期节目。这些节目紧跟行动进程，进入足球假、赌、黑深水区，探究深层次问题。

"深度报道"可对各种背景进行翔实地介绍分析，充分发挥主持人的解释、说理、议论和引导作用，将一件事情说深说透，令人感觉到非常可信，产生较好的社会效果。

例如，2010年4月4日，《焦点访谈》以"我的房子怎么说拆就拆"为标题，报道扬州新建小区好好住着没几年就面临拆迁，业主在不知情情况下遭遇被评估、丈量房屋事件。节目播出后引起各方高度关注。4月5日，扬州市政府举行新闻发布会，决定中止小区所在区域土地使用权出让行为。该市新闻发言人表示，媒体报道后扬州市委、市政府高度重视，连夜召开相关部门负责人会议，表示尊重民意，自觉接受媒体监督。

节目播出后，新浪、搜狐、腾讯各大门户网站转载视频并予以跟进，各地报纸纷纷约稿予以刊登，并配发评论。有媒体把这期节目的分量与近期新华社聚焦房价六篇"新华时评"相提并论，大大提升了央视节目影响力和公信力。

那么，新闻类主持人节目在策划时如何做到"深"呢？可以通过以下一些方式和途径：

1. 通过对社会热点问题的连续系列报道，多方位现场“透视”。对社会舆论进行深层次的引导，沟通政府、群众之间的系统，促进相互之间的理解支持，从而更好地发挥新闻类节目的舆论导向作用。

仍以中央电视台《焦点访谈》为例，对“手机网络色情”的报道，就采用了系列报道的方式。如“黄色的泥潭”、“花儿的凋零”、“免费色情网站背后的利益链条”等。

2. 通过对问题的追踪报道和现场采访，从前后对比形成的反差中揭示新闻事件的社会意义，启迪观众的思考和联想。

2010年4月16日，《焦点访谈》按照部署，精心策划，推出三期系列《中介组织参与腐败透视》。系列节目聚焦反腐败领域灰色地带——社会中介组织参与和引发腐败这一新闻点，从行受贿、造假、洗钱不同侧面，分别选取典型案例加以深入解剖。

记者在策划阶段充分与中纪委、监察部、最高检、最高法及央行等部门沟通，从查处的腐败案件中，敏锐抓住隐藏在案件背后的中介机构身影。节目回答了本应以独立、公正、诚信为职业准则的中介组织，是如何参与商业贿赂、政府官员权力寻租等腐败，并起到怎样作用等问题。在节目制作过程中，记者注意选取百姓关心的热点领域，每期节目从典型案例切入，注意说清说透，有利于观众对中介参与腐败现象的认识；又不停留在案例中，而是上升到全局，着重展示问题的危害性、严重性，同时就一些地方和部门对预防中介参与腐败的做法，提出减少此类案件发生的建设性意见。同时就一些地方和部门对预防中介参与腐败的做法，提出减少此类案件发生的建设性意见。

3. 通过主持人的独立思考和悟性，提出新见解和颇有针对性的富有见地的意见。

水均益就认为：“学校里、生活工作中当然是奠定了一定的基础，包括阅历、知识面，但至于究竟如何运用他们到现实问题上来，靠的是悟性，是思维能力……”白岩松也认为：“每一次直播、采访，我都是在掌握大量材料的基础上，经过反复斟酌，确定能充分体现主题的提纲，并将其融入自己的思维中，这样才能在节目中、采访中镇定自如，评述时振振有词。”

主持人的思考、说理、评述是增强新闻杂志型节目深度思维和深邃思想性的重要因素。主持人的议论说理贵在有独到见解，有新意，切忌人云亦云的流于形式的空洞说教。要做到这一点，绝非一朝一夕之事，需要长期艰苦磨炼。这可以从两方面做努力：一是深入现场采访，深入调查研究，掌握熟悉新闻事件的来龙去脉和前因后果，要尽可能获取大量第一手材料，包括典型画面，才能获得发言权；二是注重对新闻事件的分析、研究和评价，善于独立思考，才能提出真知灼见。

（四）新闻类主持人节目的“评论”特征

新闻类主持人节目的评论大致有两种形式：

一种是即兴的评论。主持人在节目中或现场对新闻事实或社会现象等所做的简短议论，以三言两语画龙点睛。该种形式在中央电视台的《新闻调查》、《焦点访谈》等节目中的导语和串联词中就经常出现。这种形式的评论字数不多，有的甚至就是一句或几句话，灵活自由，即兴“点拨”，对整个话题起补充、提示、概括、深化的作用，反映出主持人对新闻信息的态度。这种即兴的评论，增强了主持人平等、亲切、灵活的交流意味，塑造了主持人人格化的形象，更好地发挥了评论的功能。

另一种是独立成篇的评论。该种评论往往在新闻事实或社会现象后拿出时间作专门的评论，或辟出专门的栏目专事专议等。如中央电视台的《新闻 1 +1》、凤凰卫视的《文涛拍案》等就采用该种评论方式。主持人的评论少则三五百字，多则上千字，有固定的时间和专门的栏目，以其亲近感、贴近性、个性化等特征达成与受众的交流，显示积极的社会舆论引导效果。

新闻类主持人节目的评论具有以下特点：

一是人格化、个性化。新闻类主持人节目的评论与报纸等不同，是以主持人的身份进行的。主持人与受众是平等的，内容具有贴近性，又是采用谈话的形式，因此就显示出了个性特征。

如 2008 年 9 月 19 日的央视《新闻 1 +1》节目里，主持人白岩松为国务院办公厅 9 月 18 日发出的关于《废除食品质量免检制度的通知》叫好，他无限感慨地说：“过去曾执行的食品质量免检制度太理想化了，太相信道德自律了！仅仅‘产品经过省级以上质量技术监督部门连续三次以上检查均为合格’，‘企业有完善的质量保证体系’就可以免检，谁能确定其对这三次检查不是有备而为呢？为了牟利，免检后造假的短期行为常会发生。要把其看成坏人，开始就不相信他，要用制度来经常性地监督和约束规范，使之成为好人。所以，决策应建立在不信任之上，就像制定法律的前提就是不信任人的自律……”

一位网友看到这段节目，当晚就在网上留言说：“一个重点主流媒体的著名主持人的良知、理性和激情溢于言表，拳拳爱国为民之心十分感人。”

白岩松这简短的议论异常深刻，体现了主持人的立场态度，其人格化魅力是其他传媒方式所无法企及的。

此外，由于新闻类主持人节目中的评论都是主持人“自己的话”，而又由于不同主持人的学识、经历、专长等自然因素和社会因素的不同，也必然形成新闻评论的个性化，体现出对新闻事件和社会问题评论的各具特色的个性化魅力。

二是对象化。大家围坐在一起，主持人针对具体的人和事进行议论，电视机和收音机前的朋友也感觉到主持人是在和自己拉家常，主持人做出的议论就好像是说到了心坎里。

新闻类主持人节目评论的对象化是因为“第一，这不是英雄的时代而是平民的时代。这种认识给我们节目操作者带来很多影响，比如平视的理念，节目不能曲高和寡等。第二，这不是一个喜欢表演的时代，而是喜欢自然的时代。第三，现在不是故事的时代，而是讲述的时代。故事已经不重要了，重要的是如何讲故事，用什么方法讲故事。其实，新闻同样是这个道理，在当前资讯化、信息化的时代里，所有资源已被大家占有。关键要看我们如何把大家都关注的事情，用我们的方法表述出来”。著名主持人敬一丹也说：“节目主持人的对象感运用强调具体化，它一般不做‘一对众’的设想，而把交流设想成‘二对一’、‘一对几’。这种心理状态是‘我’与观众谈话的必然要求，他以个人对个人的形式来适应观众接受心理，有时是和一位真实存在的观众直接呼唤，有时是把收听、收视对象设想成一位熟悉的朋友。”这就形成了新闻类主持人节目评论与其他评论的不同之处。

三是全息化。主持人节目是通过人际传播的方式来实现目的的，因此，新闻类主持人节目的传播是全息化的。在新闻类主持人节目中非语言信息常常体现出主持人的评论特征和态度，包括主持人不同的语气语调、体态表情、服装服饰、情境状态等。如我国驻南斯拉夫大使馆遭到以美国为首的北约集团导弹袭击时，主持人的态度所表达出的意义。

白岩松在《我看电视评论》一文中评价新闻类主持人节目评论特性时认为：“第一，讲事实是评论的一种表达方式，而不只是用事实为评论提供保证。比如说，做一个涉及隐私权的节目，一位女性做人流手术。她进了手术室之后，被医生领着一群实习医生给‘参观’了，她感到很受羞辱，就去法院起诉了。开始时我们对这个医院院长很反感，他怎么能让医院这样做呢。后来，我们采访了很多人，既有被告，也有原告。随着对事实的不断深入了解，最后我们对院长的看法发生了很大的转变，其实他也有他的道理。当我们把大量的事实都能交代给观众的时候，就已经构成了一个很好的评论。第二，提问是评论的一种表达方式，提问同样是评论节目中很重要的组成部分。比如说我采访一个做深圳文稿拍卖的人，不用评论，我通过四个提问就可以把评论展现出来：‘请问你这次文稿拍卖，作为组织方是否想从中获利?’他说：‘我不想获利，我要做公益的事情。’我接着问：‘是否你身边组委会都同意你的意见?’他说：‘他们都同意。’我问：‘搞文稿拍卖是否是市场行为?’他说：‘是市场行为。’我问：‘让组委会做这样一件仿佛圣人的事情；是否跟市场经济有违背的地方?’我没有发表任何评论，但是这样提问已经构成一种评论。第三，角度是评论非常重要的组成部分。比如，在南京发生过一件事，国外芭蕾舞团演出，采用的方式是让观众看着给钱。结果演出几场之后，南京观众平均只给芭蕾舞演出投了四块钱，全国大部分媒体都在抨击南京的观众冷落高雅艺术。这个时候，你如果换一个角度，可能就会有另外一些发现，比如说规则本身是你制订的，最后大家执行了这个规则，你凭什么在没有得到最后预期回报的时候去抨击执行规则的人?其次，市场经济中本来就有一个先定价的原则，是你打破了这种原则。再次，这是不是一种炒作?有时换一个角度，就会给评论提出一个新的视角。第四，素材组合也是评论非常重要的组成部分。不同的组合，会导致陈述出来的事实给大家不一样的主观感受。第五，个性化的语言特征。这从央视一些优秀主持人身上可以明显看出，比如崔永元语言的即兴幽默；徐俐的快捷练达；王小丫的灵动机敏。个个语言都具有独特风格。第六，态度也是评论的重要组成部分。当你在评论一件事情的时候，如果你的态度能够保持平和客观，被批评的一方或者看着你在批评别人的一方，都会心平气和去面对，这样更有助于事情的解决。态度本身是评论很重要的部分。第七，评论在电视中所占的比例。评论是不是一个独立的存在，我想当然不是。在电视节目里，是不是每句话都说得要像评论一样呢?不是。电视评论是一定要建立在事实基础上的，而且比例非常重要。有时候评论也许不该占太大的分量，让人觉得你在指手画脚，有时候通过不同事实的组接，再说上几句画龙点睛的话都可以达到很好的效果。”

（五） 新闻类主持人节目的“出新”特征

突出新闻类主持人节目的“出新”特色，就是要突出一个“新”字。这是由新闻的本质属性决定的。要通过新闻类节目主持人对受众的亲和力、感召力，把那些最新鲜的事实告诉大家，报道群众应知未知欲知的新闻、新人、新事、新动向、新趋势。把握新闻类主持人节目“新”的特色，也是树立节目及主持人个性及威信的最好手段。

新闻类主持人节目要把握“新”除了要传播最新信息外，还要在内容上把握贴近性、针对性，报道群众关心的、感兴趣的热门话题、热点新闻；要注重新闻的时效性和现场感，真实可信，具有说服力。

比如央视经济频道《第一时间》的“读报”板块。主持人的人气急剧攀升，吸引了众多的观众的青睐。这档节目，可谓开启了新闻播报方式是以素质为基础以个性特点相结合的全新的播报方式。它是介于（说新闻）和（侃新闻）之间，并掺杂了点儿（真人秀）风格的播报方式，更具游戏性和观赏性。具体说来欧阳夏丹思维敏捷、播报准确、语速快且口齿清楚，整体内容一气呵成。既有陈鲁豫的（说新闻）风格，又有自己与搭档默契配合、轻松流畅的特点。

又如，上海东方电台早晨3小时的《东方新闻》，有迅速播报国内最新要闻和金融、交通、气象信息的“东广快讯”；有提供国内外热点新闻背景材料的深度报道和记者口头报道的“新闻追踪”；有采用热线电话形式播出，反映群众呼声，增强群众参与性的“东方大哥大”；有专家学者、权威人士直播阐述新观点、新思路的“东方论坛”。《东方新闻》的新闻性是通过各个不同类型的栏目以及栏目之间的有机结合、互相辉映得以全面反映的，前面预告后面的内容，后面延伸、拓展前面的信息，印象深刻，收听效果好。

（六）新闻类主持人节目的“栏目化”特征

我们说“栏目化”是新闻类主持人节目的一个特征，是因为新闻类主持人节目必须具有固定的栏目名称、特定的方针、内容及与之相适应的节目形式；节目定时、定量、定期播出。

从近年广播电视发展取得的成功经验来看，突出栏目化的优势十分显著。

首先，不同档次、内容和风格各异的新闻类主持人栏目使与之相对应的各层次人物的不同要求都得到了满足，最大限度地吸引了大批观众、听众，从而使收听、收视率得到了大幅度提高。

其次，使广播电视的新闻舆论导向作用得到了更好地发挥。对人们的社会生活产生了积极的影响。有些栏目成为群众必听、必看的栏目。人们把收听、收看这类栏目作为了解党的方针、政策和法律、法规等的来源。一位家产逾亿的总经理说：“不管多忙，每期《今日说法》都要看，实在来不及，就让秘书录。因为没有学过法律，在买卖中经常遇到各种纠纷，从《今日说法》中学到了很多东西。”而中学生也在中午收看《今日说法》，老师的好多题目就出自《今日说法》。诸如《焦点访谈》、《新闻调查》等一类的栏目的大量出现，形成了“规模”地对社会现象和某些热点新闻的深层报道和深层分析，有效地为人们解答疑问、提高认识，真正起到了桥梁和纽带作用。

第三，“栏目化”的节目形式很好地适应了地方特色。这些具有浓郁地方特色的栏目很有人情味，内容也更贴近生活、贴近实际、贴近群众。

第四，在浓郁的栏目特色烘托下，很容易形成主持人的个人风格，形成对受众的吸引力。

事实证明新闻类主持人节目的“栏目化”离不开主持人，新闻类主持人节目的栏目化是主持人趋向成熟的标志。因而确定主持人在栏目中的重要位置，切实发挥主持人在新闻类主持人栏目中的作用，是办好办活新闻类栏目的一个重要因素。

（七）新闻类节目主持人的“编辑串联”特征

新闻类板块节目有许多是采用栏目化的框架结构，如何巧妙地编辑串联不同栏目,发挥栏目的总体效果，应是一门颇为讲究的艺术。比如，最有代表性的中央人民广播电台《午间半小时》节目，就是一个融新闻性、知识性、趣味性为一体的“午餐漫谈”式的板块节目，非常讲究编辑串联艺术，给听众留下了深刻印象。

注重新闻类板块节目的编辑串联的，就会结构严谨、整体风格浑然一体、和谐协调，好听好看；否则会出现相反的结果。

第二节　新闻类主持人节目的策划

一、策划与选题

凡是优秀的新闻主持人节目都离不开精心策划构思、精心选题，它是通向成功之桥。策划创意是新闻节目主持艺术的重要组成部分。如果说现场主持是“面对面”的主持艺术，那么策划创意则是“不见面”的前期主持艺术。

以《新闻 30 分》“黄河小浪底水利枢纽工程截流合龙”直播为例，策划人员在总结经验时说，由于不设直播室，在直播现场的任何一个环节都不能出差错。这次新闻直播主持人节目的成功，根本原因就得益于策划的科学性。在接受直播任务后，就立即组织了以策划组为核心的各小组。每个小组都拿出详尽的策划方案，同时赴实地考察，前后往返 100 人次。由于策划详尽，所以直播中的一些细节，都完成得很好。如大胆设计了一些能给主持人增色的细节，让主持人爬梯子。这个镜头和下一个镜头中有五分钟的直播间隔，而梯子高 20 多米，策划者冒险设计这个镜头是因为经过策划，早已心中有数。在直播中，主持人自如地登上了梯子，并平安抵达第二个直播点。由于精心的策划，所以直播取得了很大的成功。

新闻类主持人节目的策划要注重选题，话题选得准，成功的希望就大。话题的选择要注重新闻性、群众性和针对性。要选择那些既是党和政府关注的，也是大众关注的、生活中亟待解决的问题。如《焦点访谈》2010年部分选题为："确保疫苗安全"、"王家岭的生命大营救"、"寻找生命之水——抗旱记"等，这些都是全社会关注的热点和焦点问题。我们可以发现，这些问题都是各地党委政府关注的，又是群众生活中需要解决的问题。

新闻类主持人节目的选题应力求走进百姓的生活，既与当前的形势密切相关，又贴近群众。2010年4月《焦点访谈》在清明期间推出《豪华墓地，毁林占田》节目，节目反映了"村支书能建3层豪华墓地，毁林圈地24亩，凭的就是绝对的权力?"、"豪华墓地埋葬了什么?"、"谁给村支书毁林圈地建豪华墓地的权力?"、"对比周总理的骨灰和村支书的活人墓"、"'最牛'村支书毁林圈地24亩"等问题。这期节目播出后，立即在网络媒体和报刊上引起公众热议。以"焦点访谈　豪华墓地"为关键词在谷歌上搜索，可以得到14900多条结果；该期节目视频一度在央视网首席视频栏目位居点击率之首，高达46700次。此外，《羊城晚报》、《广州日报》、人民网、网易社区、新华网等知名平面媒体、网络媒体纷纷进行了转载和评论，"死人与活人争地"、移风易俗再次成为人们思索和关注的内容。

新闻类主持人节目还可以选择生活中存在异议的话题。有异议，畅所欲言的气氛才会热烈，才能够谈得起来。

（一）精心策划　富于创意

新闻类主持人节目策划的最高境界是要不断追求新的选题即创意。通过精心地策划，可以使选题准确，选题成功了，节目就成功了一半。新闻类主持人节目的策划与选题是新闻主持艺术的重要体现，也是促进新闻类主持人节目优化的关键。

1. 政治敏锐

对于新闻类节目主持人，要想通过富于创意的策划准确选题，离不开政治的引导。政治在新闻类主持人节目的策划选题中的导向作用是十分鲜明的，因此主持人必须站在一个高度上进行宏观掌控。不站在政治的高度观察问题、审视问题，就无法把握社会生活的脉搏，就会失去选题的方向，也就很难完成富于创意的选题工作。因此，新闻类节目主持人要具备敏锐的政治意识，精心策划，不断保证有新的、有创意的选题出现，以确保在激烈的竞争中处处棋高一着，领先一步。

2. 新闻敏感

策划与选题贵在创意，贵在把握最佳时机，贵在独特的构思，这一切除了离不开政治敏锐，还离不开新闻敏感。

比如我国第 15 次南极考察的价值是显而易见的，但是卖点不突出。策划人打算进行“全程直播报道”，这就是创新点。如果这个想法可以实现，那就创造了中国电视史上首次南极全程直播的先例，也就是创造了第一次。创造卖点的方式就是这样把一个项目进行系统整合，理出主题，打包推出。

（二） 独辟蹊径　选好角度

作为新闻类主持人节目不光要有好的选题，还要有一个好的报道角度，善于选择最佳报道角度和切入点，独辟蹊径，寻找耐人寻味、发人深思的主题。要矢志不渝追求角度新、立意高、内涵深的策划。反之则易出现雷同，使节目流于一般化。

2007 年 4 月 19 日轰动全国的邯郸农业银行金库被盗 5100 万案告破。中央电视台经济生活频道在《第一时间》栏目里报到了此案件的进展。同时将近年来发生在我国一些涉及银行安全的大案进行了报道。认为金融系统应痛定思痛，加强制度的完善和监管的力度。这些特大案件，犯罪人的罪行不可饶恕，但是案件背后深藏的制度失范和检察隐患更令人担忧。相关部门必须引起重视和反思！这组报道角度新颖，触及问题深刻，很好地发挥了舆论监督的作业。

会不会抓角度，是否善于抓角度，这是对直播主持人水平的最好检验，也是主持人平时知识积累、经验积累的集中反映。

2010 年 4 月《焦点访谈》推出《未批先占，违法伤农》节目。这期节目针对河南灵宝违法征地这一热点事件，对事件的前因后果进行了深入调查、对事件的性质进行了权威认定。灵宝征地事件披露后，舆论沸腾。《焦点访谈》另辟蹊径，关注热点背后的新闻内幕，不仅详细报道了灵宝市征用 1000 多亩耕地建设工业聚集区而其中 700 多亩土地不在审批范围内这一事实，还形象地记录了土地管理部门和工业园区对农民补偿问题互相推诿的现状，并通过对国土资源部执法监察局负责人的独家采访，认定了灵宝市占地属于边报边用的违法性质。

（三） 敏锐洞察　抓住热点

广播电视新闻类主持人节目、特别是专题型新闻主持人节目之所以获得社会的肯定，取得较大的成功，其中的一个重要原因就是善于选择公众关心的热点话题，善于发现已热和趋热的社会话题，始终紧紧抓住热点问题，在“热”字上做文章，透过对新闻事件的现象作大量的透视，揭示其本质，进而引起人们的关注、警醒，给人们提供诸多启迪。

以中央电视台《焦点访谈》为例，选题的宗旨有三个：领导重视，群众关心，普遍存在。具体来说，就是节目片头四句话，即“时事追踪报道、新闻背景分析、社会热点透视、大众话题评说”四个方面。例如，曾播出过的《我的房子怎么说拆就拆》、《王家岭的生命大营救》、《蒜农遭遇暗算》、《确保疫苗安全》，都是在一段时间内引起人们普遍关注、与大多数人有密切关系的社会热点问题。它起到了沟通政府与百姓关系、解答政策问题、制止不良倾向、调整人们心态的作用。

中央人民广播电台《新闻纵横》也一向强调选择热点问题的重要性。90%以上的选题是发生在老百姓身边的、看似“平常事”的热点问题，注重贴近性，抓准切入点。

《新闻纵横》选择热点问题一般分两类：一类是重大新闻事件，这类选题的报道最关键的是把握政策口径，选好报道角度，开拓报道深度，突出时效；另一类是思辨新闻事件选题，把握此类选题的关键是要掐准“脉搏”。

作为新闻类节目主持人，要想准确捕捉“热点”，就应该锻炼自己的敏锐洞察力，应该在广泛涉猎新闻信息的基础上，捕捉兼具新闻性、社会性、思考性的信息并进行开掘。曾在《新闻纵横》中播出的《政府该不该回购滞销高价商品房?》、《太原该不该颁布“禁煤令”?》、《传统年节，该沿袭惯例还是求新求变?》、《大学处分，该不该“一背终身”?》等，这些选题都能进行观众正反意见精彩地交锋。

（四）精心研究　定位准确

新闻类主持人节目的栏目定位至关重要，一定要精心研究，因为它决定着节目或栏目的成败。现实中有不少节目或栏目办得不成功被取消，或者虽然还在办，但是达不到策划时预期的效果，大都是定位不准或错位所致。要获得节目或栏目的准确定位，根据业界总结的经验，一般来说，有三个方面的问题需要注意：

1. 明确栏目的特定内涵，包括栏目的宗旨、特点和风格。

2. 确定栏目的功能、品位、对象、层次，力求分工明确、合理布局、档次搭配、雅俗共赏。

3. 明确栏目的主次和长度，一经确定，需相对稳定。

新闻类主持栏目定位，要注重新闻性、时效性、针对性、贴近性。作为一个具体栏目，离不开策划设计时的指导思想和节目方针。

比如中央人民广播电台《新闻纵横》在策划时就明确了这样的指导思想和节目方针：配合早晨的《报纸摘要》和晚上的《新闻联播》进行深度拓展和延伸报道。主要职能是对重要新闻事件做深入报道和背景分析，揭示来龙去脉，前因后果；对重大方针加以阐述，释疑解惑；发表一事一议、短小精悍的言论；对热点问题作跟踪连续报道；播发大型系列、专题重要报道。《新闻纵横》在明确上述思想和节目方针的基础上，再确定栏目设置与定位。其中包括节目形式、名称、选题、播出时间、播出方式、栏目长度等。

由此可见，栏目定位涉及诸多方面的问题，准确的栏目定位须精心策划研究。任何一个名栏目都离不开定位的准确。广播节目是这样，电视节目也是如此。

二、策划与构思

策划与构思在本质上都是相当复杂的思维活动。策划可引导构思；构思又可激起新的策划。无论是提纲加资料的直播主持人，还是写成文字再即兴发挥的播讲者，都必须经过构思阶段。能灵活地运用各种思维方法，进行巧妙的构思，可以使主持人思路开阔，文思敏捷，节目内容丰富多彩。反之，搜肠刮肚，苦思冥想，也找不准听众兴奋点，节目内容则索然无味。

（一）新闻类节目主持人构思的基本原则

新闻类节目主持人构思的基本原则为：从对象出发，从大处着眼。

1. 从对象出发

从对象出发是指新闻类节目主持人在构思时要有针对性。要从人民群众所关心的实际问题出发，想群众所想，急群众所急。要将我们的思想目标和出发点定在一切从对象出发上，多层次多侧面地反映听众生活，强调有针对性和对象感。一般来说，板块节目大时段、大容量、内容丰富、听众广泛，主持人必须注意满足多层次的听众需求，但这不是否定新闻类板块节目没有对象感。相反，板块节目的某一具体栏目，具体内容必强调有对象感、有针对性。主持人在构思中如果始终将具体可感的某一对象装在心中，从听众的需求人手，谈与他的切身利益相关的问题，使听众感到既具体又生动，像发生在自己身边，就会增加节目的可信度。

敬一丹认为："实现真正的对话，需要一种资格，一种被采访对象从心里接受的资格……这种资格，来自于对采访对象的了解和理解，来自于记者本人的见地，来自于记者着意营造的交流气氛，来自于记者对采访对象的把握。"

从对象出发，构思有了依据，并能集中使用有关材料，这样就不会东拉西扯、无从下笔或说些与听众毫不相关的大道理而使听众产生逆反心理。

2. 从大处着眼

构思不能因小失大。新闻类板块节目内容的综合性、信息的大容量应该注重全局性的设计，从大局着眼。如整体风格、主题、支持主题的几个较大的栏目、思想和材料，结构框架以及开头和深化主题的方法都应该想得全面、细致、准确，而其他比较次要的思想、小段落、衔接过渡、语言修辞等细微处，事前不必处处推敲把握得那么周到。如果构思总是拘于这样的细微处，必然忽视全局性东西。事实上人们在构思时也不可能巨细无遗，因为人的思维在构思过程的大部分时间内处于无规则或规则性不强的状态中，只有落实到语言上，在语法的规范和法则的控制下，才能显示出缜密完善的思维。所以构思时不必矜持于"发"或"毫"之间，否则，会影响全局。

（二） 构思的基本方式

新闻类主持人构思的基本方式有：发散思维，连动思维，收束思考。

一般来说，构思可以分为构思选题、分析综合、落笔三个阶段，每一阶段的思维特点不同。大体可采用发散思维、连动思维、收束思考等三种思维方式。

1. 发散思维

作为一位新闻类节目主持人，既要具备逻辑思维能力，又要具备发散思维能力。发散思维是主持人所必须具备的一种思维方式，对主持人的策划、创新有重要作用。现在，活跃在各台的善于创新的主持人、善于策划各种新节目的主持人都具有很强的发散思维能力。

发散思维是一种不依常规、寻求变异、多方面寻求答案的思维方式。其特点是流畅、独特、变通，也就是说思维进程畅通无阻，灵活迅速，思维方向多角度、多侧面、多层次，思维活动随机应变，触类旁通，思维结果新颖独特，信息量大。板块节目内容的丰富性要求主持人必须广开思路。构思选题时，思维不受时空限制，越广泛越好。我们把这一阶段称为发散思维阶段。节目主持人正可以凭借这种发散思维的方式，挣脱僵化的传统思想的束缚，在更广阔的领域里纵横驰骋。

构思阶段能否达到广泛程度，要看感情是否调动起来。这时候可以充分调动采访中所有材料，要善于把静止材料变成活材料，使它们与有关材料发生各种联系，从而产生各种问题、各种思想和各种信息。既可以调动事实材料，又可以调动理论材料；既可以调动本子上的材料，又可以调动经验性材料。但就目前一些主持人的素质来看，还做不到这一点。为什么有些板块节目内容单薄，听众不爱听，关键一点就是主持人思路不宽，眼界不开。如果主持人在选题阶段做不到妙思泉涌，那么到了下一步分析综合时将无从下手，“巧妇难做无米之炊”就是这个道理。

2. 连动思维

连动思维是一种由表及里，由此及彼的思维方式。

如果说选题阶段采用发散思维方式，要求主持人能标新立异，提出问题要求多样性、多角度、多侧面，尽可能地多而新，那么到分析综合阶段时则要求主持人头脑冷静，思维缜密，实事求是，讲求科学性和新闻价值。节目的深度和广度往往在于精思理至，因此在分析综合时，应熟练地掌握连动思维的思考方式。思考范围拓宽时更应该注意拓深，真正做到由表及里，由此及彼，注意分析问题的单一性、目的性和方向性，使节目内容更丰富更集中。比如，板块节目一般由若干个小栏目组成，进行实质性分析应从定性入手，即分析每个栏目内容的性质和特征，以便区分；要有定量分析，即分析每个报道的新闻价值，可信程度和听众范围；要有因果分析，即分析各要素（各部分内容）之间的因果关系，避免撞车或矛盾的产生；要有系统分析，即分析每个栏目要素、结构、层次及其动态变化。

具体要解决这样几个问题：首先，要提炼新思想。分析判断哪种思想是主要的、正确的、有意义的。新颖而独特，是群众关心的热点。其次，优化信息量。板块节目的生命力就在于有充足的时间对新思想、新见解、新的数据、新的消息、新的知识及时准确地传播，使听众便于理解和接受。因此，科学地判断基本材料中信息量大小、信息纯度、信息深度，才能为听众提供优质的信息源。而我们有些主持人恰恰忽视了这一点，为听众提供不出新思想、新信息，只是重复众所周知的某条旧新闻、旧知识，乐道于传递老生常谈的大实话，这是听众最忌讳的。第三，提供知识源，知识是板块节目必不可少的内容，但必须注意脱离知识的单一性，讲求知识内容的多向性，具体来说就是知识面、知识量、知识的科学性和可靠程度。为什么有些板块节目介绍一些新知识不被人理解和接受，关键就是对知识的来源、知识的科学性缺乏探索。所以，从某种程度上说，提供知识源比单一地介绍知识显得更重要。当然了，全面地介绍知识来源、知识结构及应用范围效果会更好。

3. 收束思考

落笔可称为构思的最后阶段，常采用收束思考方式。

收束思考是把问题集中在一起进行严格的筛选、归纳，确定内容，决定材料取舍和形成提纲。分析综合阶段要求主持人有种打破砂锅问到底的精神，把每个栏目，每个问题分析透彻完整。只有轮廓设想还不够，要有对每个问题的实质性分析。落笔阶段，就是在分析综合的基础上强化细部设计。收束思考是完成细部设计的最后步骤。如果说发散思维时头脑最热，分析综合连动思维时就比较冷静，但仍保持一种热情，到了收束落笔阶段，头脑就该完全地冷静下来，思维完全由理智来控制，应按照语法的规则和规范及节目特点拟写提纲。

（三） 构思的基本要求

构思的基本要求是：整体性、顺序性、严密性、灵活性。经过发散思维、连动思维、收束思考之后，我们基本上确立了新闻类节目的基本内容。对这些被选取的具有一定思想意义的各种材料位置和顺序的合理安排，习惯上叫谋篇布局。节目的谋篇布局非常重要，多种内容、多个主题、多种题材，不能胡乱堆放在一起，应根据节目要求和受众收听心理进行合理的安排处理。主体材料放在何处，次要材料放在何处，分几个栏目，每个栏目包括哪些内容，各自按时间顺序，还是空间顺序安排，是先总说后分说，还是先分说后总说，是递进好，还是并列好，都需要认真考虑，讲求优化。应该注意以下四个问题：

1. 整体性

整体性指的是新闻类主持人节目构思时要讲究概念上的规模感。这种整体的架构是思想的大厦。主题是大厦的支撑。整体性体现给受众的是一种概念上的宏观的感觉。正如刘勰所说："夫设情有宅，置言有位。"如果一档新闻类主持人节目其他都很好，但构思不完整，缺乏整体感，就会给人以虽有许多美丽的枝叶、花果，但却没有枝干依附的感觉。没有整体性的构思将会是散乱无序，使人莫衷一是的。

2. 顺序性

一般来说，一档新闻类主持人节目构思出来后，可能有几种看法，对于这些看法，要按照事物的发展规律和客观构成的本来样式进行梳理，这也就是顺序性。

新闻类节目的顺序一般可分为两种。一是它的线索，就是要有过程。事物的发展，人们认识的形成，都依时间为序，具有一定的过程。而过程必然都可以分为若干阶段，采写时也必须一个阶段一个阶段地写，具有一定的线索性；二是条理性，不存在任何过程的事物，必然存在着内外、大小、轻重、主次等差别。如果依照这样的顺序安排，就必须具有条理性。强调顺序的最终目的就是为了使线索清楚，条理通畅，让人一听就明白。

3. 严密性

所谓严密，指的是新闻类主持人节目中栏目之间、段落之间应该是一个有机的整体，不能有断落感，不能脱节，也不能生拼硬凑。栏目及栏目之间的调配要遵从主持人节目编辑串联的规律。总之，栏目与栏目之间，栏目的头、尾和中间都要寻求他们的内在联系，追求有机过渡。

4. 灵活性

我们前面所讲的新闻类主持人构思的整体性、顺序性、严密性都是创作中的原则。在实际的构思过程中则最忌把原则公式化。一旦公式化就会出现没有特色风格，结构呆板，让人有“鸡肋”之感。有人说得好：一旦节目平铺直叙，再短也嫌其长；写得曲折起伏，再长也嫌其短，这是一个普遍收听心理。因此，新闻类主持人在构思过程中，既要遵循创作的规律，又要灵活掌握，随机应变，这样才能千姿百态，丰富多彩，引人入胜。

第三节　新闻类主持人节目策划方案及评述

一、美国三大电视网“晚间新闻”策划方案

美国三大电视网提供的6点晚间新闻类似我国中央电视台的《新闻联播》节目，都是对当天重要新闻事件作出半小时的总结，收视率一直很高。并且，根据美国20世纪70年代早期的媒介调查显示：6点新闻的受众组成是最为复杂多样的。包括各种职业、各种年龄、各种兴趣的人。这个时间多是全家老小一起看电视的时间。15岁至25岁之间的受众在该时段新闻受众中构成比率很低。

（一） 电视网晚间新闻的节目构成和时间分配

电视网新闻部每天早晨的例会上，制片人会列出当天大致的电视网晚间新闻：事实真实的高尚商品报道内容，基本确定当天最重要的新闻。但最终选定播出新闻和排列新闻次序的最重要因素是商业广告。

半小时的联播式晚间新闻结构是在商业广告（commercial）之间，安排出由

几条内容相关新闻组成的新闻节目段（news block 或称 news segment，指在两段广告之间的由 2 条至 3 条新闻组成的整体），形成“新闻节目段—广告—新闻节目段—广告—……”的结构模式。

半小时的晚间新闻中一般插播 4 段广告。广告之间形成的 5 个新闻节目段是节目安排所要考虑的内容。一般来说，电视网晚间新闻结构如下所示：

片头，主持人开场

第一个新闻段：

A. 画面精彩、重要的硬新闻

B. 与头条新闻相关的背景新闻（或对重要新闻的后续）

第二个新闻段：

A. 重要性稍稍次于头条新闻的报道——国际或国内

B. 软新闻，或新闻事件特写

D. 预告接下来的节目，吸引受众不要走开或关上电视

第三个新闻段：

A. 重要性稍次的国际或国内新闻

第四个新闻段：

A. 重要性再次的社会新闻

C. 预告接下来的节目

（广告时间—4 分钟）

第五个新闻段：

A. 多数是一条调查性事件特写或人情味新闻或人物

特写

主持人道“晚安”

片尾：字幕

在实际的半小时新闻中，除去广告时间，一般只有 X－24 分钟的时间是给新闻报道的。

我们以《ABC 今晚世界新闻》（1993 年 3 月 19 日）为例，看一下实际新闻时间分配情况：

第一个新闻段：时政新闻（4 分 30 秒）

第二个新闻段：社会新闻（5 分 30 秒）

第三个新闻段：国际新闻（5 分 00 秒）

第四个新闻段：人情味新闻（2 分 30 秒）

第五个新闻段：人物特写（4 分 30 秒）

下面我们仍以当天 ABC 晚间新闻为例，逐一分析各节目段的构成。

第一个新闻节目段。(the opening segment)

这是整个新闻节目中最重要的一环。因为它不仅确定着当天新闻报道的重点和风格，而且如果第一个新闻节目段不精彩，观众就可能转换频道，拒绝收看，从而影响收视率。

第一个节目应包括当天最重要、最精彩的 2 条至 3 条新闻，大约 4 分钟至 8 分钟。因其重要性，学者们把这个节目段称为是一个缩微的联播节目（aminiature broadcast）。其中头条新闻（the first item）应当是把当天最重要的新闻事件公布出来，一般是当天重大的突发事件或政治新闻。上述 ABC 的头条新闻即是美国最高法院法官辞职的政治新闻。第二条新闻大多是与第一条新闻相关的（比如事件造成的影响）新闻——总统对他即将提名的新法官的考虑。结束这个节目段的最后一条新闻是一条口播新闻：另一名最高法院官员也将提出辞职报告。三条新闻的时间分别约为：2 分钟、2 分钟、30 秒。

第二个新闻段中节目的新闻价值略低。从内容上讲，该时间段往往安排有关健康、科学或社会方面的新闻。ABC 安排了健康新闻；特写（2 分钟）、医学新闻（口播：10 秒）、经济新闻（口播：30 秒）、社会新闻特写（2 分钟）和人物新闻（口播：20 秒）。

第三个新闻节目段。国际新闻时段。当时正是前南斯拉夫地区内战的时期。该节目段第一条新闻是 3 名 ABC 记者分别从萨拉热窝、Srebrenica 和华盛顿发回的综合报道（2 分 30 秒）。第二条新闻是一则新闻特写，报道德国的移民和移民政策（2 分 30 秒）。

第四个新闻节目段。一则体育服装和体育用品的消费新闻特写（2 分钟）和一则关于黄石公园的口播环境新闻（30 秒）。

第五个新闻段。美国电视网新闻往往在整个新闻节目的结尾安排一则充满情趣或是人情味浓厚的“软”新闻，人物特写和事件特写成为很好的选择。

当天 ABC 安排的是时间约为 5 分钟的“本周人物”的特写。讲述一位冒着生命危险前往萨拉热窝帮助当地人民的美国消防员——约翰·乔丹（John Jordan），乔丹在片中说，只要萨拉热窝的人民继续生活下去，他就会想办法去帮助他们、拯救他们。“这个城市还会新生”给当天的新闻留下一个动人心弦的结尾。

每个新闻段结束时，是大约 2 分钟的广告时间。

首先是电视网自己的节目广告。主持人为受众预告接下来即将播出的新闻和当晚电视网的黄金时段节目，然后是三四条商业广告、商家提供的公益广告分割其余的时间。

6 点新闻播出时，受众们陆续回到家，打开电视机，观众数目是随时间推移陆续增加的。难免有受众会因为加班或交通堵塞错过节目的开始。因此，6 点晚间新闻在最后一个节目段中往往安排 20 秒至 30 秒的重要新闻回放，目的是让刚刚打开电视的受众了解当天重要新闻。切换很快的重要新闻画面配以解说词足以让受众对当天最重要的新闻有所了解。

（二）晚间新闻的前后包装

新闻节目段和广告时间段的穿插构成了晚间新闻的主体，但一个完整的新闻节目还需要前后的“包装”。而“包装”在越来越具有商业色彩的美国电视新闻中成为吸引受众注意力的重要武器。

按照美国电视新闻界的普遍观点：晚间新闻的开场一般都是由“冷开场”（cold open）和“热开场”（warm open）两部分组成的。

所谓“冷开场”也就是新闻提要。指晚间新闻开始时，电视屏幕上出现的由当天重要新闻的精彩画面构成一系列切换很快的画面组合，在主持人画外音的简单解说下，告知受众当天最重要的新闻事件，吸引他们看下去。三大电视网的晚间新闻，一开始都采用“冷开场”预告当天新闻，吸引受众收看。

所谓“热开场”指画面上出现电视网新闻节目的标志性场景——包括演播室的广角镜头配合着节目的标识音乐，以及新闻栏目的名称——“CBS Evening with Dan Rather”或“ABC World News Tonight”。接着，镜头推向坐在新闻桌前的主持人，镜头推到他（她或他们）的头和肩的位置，标识音乐结束，主持人问候受众，并开始当晚的节目。例如：

晚上好。丹·拉瑟报道。——CBS

来自华盛顿的晚安问候。——NBC

或 ABC 只是以简单的“晚安”问候开场，就直接进入当天新闻报道。

整个新闻节目结束时，同样，主持人向受众道“再见”或“晚安”，有时候还会说些有人情味的话或介绍接下来即将播出的节目。如，拉瑟：“快乐的事情会让一天变得美好。我们过一会在《48 小时》再见。”

镜头从主持人的中景拉开，给出演播室的全景。新闻栏目的片尾字幕滚动出现制作人员的名单，晚间新闻固定的标识音乐和标识片头、片尾，成为整个栏目不可分割的一部分。

二、中央电视台《新闻会客厅》策划方案

（一） 栏目介绍

《新闻会客厅》是一档晚8：30播出的新闻谈话类节目。它关注的是国内外重大新闻事件中的人物，有较强时效性和公众关注度。强调开掘新闻事件中人物内心的切身感受，事件中人性的展示及其经历。

内容定位：重在展示新闻中的人性、知识性、故事性。每期视内容多少可分为一个主题或多个主题的组合。

构成元素：以演播室为主阵地，以话语因素为主、图像因素为辅来诠释新闻事件。时长为25分钟到30分钟。由“2＋1”或“2＋N”的方式构成节目中谈话人物。即两位主持人加一位新闻当事人，或者是目击者、事件关联人。表现手段多种多样，短信、语音留言、网络、电话连线等均可应用。

（二） 理念

1. 关注新闻中的人性

所有新闻当中“人”是最重要也是最根本的因素，任何新闻归根到底都和人有关，“新闻会客厅”将以关注新闻中的人物内心、经历和感受为内在追求。

2. 多角度

通过对新闻中的知识性、故事性的展示，让观众得到更多的、更进一步的信息，不提供结论。

3. 平民气质

“新闻会客厅”将通过谈话场营造一种家庭气氛，拉近硬新闻与普通人的距离，增强可视性和传播的有效性。它的风格是亲切、平和、随和的。

（三） 《新闻会客厅》的特色

1. 新闻的关注点不同

《新闻解读》、《时空连线》等节目是“带着问号前行”，关注新闻的背景、前景与解决之道，探讨制度与机制问题。而“新闻会客厅”是“带着兴趣出发”，关注新闻中的人，包括人的感受、人的命运，具有知识性与故事性。

2. 嘉宾功能不同

所有新闻谈话节目中出现的嘉宾不外乎是专家、官员或当事人。《新闻会客厅》不追求专家路线。不是说它排斥专家，而是说它不强调专家式的权威解释，着眼点在于新闻性与人性的结合，其提问注重“大众感受、朴素情感”。

3. 叙事逻辑不一样

其他新闻谈话类节目是线性叙事逻辑，讲究叙事的起承转合，注重清晰的结论，相对比较完整。而《新闻会客厅》是发散式的叙事逻辑。它可以是一个主题也可以是多个主题，不要求十分详尽的论证，其逻辑随着主持人谈话的兴趣和气氛游走，谈论的点和结论是开放式的，不是唯一的，追求与观众的共鸣，是“形散而神不散”。

4. 呈现的形态不一样

其他新闻谈话节目是你问我答的“采访式”，较为严肃，而《新闻会客厅》则是有感而发的“谈话式”，较为轻松活泼，具备家庭氛围。同样是谈论一个新闻，《时空连线》等节目是在评论，而《新闻会客厅》是在“议论”，如果说其他新闻谈话类节目主持人要穿西装的话，进入《新闻会客厅》的人则不用穿西装。

（四） 开办《新闻会客厅》的必要性

1. 创立《新闻会客厅》，是新闻频道追求传播现代化的必然要求。

纵观中央电视台历来的新闻节目，主要是以告知事实和评论为主，而现代传播学认为，公众时新闻还有交流、议论的愿望，还想知道别人（除专家）对此事的感想与看法，《新闻会客厅》就提供了这样的平台。因此它的出现填补了新闻品种的空白。

2. 从国外新闻频道成熟的经验来看，《新闻会客厅》类型的节目，是不可或缺的。

我们对日本、法国、英国、美国、德国等国新闻频道进行了全面的了解，它们都有类似的谈话节目，都有很强的生命力。

3. 开创《新闻会客厅》有利于中央电视台整合频道资源。

从《新闻会客厅》横向比较看，在晚间8点到9点时段，观看电视剧的观众占60%。《新闻会客厅》的家庭氛围对这部分人有较强吸引力。

从新闻频道纵向比较看，19点到21点的前后，都是公众关注度高的主流新闻节目，整体感觉“偏硬”，《新闻会客厅》则有非刚性的特点，因此它的出现增加了新闻频道节目种类的多样性。

（五）《新闻会客厅》节目的优越性

1. 可操作性强：《新闻会客厅》的嘉宾组合形式多种多样，既可以有关联人也可以有当事人，不受实际情况限制，极具可操作性。

2. 时效快：《新闻会客厅》的节目内容是对当日发生或者当日报道的新闻进行议论和交流，因此，它具有非常快捷的时效性。

3. 性价比高：《新闻会客厅》每天半小时播出，资金投入相对而言比较便宜，节目的产出却相当高。

（六）《新闻会客厅》节目前景分析

首先，《新闻会客厅》会很快形成品牌效应。

《新闻会客厅》的主持人是面对整个中央电视台充分开放的，像白岩松、水均益、崔永元、敬一丹、张泉灵、张羽、董倩等，这些知名主持人已经各自形成了相对稳定的收视群体。这样的主持人组成，将会使《新闻会客厅》在极短的时间内形成公众知晓度，并尽快形成自己的品牌。

其次，经过一定时间的运作，《新闻会客厅》有可能诞生中央电视台第一批时事评论员。时事评论员是国际新闻大台的一个显著标志，CNN、BBC、ABC 等著名的电视台，都拥有一批出色的时事评论员。中央电视台目前还没有时事评论员，《新闻会客厅》栏目恰恰为他们提供了这样一个机会。

最后，《新闻会客厅》是中央电视台最有潜力成为直播形态的新闻专题节目。

在节目的开办初期，《新闻会客厅》准备采取准直播形态，一旦条件成熟，将逐步向直播形态过渡。由于《新闻会客厅》节目的内容定位，使得其节目在安全运作方面具有可控性。正因为如此，它在新闻专题节目中，最具有率先实现直播的可能。

总之，《新闻会客厅》节目独有的形式和定位，将使新闻频道在实现新闻价值方面更加丰富，节目类型更加均衡，整个频道也就将体现出更为人性的时代特点。

三、中央电视台《东方时空》2008 年改版策划方案

下面再看看中央电视台《东方时空》的 2008 年改版策划是在怎样的大背景下推出的：

2008 年 3 月，开播 15 年之久的《东方时空》大幅度改版，时长由原来的 45 分钟缩短为 30 分钟，首播由综合频道下午时段移入新闻频道晚间黄金时段，节目形态弃杂志型而就新闻专题，实现了自 1993 年创办以来的第五次华丽转身，并因其本质性的转型而引起众多人士的关注。

《东方时空》策划设计时明确了这样三个指导思想：

（一）内容：寻找新闻事实的第N个落点——新闻背景

2008版《东方时空》的内容定位有其独特的策略：节目主体定位于新闻事实发生之后。

第二、第三甚或第N个落点，也即在众多新闻媒体对相关新闻事实竞相报道、受众对事实基本要素已经获知之后另辟蹊径，不是在第一时间追求新闻的现场呈现，而是把重点放在揭示事实背后的相关要素上：怎样？如何？为何？未来又将如何？这正是人们常说的“新闻背景”。

（二）编排：类型系统化+周边效应

采取周边效应编排。所谓构筑栏目类型系统，是指打破原先“新闻节目=新闻消息类节目”的误区，将消息、评论、专题等类型进行集约化配置，构建“电视新闻=消息+言论+深度专题”的栏目系统。所谓周边效应编排，是指利用强势的品牌栏目，带动那些在此栏目播出前后的其他栏目，使其产生“蝴蝶效应”，从而获得节目编排的最大收益。新闻频道恰恰是按照这种设想，将《新闻联播》、《焦点访谈》、《国际时讯》、《东方时空》、《新闻1+1》等栏目叠加起来，运用新闻消息、专题报道、观点性言论、舆论监督、新闻访谈等不同的节目形态，使得“消息总汇+深度报道+观点+背景事实”的节目结构生成错落有致、张弛有度的节目系统。

（三）机制：从中心制转向频道制

2008改版是与新闻频道改版同步进行的，也就是个别栏目服从于专业频道的需要，采取“频道先行策划，打造整体观念”的自上而下的方式。中央电视台新闻中心主任梁晓涛在2008年5月新闻频道成立五周年时道出了此次改版的初衷：“组织架构的动态调整，使频道能够打破内部壁垒，将零散的节目品牌、人力资源和无形资产，整合成一个大品牌，那就是我们的新闻频道——这种思路，五年来逐渐清晰。”

——资料来源：张健著：《华丽转身背后的扬弃与继承——2008版〈东方时空〉的实验性特征探析》。

上面通过对一些新闻类节目的策划分析，不难发现，新闻评论类主持节目的策划艺术，应明确栏目指导思想和节目方针，这是决定节目成败的关键。

附：某新闻中心《直播××》栏目策划方案

一、栏目名称：《直播××》

1. 节目长度：55 分钟

2. 节目板块设置分四个部分："现场零距离"、"××工作室"、"非常关注"、"时事要闻"。

二、创办宗旨

1. 坚持正确的舆论导向，更加准确全面生动地宣传贯彻党的方针、政策，唱响主旋律，为全面建设小康社会鼓与呼。

2. 发挥省会城市地域优势和特色，更加贴近市民、贴近生活、贴近时代，把节目办成市民自己的栏目，老百姓自己的新闻。

3. 做到"两个满意"，即市委、市政府满意，老百姓满意。

4. 加强节目内容和形式的创新，加强节目的编排和包装，力争在激烈的电视新闻竞争中取得社会效益和收视率的双丰收。

三、栏目理念

1. 保证新闻报道的权威性，公正性，着力打造每天 55 分钟的大型新闻栏目《直播××》。

2. 增加节目内容的贴近性，追求大信息以及对市民的全方位服务，与本省所有的新闻栏目比快、比新、比优。

3. 探索节目样式的多样性，集中人力、物力，调动一切技术手段在形式上给人以耳目一新的感觉。同时在增加节目互动方面寻求突破。

四、栏目设计

1.《现场零距离》

节目长度：25 分钟

播出形式：直播

定位：24 小时内社会生活所发生的重大或重要社会新闻事件，生活资讯，人民群众关注的热点问题、社会问题，突出现场感和时效性。做到当天的新闻当天报，现在的新闻现在报，把最近发生的新闻变成正在发生的新闻。受众群为全市市民。

形态：以"新、短、快、活"的事件性或突发性新闻社会新闻为主。每条新闻必须有记者出镜，现场主持、现场采访。前期采访和现场录音应占新广播电视节目策划新闻的70%以上。

这一板块中的“××谈天气”要求主持人在外景画面中完成当天的播报并在后期创作中配上音乐。在当天新闻中找出值得关注的话题并进行公布，观众通过拨打热线电话和发短信发表自己的意见。在后面的板块中公布短信，反馈民意，体现栏目在时间和空间上与观众的零距离。

2.《××工作室》

节目长度：10分钟

播出形式：录播

定位：评论型新闻

不仅报道新闻重在述评新闻，主持人走出演播室来到市民中间，就市民身边的事、关注的事进行面对面的交流。充分发挥主持人的个人效应和语言优势。

形态：主持人播报新闻，点评新闻，表明自己的观点。语言要活泼、睿智并不乏辛辣之词。

3.《非常关注》……

4.《时事要闻》……

第八章 生活服务类主持人节目策划

第一节 生活服务类主持人节目及特色

一、生活服务类主持人节目的发展

生活服务类主持人节目在我国主持人节目发展史上占有重要地位。作为国内最早的原创性服务节目，《为您服务》至今已走过了30多年的历程。作为一档贴近百姓、服务受众的著名节目，它始终坚持不断推陈出新，经历了几次改版，力求更加适应时代的发展变化。本着“全心全意、为您服务”的朴实理念，《为您服务》重在表现普通百姓的家常生活，无论是从节目内容的选择上，还是从主持人的话语中，甚至从节目的场景设计中，都能令受众感受到浓浓的家常味和亲切感。因此节目长盛不衰。

我国的生活服务类节目大致有三类：

1. 经济服务。指为企业和从事经济工作的特殊受众群服务的节目，如信息服务、市场信息、广告信息、外汇牌价等。

2. 普通服务。提供天气、交通情况和购物、旅游信息，介绍生活常识等一类的服务节目。

3. 特殊服务。指应受众要求而进行的特殊服务，如听众投诉之类的节目等等。

从服务性能上又可分为：直接服务，即为群众生活、生产、工作、学习等直接提供服务的节目，如文化娱乐服务，导购、求职、买卖房屋，还有“听众点播”服务等；咨询服务，如许多台开办的“听众信箱”等节目，回答听众关心的各类问题；指导服务，即引领生活时尚，帮助人们获取最新科技知识信息等。

我国生活服务类主持人节目的发展轨迹，可分为以下两个阶段：

第一阶段（1981～1986年）这个阶段有影响的节目除了上面提及的《空中之友》和《大众信箱》外，还有中央电视台沈力主持的《为您服务》节目等。

1983年元旦正式开播的《为您服务》融知识性、趣味性、实用性于一体，以它“灵活多样的形式、丰富多彩的内容、独树一帜的风格”受到观众的称赞。

从总体来说，这一阶段有广泛社会影响的生活服务类主持人节目数量还非常小，服务的面也不够宽，主持形式较单一，语言仍缺乏贴近性。主持人的个性魅力仍没有得到彻底发挥；在理论上，各种争论比较激烈，如“主持人的语言是靡靡之音”等。人们的认识不统一，思想不解放，看法不一致。生活服务类主持人形式的出现实际上带有“吃螃蟹”的意味。这与当时的政治、经济大气候有直接关系。但是，这种崭新的主持形式毕竟为广播电视的发展带来了新的希望，使人们眼前“为之一亮”。争论归争论，广播电视已经有大量的有识之士在密切关注，许多台在跃跃欲试。而这种新颖的尝试一出现，就获得了广大群众的欢迎，反响强烈，为主持人节目的大发展奠定了坚实的基础。

第二阶段（1987年至今）这一阶段的主持人节目发展出现了飞跃，伴随着“系列台”的出现，开办主持人节目成为各台改革的主旋律。

这一时期的生活服务类主持人节目主要呈现出以下四个基本特点：

第一，适应市场经济发展需要，经济信息类、生活服务类节目明显增多，呈现了鲜明的时代特色。1986年12月15日珠江经济广播电台开播，引发了全国大办经济台，开展信息服务的热潮。至今全国已开办经济广播电台八十多家，而且均为主持人直播节目。其中的当家直播节目有许多是生活服务类主持人节目。在主持人节目和“系列台”兴起之初，一些改革先行的台为全国作出了榜样，成为各台学习的范例。

例如，当时的珠江经济电台是一个大众型、信息型、服务型、娱乐型的电台。它的主要服务对象是市场经济中广大的生产者、经营者和消费者。通过每逢半点播出新闻，每逢整点播出经济信息、科技信息和其他实用性信息新闻信息向听众提供直接服务。大量地为经济建设服务、为听众服务的主持人节目成为珠江台的鲜明特色。

第二，热线电话服务。在各系列台，各种类型的电话直接参与的节目纷纷兴起。有电话咨询、电话导购、电话讨论、电话热线、电话娱乐、市民热线等节目。一些电视台在现场直播时也开始使用热线电话直接为听众服务。电话加入广播、电视，不仅为主持人走入千家万户、登门入室服务创造了极为方便的条件，而且为受众直接参与节目提供了方便，增强了节目对受众的吸引力，增进了双方的亲近感，缩短了主持人与受众间的距离。

目前，与热线电话相关的服务节目相当普遍，如一些导购、寻医问药、心理服务、现场直播甚至是横跨数市、数省的异地直播等。参与的人数相当广泛，主持人通过网络全方位地为市场服务，为受众服务。所以网络服务节目成为这个阶段又一鲜明特色。

第三，网络短信平台的互动参与。如何留住80后和90后，一直是电视媒体关注的问题。年轻人在屏幕前的兴趣容易被转移，因此，需要有新的吸引眼球的东西，传统的节目形式还需要跟上网络的节拍，于是成就了互联网和电视的结合。2010年4月湖南卫视和某网共同推出的中国首档电视网络互动节目《越淘越开心》，观众和网友的热情极高，有100万观众通过网络同时参加。

第四，主持人节目、特别是主持人靠“个性”打天下的时期来临。

一些以主持人名字命名的信箱类节目或服务性栏目纷纷出现，独具特色和魅力。以节目主持人名字命名服务性节目和栏目，标志着我国生活服务类主持人节目开始进入向个性化和明星化发展的新阶段，也标志着生活服务类主持人节目的走向成熟。它使主持人的个性形象更具亲和力，从而使受众产生一种熟人般的认同感，增强了服务效果和传播效应。浙江台的《小强热线》、《范大姐帮忙》的成功，就足以说明这一点。

二、生活服务类主持人节目的特色

生活服务类主持人节目是通过主持人来传播社会科学知识和自然科学知识的节目。它可分为知识性主持人节目和对象性主持人节目两大类。

生活服务类主持人节目是当前广播电视运用主持人节目特色，进行理论教育、方针政策教育、思想教育、科学文化教育、现代知识等教育的最有效的传播形式之一，由于其特殊的形式和内容的魅力而深受欢迎。

我们可以看到，在每年的广播、电视优秀节目评比中，生活服务类主持人节目获奖的比例都很大，这一方面说明此类主持人节目的成就，另一方面说明广播电视对生活服务类主持人节目的重视。

这一类主持人节目，是针对服务对象的实际需要和心理需求而设置的，既与过去的社教节目在所包含的内容方面有相同之处，又有本质的区别。

生活服务类知识性主持人节目和对象性主持人节目具有以下特色：

（一）注重贴近性和实用性

生活服务类主持人节目最大的特色之一是它的贴近性。这是由它的内容与受众的密切关系决定的。为了取得更好的传播效果，就要求节目的内容要贴近群众、贴近生活、贴近实际。而一些与经济效益直接挂钩的节目与经济效益有直接关系，也要求要贴近特有的群众。

例如，上海曾爆发过的那次甲肝大疫情，许多周边的群众都谈“肝”色变。这时一些生活服务类主持人节目的主持人急群众所急，想群众所想，发挥生活服务类主持人节目的贴近和实用特色，及时邀请防疫部门专家走进直播室，谈防治甲肝的方法，介绍一些饮食等方面的预防知识；邀请医院的医生走进直播室向群众宣传一些甲肝的检查手段和药品的治疗手段；邀请一些社会学家从社会学角度分析甲肝爆发的原因等。通过热心、周到、科学、全面的服务，为稳定社会发挥了很大的作用。

很明显，生活服务类主持人节目必须要寻找与受众的“接近点”。就像我们去推销一件商品，如果你对询问者、购买者冷冷淡淡，爱理不理，甚至板起面孔教训人家，那么你卖的东西再好，人家也不一定会去买你的东西。

从受众的角度来看，群众收看收听生活服务类主持人节目时的普遍心理需求是：了解政策，吸取各种经验，获取信息，丰富知识，开阔眼界，获得安慰和心理上的满足。现在各台的生活知识、医药保健节目之所以受到欢迎，一个重要因素就是同广大群众的切身利益、日常生活息息相关。主持人直接为群众提供服务，成为群众的最可信任的朋友。

生活服务类主持人节目为受众提供生活服务，传播生活知识，培养大家的健康生活情趣和高尚生活情操。比起其他节目来，生活服务类节目更注重实用性，更讲究实用价值。人们收听收看生活服务类节目可以得到更具体的服务和更多的实惠。

它涉及的范围广泛，尤其是人们的衣食住行、卫生保健、家庭婚姻、人际关系等。受众把这类节目当做家庭的顾问、生活的百科全书。如果抽掉了这类节目的实用性，就等于抽掉了节目的生命力。包括信息类服务节目，也要注重实用性。开办信息节目，其目的就是为了更好地开发信息资源，服务四化建设，通过信息传播及开发服务工作，为社会各界沟通信息，牵线搭桥，排忧解难。

信息类服务节目把坚持信息的“真实、有用、及时”作为方针，把坚持信息的有用性作为核心问题来考虑。因此，信息服务节目在开办时特别注意向工矿企业和广大群众提供各种实用性信息，使他们从获取的信息中受益，真正得到实惠。

作为生活服务类节目主持人，自然要时刻注意选择有针对性的内容，注意根据不同的对象特点选择合适的题材和内容，讲述他们身边熟悉的人和事，讲述他们自己的事情，真实地反映广大群众的心声，当好群众的参谋，当好他们的朋友，当好他们的知心人。

比如早期的《为您服务》，有一个板块《生活智多星》采用演播室现场试验的方式解决生活中的小难题，提供生活小窍门；《旅游风向标》通过外景主持人的实际体验，以普通旅游者的眼光提供旅游资讯，推荐出行安排；而现在的《律师出招》通过模拟真实案例，邀请名牌律师现场答疑解惑；《为您理财》则在网上征询受众有关理财方面的问题，选出有代表性的由理财专家直接给出有针对性的解决方案。

（二） 时代特色强

广播电视的生活服务类主持人是时代发展的产物，富有浓郁的时代气息自然就成为它的一大特色。

纵观我国各地电台、电视台所办的红红火火的生活服务类主持人节目，都可以明显地察觉到它那扑面而来的时代气息，感受到生活服务类主持人节目与时代的紧密相连。例如因为近年来的物价上涨以及全民理财热的兴起，《为您服务》还适时地增加了《为您理财》的小板块，由知名理财策划师帮助受众处理在家庭理财中出现的有代表性、典型性的问题。其实从《为您服务》设置的《为您理财》、《律师出招》这些小板块以及一些关注社会热点问题的节目内容中，我们都可以看出编导的良苦用心。《为您服务》也许不是走在生活最前沿的，但却真正是深入到百姓生活中去，给受众提供无微不至的实用性服务。

正因为如此，在当前我们社会主义市场经济的新的建设时期，生活服务类主持人节目不能仅满足于一般日常生活、生产方面知识的介绍等，还应该面向国外、面向全世界，根据新时代不断发展变化的市场的需要，加大经济、科技、法律等知识的宣传报道。如中国加入世贸组织后，一些相关知识的节目，包括一些科技、法律、税收、致富创业一类的节目都很受欢迎。

又如，环保现在在世界各国都受到重视，与过去一些“人定胜天”的宣传不同。我国的广播电视主持人节目也紧紧号准这一时代“脉搏”，推出了许多表现“天人合一”思想的节目。如中央电视台的《动物世界》和现在的《人与自然》，还有引进的“探索频道”的节目等，都吸引了大批受众。

生活服务类主持人节目的成功，说明它适应了改革时代的需要，顺应了民心。这些新节目的出现，反映了当今时代的特色，对推动和促进我国经济建设的发展起到了很大的促进作用。

应该说，随着我国社会主义市场经济的进一步发展，新的事物将不断涌现，将为主持人提供策划、创作生活服务类主持人节目的巨大空间，而打开这扇“大门”的“钥匙”就是要把握时代的脉搏。

（三）栏目特色明显

许多生活服务类主持人节目都是以风格不同的栏目作为基本框架结构的。这种结构方式也就是我们所说的“大板块”。一档生活服务类主持人节目是否受欢迎，集中体现在栏目的设置及栏目之间是否能够有机结合，是否能够产生“蒙太奇”效应上。各具风采的栏目是生活服务类主持人节目的显著特色之一。

例如，凤凰卫视中文台李辉主持的《完全时尚手册》已经播出10年。2005年节目完成了改版，以更具格调的演绎手法、更精彩的内容，带领观众走进潮流的国度。每周五天节目主题各不相同：

周一 天桥云裳。搜罗全球最顶尖的时装设计品牌，率先预报每季的潮流走向，介绍最新的彩妆技巧，趋时的衣饰配搭，提供美容护肤及最新潮流信息。

周二 皇朝家私我的家。以环球视野，网罗全球各地最新建筑设计方案；走访华丽豪宅、特色公寓、主题酒店，开拓观众眼界，引入更多家居设计的新灵感。小环节让风水师解读家居摆设及风水命理。

周三 数码港。精彩环节是“追新族”介绍新科技产品，展示产品价值。

周四 品味点。带观众见识生活中最高级的享受、最震动人心的艺术精品。

周五 车元素。报道世界各地车坛盛事，介绍全新名车，深入分析汽车行业发展走向。

从我国广播电视目前主持人节目所设栏目来看，虽表现手法众多，新思维、新技法不断涌现，并呈多元化发展，但从实质上来看，主要有两种类型：

1. 主题式栏目。在固定的时间里阐述一个主题，虽有层次段落之分，但无其他主题出现，所有内容都围绕一个主题。

对主题的阐述有三种方式：

（1）散点式的阐述方式，通过不同的侧面、不同的领域、不同的角度阐述主题。

比如2007年6月13日，北京电台新闻广播《新闻大视野》节目头条新闻采用的是“今年新学期全国中小学生将跳校园集体舞”的一组报道，第一条是新闻广播记者的口播，内容是从2007年9月1日起教育部将面向全国中小学生正式推出校园集体舞。第二条是一篇文字消息，题目是“调查显示：我国喜欢和比较喜欢校园集体舞的学生占到总数的72.3%”，这是学生的反应。第三条是新华社的消息“教育部有关负责人表示，学生跳集体舞不会导致早恋”，这是教育部官员针对有人质疑高中学生跳华尔兹是否会导致早恋现象增多，就校园集体舞特点和学生早恋问题进行的解释和表态。一项简单的集体舞活动通过这三篇不同视角的报道不仅涉及了艺术问题、教育问题，还涉及情感问题、社会问题，加强了报道的力度和深度，引人思考。

(2) 纵向式的阐述方式，如中央电视台的《焦点访谈》、《新闻调查》等，节目采用剥笋般的阐述方式，层层递进表现主题，一期栏目调查一个问题，指向明确。

(3) 横纵结合的阐述方式，在横断面上同时进行深度挖掘，或在递进式的逻辑阐述中展现相关的层面。如中央电视台《今日说法》节目，就既有事件的纵向逻辑发展，又有横断面上的方方面面的点评，两者交错进行，形成点面的有机结合。

2. 板块式栏目。把固定的栏目时间分割成好几块，分别有不同的板块主题，表现截然不同的内容，板块之间可以没有关联，没有逻辑上的延续。在一个 30 分钟的节目里，有的可分成 3 ~ 4 个板块。其中可有主打板块，占据主要时段；也可有过渡性板块，串联在主打板块之间，起着承上启下的作用；也可有板块式栏目，各板块平分秋色，均衡地占据栏目时间。

不同栏目形式对于受众的定位是不一样的。在节目策划时一定要予以明确，板块式栏目具有内容简洁明了，节奏易调整，视角变化快，不易产生拖沓、沉闷等厌烦心理等优势。它较适合文化层次较低、年龄较大的一部分受众。主题式栏目具有节目内容涉及面广、主题挖掘深刻、节目逻辑性强、制作结构严谨等优势，具有开放性和渗透性的特点。这种形式更适合受众群中具有较高文化层次、有较强问题分析能力、拥有自己独立见解的一部分受众。主题式栏目能给受众带来联想空间和开阔的思路。

（四） 地方特色鲜明

在历年的全国社教节目及其他一些政府奖评选中，具有地方特色的生活服务类主持人节目是在参评时最讨巧、也是获奖率最高的。其根本原因当然是生活服务类主持人节目的“贴近性和实用性”。而各级奖项的评委也常常将地方特色作为衡量标准之一。因此许多主持人在策划该类主持人节目时，都把地方特色作为创新突破口。各台都抓住生活服务类节目“贴近性和实用性”这一根本，从当地实际出发，从当地群众生产生活实际出发，介绍有关法律法规、科技、医药、农业生产、生活等方面的知识。许多深受当地群众喜爱的节目，都富有浓郁的地方特色。

如2006年消费监督类节目《南京质量报告》、北京电视台《第七日》、江苏电视台城市频道《南京零距离》等。

（五）趣味性浓郁

在生活服务类主持人节目中，趣味性对吸引受众起了相当大的作用。它带领人们上天、下海，探幽寻奇，足不出户，心驰万里。丰富多彩的生活、神奇的自然现象、令人称奇的科学奥秘，使人们欲罢不能。主持人实际上成了大家的“导游”，带领着大家徜徉在充满趣味的知识的海洋里。他们的权威性和可信度使之成为受众心目中某方面的行家。

例如，北京电视台生活频道《快乐生活一点通》节目，以“快乐一家人”室内情景剧的形式开创了生活类节目角色化主持的先河。三代同堂的五口之家，原汁原味的生活场景被真实生动地搬上荧屏。百姓生活中的小发明、小窍门，通过快乐家庭的日常生活一一展现，观众在轻松诙谐的家庭气氛中，便可学到简单实用的生活窍门。

再以中央电视台《人与自然》为例，节目在知识性、欣赏性、趣味性三者有机综合方面做了成功的尝试。该节目不仅介绍了自然与人类生存间的密切关系，以及如何保护人类生存环境、保持生态平衡等方面的知识，而且主持人还注意引导人们去认识大千世界中尚未认知的、颇有几分神秘感的自然界奥秘。这些无不引起受众浓厚的兴趣，让受众在赏心悦目中受益。

（六）主持人与传播对象的特定性

对象性的生活服务类主持人节目与知识性的生活服务类主持人节目最大的不同就在于它是专门为各种特定对象设置的。比如，以农民为对象的，有中央电视台的《致富经》，还有第七套中的许多节目；以老人为对象的，有中央电视台的《夕阳红》，现又增加了十一频道；以解放军为对象的有中央电视台的《军事天地》等；以儿童为对象的有中央电视台的《大风车》、中央人民广播电台的《小喇叭》等。主持人在进行对象性生活服务类节目策划时要准确把握，从节目内容到形式都要适合特定对象的需要。

另一方面，生活服务类主持人的形象对节目成败具有举足轻重的作用。主持人形象的定位也需要讲究准确性、特定性，要适合服务对象。

生活服务类主持人节目板块一般均由若干个各具特色的小栏目构成。这些小栏目表面上看比较松散，缺乏内在联系，必须通过主持人的精心编辑和串联使各部分结构成为一个完整的节目整体。

主持人要通过穿针引线来发挥“桥梁”作用，有效地密切栏目与栏目间的内在联系，赋予板块间的完整性，进而沟通广播电视与受众之间的联系，彼此交流情感，实现服务与被服务之间的完美结合。

生活服务类节目主持人常常是节目形象的标志，其所主持的节目性质决定了主持人的风格的特定性：质朴无华，和蔼可亲，真诚热情。以上特定性，要求主持人摆正自己与受众间的关系，受众是“上帝”，主持人是为他们服务的朋友。而主持人要通过自我调节进入“角色”，表现在服务态度上要想群众之想，急群众之急，把群众的需要当做自己的需要，把群众的疾苦放在自己的心上。服务周到，耐心细致。要采用谈心式的语言，娓娓道来，循循善诱。生活服务类节目主持人在进行节目策划时，一定要根据对象的职业、性别、年龄等特点和不同的心理需求，有针对性地设置节目与栏目，使节目或栏目成为服务对象的化身与象征。

例如，《为您服务》栏目是中央电视台最早创办的一个专题性栏目，如今已走过了30年的成长历程，在节目的不断推陈出新中《为您服务》已成为中央电视台颇具影响力的品牌节目，作为为百姓生活质量服务的日播类节目，在中央电视台经济频道播出。栏目目前设有三个小板块：

《生活有隐忧，你该怎么办?》：每天的生活中存在着许多可能发生的危机事件，每个人都有遇到突发困境的可能，如何预防隐藏着的危机，摆脱意外发生的困境?《为您服务》危情类板块节目为您支招。我们将通过展现扣人心弦的危机现场，重现惊心动魄的艰难场面，提醒您注意日常生活中隐含的各种危险和一不小心就会触发的非常事件，为您提供在各种危急情况下自我解救的专业方法和贴心的危机预防建议，让您远离危机，解除困境。

《生活大不同，专家有说法》：生活里有很多有趣的新鲜事儿，有些可以改变我们的生活方式，有些可以改善我们沮丧的心情。“生活大不同”专门给您推荐会开开心心过日子的人和全国发生的让我们开心的事儿。还有专家阐述，让新鲜事儿也能指导我们更好的生活。

《生活有纠纷，律师来出招》：针对百姓在日常生活中遇到的纠纷或麻烦，由律师出招来帮助求助者解决问题或是明确方向，并且为大家处理同类问题提供参考意见。服务内容：1. 对于求助者的纠纷给出法律分析，对百姓生活中模糊的法律点或大家不知道的法律知识进行介绍。2. 通过观众给出的办法或其他专家的建议，为当事人提供务实的解决方案。3. 律师针对节目提出的核心问题答疑释惑，同时结合现实情况，提出切实有效的解决方案或给予当事人中肯的建议。

（七）对象化的语言风格

生活服务类主持人节目的对象化语言风格也是其赖以生存的特色之一。这一点不用做过多的解释，因为再好的内容和形式最终都要靠语言表达出来。因此，对象化的语言对于生活服务类主持人节目及主持人来说具有生死存亡的意义。

主持和策划对象性生活服务类主持人节目，一定要把握对象化的语言的运用。编写主持人稿和主持时其语言都要注意口语化通俗化、朴实自然、亲切得体，还要求要有与节目相适应的明显的个性特点。同是对象性的节目，如《为您服务》和《生活》在语言上的风格就应因对象不同而有明显区别。

《为您服务》起用了两个女主持人共同在演播室中主持节目：时尚型的王小骞和主妇型的肖薇。两个主持人风格迥然不同却又刚好形成互补。王小骞活泼亮丽，在节目中制造气氛，起主导作用；而肖薇则大方自然，在节目中娓娓道来，与嘉宾进行家常与细腻的沟通，更增加了亲切感。两个主持人的不同风格恰好构成了节目张弛有度的节奏，在短短的 30 分钟里，在轻松风趣的氛围中传达了尽可能多的信息。《生活》栏目的整体风格正如它的两位男主持人所表现出来的那样，对于生活的观察有着更加宏观和大气的视角。

（八）受众参与的广泛性

生活服务类主持人节目除了以上特色外，还有一个最大的特色，那就是受众的广泛参与。它不仅仅一个劲地强调去为受众服务，还通过栏目的设置，内容的安排，热线电话的手段，使受众变被动为主动。受众的参与真正缩短了传播双方的心理距离，使得节目的效果大大提高，也使得节目更好听、更好看。因而，策划生活服务类主持人节目，从一开始就不可忽视受众的参与。

怎样吸引受众主动参与节目呢？除了主持人要有良好的风度、气质和个性魅力，以其特有的亲和力去吸引受众参与外，精心设置便于受众参与的共生性栏目，增加开放性和透明度则是重要一环。如中央电视台《为您服务》节目设置的“生活有纠纷，律师来出招”等小栏目，可以有意识地组织受众参与节目的创作，也可以充分调动和发挥受众参与节目的积极性。正是由于广大受众的主动参与，使《为您服务》节目增添了一种独特的魅力。它和受众更贴近了，近到寻常百姓可以随时“找上门来”。

目前许多电台普遍设有电子邮箱和短信通道，观众通过登录网络平台或者发短信直接参与节目，方便又广泛。主持人登门入室，联结千家万户，成为广大受众的知心朋友。

2009年1月13日，中国互联网络信息中心（CNNIC）在京发布了《第23次中国互联网络发展状况统计报告》。报告显示，截至2008年年底，我国互联网普及率以22.6%的比例首次超过21.9%的全球平均水平。同时，我国网民数达到2.98亿，宽带网民数达到2.7亿，国家CN域名数达1357.2万，三项指标继续稳居世界排名第一。2008年使用手机上网的网民较2007年翻了一番还多，达到1.17亿。

服务节目中的电话使得传播具有双向性。网络传播两端的双方身份平等，利于互动，易产生更好的传播效果。传播学认为："最典型的和最频繁的传播格局是一种扩大了的双向关系，在通常的情况下，参加者在这一交流中参加的程度是不同的……这种关系的结果是，随着交流的继续进行，理解很可能变得越来越接近。"网络互动参与传播打破了传统的"你说我听"的传播模式，形成了生动活泼的真正意义上的双向交流，使传者和受众相互沟通理解，彼此变得越来越接近，双方都成为对方生活中的一员。

第二节　生活服务类主持人节目的策划

一、生活服务类主持人节目的策划目标

作为生活服务类主持人节目，其产生、发展是为了满足人们日益增长的物质、文化生活的需要，是为了普遍地提高人们生活的质量。策划该类节目，有几项原则时刻不能忘记：

第一，明确对象。只有明确对象，才能找准主题，选择题材，才能进行主持人定位。

第二，明确需要。生活服务类的节目，是办给群众听和看的，而他们参与这一类节目与听歌曲和看电视剧等有所不同。他们需要的是能够从节目中得到实实在在的服务。如股市类的服务节目，你不明白股民在想什么，需要什么，办出的节目肯定没有人听、没有人看。一档生活服务类主持人节目的开办，不仅要尽力适应受众的需要，设身处地为受众着想，急他们之所急，帮他们之所需，热情、周到地作好服务，让受众可以直接发表他们的意见。受众收看、收听节目后，能对自己生活产生某种影响，得到美的享受。

再次，调动参与。作为生活服务类的主持人节目，受众已成为节目的一部

分，没有了受众的参与，节目也就失去了根本。

最后，节目要具有趣味性。

为了贯彻以下原则，生活服务类主持人节目的策划目标主要有以下几个方面：

（一）精心选择和组合话题

生活服务类主持人节目策划，一定要掌握好各板块内容。因为开设各板块的目的是为了使他们的话题产生的效应有机叠加，而不是不管什么话题都拿来，形成一种毫无作用的堆砌。对话题要严格筛选、精心组合。

生活服务类主持人节目的话题选择要根据主题的需要，精心选择典型的、有代表性的有新闻价值的、新鲜重要的话题。话题选择的准确，节目就成功了一半。

比如《生活》栏目的“危机现场”板块，就是如此将新闻事件当做引出生活话题的线索的。比如2005年3月18日的节目就讲述了这样一个真实的事件：十几岁的小可过生日，几个同学买来了生日蛋糕，在大家打闹玩耍的时候，一个同学把蛋糕抹在小可的脸上。没想到被抹在小可脸上的蛋糕在打闹过程中进入了她的气管，气管和支气管的堵塞导致她开始剧烈地咳嗽，脸色也开始急剧变化。这种情况若持续5分钟，就很有可能导致脑死亡。于是同学们在拨打120求救的同时，开始采用各种方式进行救助，先后采用了灌水、倒提、抠嗓子和人工呼吸几种方式，直到救护车到达。事件短片结束后由主持人邀请专家对这几种方式进行了点评并对类似事件做了一些建议。这种将事件用新闻的方式表达出来并从事件中挖掘生活话题的方式，由于所讲述事件的新鲜性与紧张性，往往能在叙述一开始就抓住受众的心，令他们迫切想了解事情如何发展，从而欲罢不能地关注节目的进展。

又如《为您服务》2008年3月10日播出的《美食走四方》为例，这期节目介绍的是东北的美食，主持人李晓东一出场就将节目与最近正在热播的电视剧《闯关东》联系在一起，通过剧情回顾来引出本期节目要着重介绍的东北美食。在介绍菜品时，更是播放出《闯关东》的片段，用电视剧的镜头来推荐出主持人要探寻品尝的一道道美食。显而易见，这期节目是要趁着《闯关东》热播之势，来吸引广大受众，而《闯关东》也顺便做了主持人之外的另一条串联线索，将东北的风土人情和珍馐佳肴着实出色地表现了一番。因此，借着热播电视剧的东风，这期《为您服务》获得了相当高的收视率。

针对一些容量较大，板块较多的生活服务类主持人节目，光有好的选题还不行，还要学会寻求“块”与“块”之间的有机联系，增强整体效果。各“块”的话题选得再好，但板块之间存在断裂感也不能称之为成功的策划。

以2006年1月1日《新闻大视野》节目为例，当天国内新闻第一条是“中国政府网今天零点正式开通”，第二条“上海市出台新规定，企业裁员不能老总一人说了算”，第三条是“山西省将实行新的《城市房屋权属登记条例》”。编辑在串联时将第一条的落脚点放在政府网开通的意义上，结尾是这样说的：“它的开通对于促进政务公开，改进公共服务，便于公众知情、参与和监督，将具有重要意义。”接下来的主持人串词是：“好消息不止这一个，对于上海市民来说，今后，企业老总因为个人不满而迁怒员工，‘不由分说’突然通知某员工‘明天你不用来上班了’的做法，将成为违法行为。”下面是介绍相关法规。第三条的串联是“除了就业，房屋产权也是老百姓非常关注的问题，由此引发的纠纷并不少见，山西省建设厅从今天起将实行新的《城市房屋权属登记条例》……”经过编辑的串联，三条互不相关的消息前后之间有了衔接和呼应，整个节目编排上也显得自然流畅。

（二）积极调动受众参与

作为生活服务类主持人节目，听众的参与度至关重要，没有听众参与，就失去了生活服务类节目设立主持人的意义。

在生活服务类主持人节目策划之初，就要结合节目的主题、性质、对象等，详尽地考虑如何使节目开放，如何使听众参与其中。不仅仅有热线电话是参与，来信、甚至利用因特网等都可促成受众的参与，达成与受众的交流。

有了受众的参与，才可达成与受众的交流。有了交流，节目才会生动活泼，充满朝气和活力。同时有了听众参与，主持人可更直接地获得第一手资料，掌握受众想的是什么，当前最关心的又是什么。继而可连续不断抓住更多、更好的选题。

《为您服务》和《生活》栏目曾经联合推出过名为《节能半小时》的特别节目，在节目中除了由嘉宾组队回答问题赢取节能奖品之外，主持人还会在节目中教授家庭节能的小窍门，帮助受众改变不正确的耗能习惯。以2007年9月14日的节目为例，节目中教授大家如何在使用家里的照明灯时节省能源。主持人在询问了现场嘉宾家里分别都装了多少灯，用的是什么灯之后，粗略地计算了一下所消耗的电量。之后又请出专家来告诉大家用节能灯可以让家里在依旧明亮的情况下，尽量省电。这样的选题看似在生活中随处可见，但却并没有很多节目选择。其实对于受众而言，这样的选题实际上并非琐碎和单调。生活服务类节目既不能哗众取宠，也不要走小众路线。要弄清社会的主流所在，弄清受众的兴趣所在。也不要以为主持人最后的话语过于平淡缺乏文采与激情。节目的落点不怕小，只要是真正想受众所想，就一定能受到受众的喜爱。用平民视角观察生活，用平民视角做节目，用平民视角与受众沟通，这才是真正的生活服务类节目。

（三）认真研究编辑串联艺术

编辑串联能力是主持人的一大基本功。节目编辑串联得好，则事半功倍；编辑串联得不好则功倍事半。讲究编辑串联的主持人节目，整体感强，节目立得住，主持人的个性风格易在节目的整体风格中找到依托，并与之相统一。

2007 年 6 月 12 日，德国和日本两个国家对“二战”劳工赔偿问题表现出了截然不同的两种态度，新闻广播第二天播出的《新闻大视野》节目在国际新闻部分先是报道了“德国完成对纳粹强制劳工赔偿工作，共支付赔偿金 43 亿多欧元”。接下来的消息串联词是这样的：“与纳粹强制劳工相比，被侵华日军强行征召的中国劳工至今仍然处于获赔无望的境地。就在同一天，面对战争期间犯下的罪行和幸存劳工的诉讼请求，日本最高法院作出了与德国政府截然相反的决定，驳回原中国劳工刘宗根等 6 人要求日本政府对战时他们被绑架到日本大江山矿山当劳工给予总额约 1. 1 亿日元赔偿的上诉请求。”编辑将这两条消息集纳在一起，通过串联产生了强烈的对比效果，让人们对“二战”那段历史以及两个国家对待历史的态度一目了然。

（四）注重发挥音响和声音优势

生活服务类主持人节目应注重声音的亲切、悦耳、活泼、风趣。语言要声情并茂，和蔼自然，因为声音本身就能反映出服务态度。服务节目是以交流为主的，落落大方富于真情实感的语言才能实现与受众的交流。

生活服务类主持人节目的服务应该是在美的享受中进行的，要重视音响的运用，以增强感染力。

二、生活服务类主持人节目的策划要点

（一）选题要“准、新、实”

选题作为生活服务类主持人节目策划的重要一环，必须要与节目的宗旨相吻合，与整个时段风格吻合，与主持人的风格吻合，因此，要精心选择话题。如何精心选择话题，关键做到三个字：“准、新、实。”

1. “准”

准是指介绍的知识、传播的内容，要准确、真实、科学，忌一般化。

不同对象的服务节目就要根据特定对象的需要选题选材，做到有的放矢，针对性强。有面向农民的、工人的、少儿的、青年的、中老年的，还有面向妇女的、残疾人的。这些特定对象的生活环境、文化层次、心理需求、实际需要各异，节目安排的话题，乃至主持人的主持语言，都要因人而宜，有差异就会有特点。节目主持人必须要熟悉服务对象的方方面面，才能够做到受众满意。

为了回答听众“乘车难”的问题，主持人蔚兰为了寻找感觉，在有一年夏天最热的几天里，自己多次乘车，有意识地往驾驶员旁边站。车中的闷热与浓烈的汽油味，使她感到很难受，也感受到司机坚持8小时真不容易。而乘客还可以选择窗口，到站下车。在节目里，她把这些具体感受如实地播放出去，目的是希望大家能互相理解。过后，各车队都收到大量的慰问信，许多人还顶着炎炎烈日，自己掏钱买好冷饮，送给进站的司机。

对主持人来说，话题选准了，并不能算完，还有一个如何准确表达的问题。既是服务，就要耐心，就要心平气和。蔚兰的体会是：“用社论语言，人家不听；你空发议论，人家就关机子。”敬一丹的体会是：“我经常谈的是经济话题，我对自己有一个要求：经济话题由我来谈，不能让受众觉得很艰涩。主持人如能以平常心去体味，用平常话去表达，就可能深入浅出。”

2. “新”

新是指要刻意求新。

首先，从选择内容开始就要求新。就像几个商店在卖服装，别人店里没有的，我有；别人店里有，我的店里也有，但要比你的质量新、样式好。只有这样，才能把店开好，这就是有“个性”。

其次，从表现手法来说，要做到立意新，角度新。

《为您服务》，用虚拟主人公的叙事，纪录片式的镜头再现了生活危机的一幕一幕，逼真的演绎，摇晃的镜头，恐怖的音效，使观众获得了在此类型节目中全新的视觉感受和体验。

而经济频道的另一档节目《交换空间》，能够在短时间内成长为一个备受观众喜爱的电视栏目，与其节目选题的“新”都有着很大关系。选题内容方面，它瞄准了房屋装修类在我国电视节目尚属空白的这样一个机会，同时又以新的角度对节目风格进行新的定位，做到了实用性与娱乐性因素恰当结合。

3. “实”

实是指实用，有实际价值。选材以群众的实际需要为主，以具有现实意义为主，以普及为主；选取人们日常生活中所关心的所急需的。

央视二套之所以推出《交换空间》这个栏目，与近两年买房热、装修热这个社会大背景有关。由于中国的房地产市场主要以销售清水房为主，加之普通人专业知识的不足，每年有三百多亿元在家装中浪费。因此如何帮助中国人树立正确的家装观念，是媒体的一种社会责任。《交换空间》栏目正应了大众的这一需求。其中有一期节目中在挑选儿童床上的床幔时，看到丝麻类的纱帘时，设计师就解说它的一些特性，同时屏幕提示："丝麻类的纱帘手感舒适，但保养比较麻烦，需要干洗，这种纱不适合用在儿童房里。"设计师提倡在儿童房用玻璃纱，屏幕又打出提示："玻璃纱光泽度好，耐磨，可水洗。"设计师的介绍加上一些小提示，使受众在不知不觉中学到了一些有用的家装购买常识。该节目之所以取得如此好的效应，就足因为节目实用性、服务性强。

（二）形式要灵活多样

在现实生活中，人们有求新求变的心理。这也是社会不断发展的一个因素。广播电视的节目也是这样，虽然说有些精品人们百听不厌，百看不烦，但是这毕竟是少数，实际生活中人们最反对那些"老套"的内容。

此外，如果主持人确定了很好的选题，内容也很富于贴近性，又是大家非常喜欢的，总用陈旧的形式来表现也不行。如果节目形式不加创新，势必使本来很有优势的内容遭到受众厌弃，所以必须以灵活多样的形式来表现各种生活知识，使受众在娱乐中得到生活的指导。

在生活服务类节目中，服务专栏节目拥有相当的比例。栏目定期定时播出，具有相对独立的节目风格和选题侧重点，总会吸引一批固定受众。然而，要吸引更多的受众成为固定受众，必须使节目"好听""好看"，融知识性与娱乐性于一体。要做到这一点，除了前面谈到的增加节目表现手法和趣味性外，还要注重栏目内小节目间的编辑串联和主持人的风格。

栏目内小节目的编辑串联，不是随心所欲地把制作好的单个节目胡乱拼凑起来，而是要有集中的内容和统一的风格，选取各个小节目间的关联点作为编辑串联的依据，做到集中而不杂乱，形散而神不散。在节目的编辑串联中，节目主持人发挥着不可低估的作用。

生活服务类节目是与受众联系最密切的节目类别。在生活服务类栏目中设置主持人有很重要的意义。主持人可以充当"桥梁"，沟通与受众的联系，增加节目的可亲性。主持人的主持风格是生活服务类栏目表现形式的重要方面，选择一个称职的、优秀的主持人，是办好生活服务类栏目的重要条件之一。

在表现手法上，节目尽可能动起来、活起来，做到活泼新颖、短小精悍、有声有色，让百科知识融化在多姿多彩的声画艺术之中。此外，还要增加节目的趣味性，运用故事或喜剧小品传输知识内容是一个行之有效的好办法，很易吸引受众注意，而且可以使受众在欢声笑语中愉快地获得所需的知识。此外，座谈会、知识竞赛、家庭访问、晚会等都是服务性节目的良好表现形式。总之，要依据节目内容选取最适宜的表现形式，做到形神兼备。

虽然说节目主持人是节目的标志，但这个标志作为一个形象，也是节目的外在形式，也需要包装。在保持统一风格的前提下，也要不断给人以新鲜感。作为生活服务类节目的主持人，最重要的是真挚和可亲，风格应该是质朴的、大方自然的，还应有一种博闻的权威性和与受众无话不谈的亲近感。可以说，成功的服务性节目主持人最重要的是真挚与可亲。若能做到这一点，就已赢得了受众一半的心。在外表上，生活服务类节目主持人不一定需要漂亮出众，但一定要使人感觉舒服、稳重，要贴近生活真实，就像是生活中的你我他。这种朴实与自然会使受众产生贴近感和亲近感，从而也增加了对节目的信任感。

（三） 广泛吸引受众参与是节目生存的基础

对于以特定对象为目标进行服务的主持人节目来说，受众是其生存的基础。节目是否策划成功，是否受到欢迎，是否取得了预期的社会效益和经济效益，都要由受众来决定。因此，广泛地吸引受众参与，让他们参与到节目中来，让他们感受到你主持的节目和他们的日常生活息息相关，让他们感受到是他们在和主持人共同“主持”节目，这实际上也就大大地吸引了他们。通过他们，主持人可以知道，社会的热点是什么，他们关心什么，厌恶什么，需要什么帮助等，节目因此也就有了调整发展的方向。可以说，受众也是生活服务类主持人节目的主角，他们既是节目的服务对象，也是节目的创造者。他们并不是被动的，而是节目的一大动力。

受众直接参与可以拓展生活服务类主持人节目的表现领域，是该类节目的潜力所在，其在节目策划中具有不可低估的力量。

比如《交换空间》作为中国内地的第一档家装真人秀。每期节目中参赛的两个家庭都是从全国各地千百个报名家庭中选中的，都是普通老百姓。节目开始会首先对家庭成员的职业和兴趣爱好等作简单的介绍。整个节目的录制不在演播室，而是以记录的方式跟踪整个装修过程，特别是参赛选手在屏幕上的一举一动并不是在演，而是真正在劳动在创造。

千百万受众、听众的创造性思维是取之不尽、用之不竭的。他们在生活中积累的丰富经验，创造的生活艺术是生活服务类节目策划的重要思维源泉。受众强烈的参与意识和表现欲望，是生活服务类节目同其他节目类别进行竞争的一大优势，也为生活服务类节目的长盛不衰提供了保证。

（四）应注意的问题

近几年通过对我国生活服务类主持人节目的透视，可以发现，生活服务类主持人节目已经成为广受受众欢迎的节目样式。当然在发展过程中也出现了一些值得注意的问题。在节目策划中，详细地了解这些问题，分析这些问题，找到症结所在，可以有效地避免重蹈覆辙，并在如何提高上寻找到突破口。

1. 要深入研究板块节目的结构特点，办出精品

从节目看，有的只是名字叫主持人节目，但内容和形式都不具备主持人节目的特点，既无“板”，也无“块”，也没有主持人的编串主持，有的干脆就是一篇录音专访或录音通讯，与生活服务类主持人节目不沾边。

2. 要切实提高主持人素质

生活服务类节目主持人一般要求知识面宽，应变能力强，有较高的语言表达能力和驾驭节目能力。生活服务类节目主持人尤其要有很强的政治新闻敏感，注意舆论导向。《为您服务》和《交换空间》的主持人王小骞很年轻、很阳光，心态也很平和。屏幕上她可能不是刻意修饰穿衣打扮，但她却是十分注重话该如何说、怎么说。她说：“站在比观众高一点的位置，用真诚的态度把科学的道理吃透、消化，再化作生活化的语言传达给观众。”

3. 要增强主持意识，注重谈话体和交流感

主持意识不同于播音意识。两者由于工作职能不同，其心理状态和创作感受也不一样。

主持人贵在“主持”。他要直接参与节目，熟悉节目，因而，更容易把握话题和驾驭节目，可充分展示自我魅力。因此，生活服务类节目主持人要充分把握语言特点。在策划节目之初，就考虑要使用易于和听众交流的谈话的语言。有了和受众平等的语言状态，才能产生令人信任的交流。

不少生活服务类节目主持人、特别是一些内容为方针、政策、法律、法规等方面的节目主持人，存在主持意识淡化的倾向。一方面，是由于本身素质不具备造成的；另一方面，是不重视，忽视了自己与听众交流的重要性。有些主持人，经常是拿一些书面材料，不加任何准备就走进了直播室，造成了“主持味”少，缺少对象感、交流感；语言书面化重，口语化差等。

4. 主持雷同，缺少特点，主持个性形象不够鲜明

这在很大程度上也与前期的语言、形象、内容、形式等的策划不到位有

关系。

生活服务类节目主持人给受众的形象非常重要，这“形象”是思维方式、点评艺术、主持手段、语言运用，主持风格的综合体现。所以在节目策划过程中，在已经形成一定影响的节目的提高过程中，都要仔细研究，反复揣摩，力求出新。

附：《晖哥帮你忙》“五一”特别节目策划方案

节目缘起

为配合频道传真相亲大会，《社会传真》将在子栏目《晖哥帮你忙》推出“五一”特别节目“晖哥帮你找对象”。

节目样式

“晖哥帮你找对象”将沿用现场服务类节目的样式，以邻家大哥形象帮助单身男女约会相亲。节目重点在于记录相亲过程，其中我们还将设置一些小环节考验相亲对象，主持人将对其表现作出简单的点评，同时为当事人出谋划策，提供参考意见，整个节目计划共分 7 集，每集选择一位女性或男性作为当事人，然后让她（他）从相亲档案当中选择两到三位，约定一个地点，先后见面，节目计划制作长度在 4 分钟到 7 分钟左右。

具体内容

（1）主持人呼号：传真相亲会，晖哥帮你忙。我现在是在……（当事人家或者工作单位），今天某某小姐（先生），希望来参加我们的相亲会……

（2）当事人简单介绍，亲友团声援，讲述当事人的优点。

（3）当事人挑选意中人（两到三名），讲述挑选理由，包括对对象的要求。

（4）主持人串场，来到相亲地点。

（5）相亲对象出现，晖哥与当事人躲在一边，这时按事先设计的考验环节开始。比如：一位女生抱着文件路过，文件撒了一地，看相亲对象反应。同时还要观察当事人的反应，请当事人作出初步判断，是立刻回绝，还是等会再看。（此环节结束，工作人员将请第一位相亲对象到一边等待。）

（6）按照上述过程，第二位相亲对象出场。以此类推。

（7）当事人与三位相亲对象见面，主持人请双方谈各自的第一印象，然后相互提问，或者表现才艺，最后当事人作出最后选择，以献吻为选择方式。

（8）主持人请亲友团发表意见，是否满意。

（9）最后主持人结尾。

拍摄人员和设备要求

（1）主持人一名，现场导演一名，摄像两到三名，工作人员两名，根据需要还要若干名故事会演员参与。

（2）对象的挑选需要综合部配合完成。

苏州广播电视总台《社会传真》栏目

2006 年 4 月 4 日

第九章 综艺类主持人节目策划

第一节 综艺类主持人节目及特色

综艺类节目是广播电视宣传的当家品种之一。所谓综艺，是综合文艺的简称。根据现在综艺类主持人节目的发展，有人认为应称之为综合游艺。它的显著特点是集音乐、舞蹈、游戏、故事、笑话、问答等形式于一体，组合自由灵活，节目形态多样。

在我国，从最初的广播综艺节目开始，到后来的各种广播、电视综艺类节目对丰富群众生活，陶冶群众的情操，增长群众的知识起到了巨大的作用。特别是主持人出现后，综艺类节目获得了更大的发展。一大批集娱乐性、知识性、趣味性、参与性的综艺类节目极大地拓展了广播电视文艺的发展空间，让受众在身心娱乐的同时，得到了审美感悟体验，受到教益，备受欢迎。

综艺类主持人节目的崛起，一方面是由于人们在快节奏的生活之中需要一种文化形式，从中得到放松、休息和交流，不求高雅严肃，而寻求一种轻松、流行、时尚和刺激；另一方面，现在的综艺类节目的形式也出现了很大的变革。传统的歌伴舞、舞伴歌，相声加小品的晚会形式已创新。各种游戏、竞技填充在节目之中，许多听众、观众也由被动的接受者和旁观者成为直接的参与者。

一、综艺类主持人节目的特点

（一）综合性

综合性是综艺类主持人节目的最显著特征之一。由于它的综合性特点，使得节目的内容形式多姿多彩富于变化。

综艺类主持人节目综合性的特点包括了三方面的内容：

一是集众家之长于一体。一档综艺节目本身就是一个大拼盘，汲取众家艺术之长。不仅包括通常意义上有较高艺术性和审美价值、以欣赏性为主的艺术形式，如音乐、舞蹈、戏曲、小品、相声等，还融进了有较强娱乐性、参与性和通俗性的亚艺术类品种，如游戏、猜谜、武术、杂技、魔术等。

二是不同类别、不同流派的艺术形式搭配组合，或非文艺性活动与文艺节目“嫁接”而成的“杂交型”节目，让人耳目一新。如《电视诗歌散文》、相声TV等都是通过不同类型的艺术形式的组合，实现新的创意。央视的《快乐驿站》以小品加FLASH的方式进行编排，用电视漫画的手法对传统的艺术形式如：相声、小品、歌曲、评书等进行重新演绎，给传统的艺术形式注入新的活力，成为符合观众收看习惯的新一代电视娱乐节目形式。

（二）灵活性

综艺类主持人节目要想受欢迎，就要稳中求变，常变常新。实际上，综艺类主持人节目如老保持一种固定的模式，就会令人烦。应当追求品格恒定，又百观、百听不厌的境界。作为综艺类节目的主持人，要在保证节目主干恒定的前提下，大胆探索，经常“换血”，不断寻找新的源头活水，使节目灵活多样。

现代社会日益丰富多彩，受众的欣赏习惯和趣味也趋于多样化。因此节目也需追求品位、新鲜、奇特、有趣，要将求变、求新、求奇作为综艺类主持人节目的创作规律和基本特点，切忌单调枯燥。

例如，中央电视台一年一度的《春节联欢晚会》就充分体现了这一规律和特点。虽然晚会的主题没变，但是年年有新套路、新点子，而且新人、新歌、新内容、新形式、新手段层出不穷。一夜之间传遍大江南北的歌曲有周杰伦的《青花瓷》、SHE组合的《中国话》、王菲的《传奇》、小虎队老歌重唱《爱》等；小品年年都有亮点，赵本山、冯巩、黄宏等家喻户晓，其他如《千手观音》、杂技《试比天高》、刘谦的魔术等无不展示了不同种类艺术的精湛，令受众如痴如醉。

晚会的节目结构形式也不断翻新。从1983年《春节联欢晚会》开始至今，总体结构形式已经过了茶座式、多向传送式、场馆式、打擂式等。有些形式交替出现，但是这种交替也不是一成不变，其最终追求是缩短台上台下的距离，增强交流，渲染气氛。如2002年春节晚会除了北京主会场外，同时设了数个分会场，更加显示了中华大家园同喜同乐。时空和场景的变幻，活跃了气氛，又添新意，更显特色。

灵活性常常是以特色表现出来的。例如2003年的《春节联欢晚会》赵本山、高秀敏、范伟的经典三人组合，以《心病》再次获得如雷掌声。这是因为在

2001 年、2002 年两届春节晚会上，他们三人的《卖拐》、《卖车》获得好评，在观众心里形成某种惯性心理期待。《卖拐》、《卖车》、《心病》堪称经典组合的小品连续剧。晚会在形式方面的创新，节目的安排有间隔、有变化，每个小时都有或大或小的高潮，这种错落有致的起承转合赋予晚会强烈的节奏感，这是本台晚会胜过往年晚会的一个优点和特点。歌曲方面，请一个普通的家庭到晚会现场，这种行为本身也非常具有平民色彩。这个普通的四口之家为观众带来的也是一首普通的歌曲——《让爱住我家》，他们一位来自祖国大陆，一位来自祖国的宝岛台湾。这样一个平凡中带着特别的家庭，他们动容的演唱，幸福的笑脸，弥漫在舞台内外的其乐融融的氛围还是让观众为之感动——巧妙的形式，温馨的歌曲，蕴藏着深深的思念与强烈的渴望。平民化的艺术形式饱含着丰厚的寓意，正是这节目的高妙之处。

（三） 丰富性

早期综艺节目各部分之间基本是采用简单的串联词，如“下面请听……”、“下面请看……”有时甚至干脆不使用串联词，形式单调。综艺类节目主持人的出现，彻底改变了“报幕型”、“司仪型”的“花瓶式”报幕串联方式，使得综艺类主持人节目能够有机结合，丰富多彩。

综艺类节目主持人作为节目的形象，丰富的语言活动在综艺节目中的功能被形容为“现场的导演”，是“串起晚会这条美丽项链的那根线”。主持人通过富于魅力的个性风采将容纳多种艺术形式、沟通现场和电视机前的时空氛围的综艺节目组合成一个整体，有效地完成了场景转换。同时，又在直播现场富于创造性地完满体现了编导意图、灵活应变地保障节目安全顺畅播出，应该说综艺类节目主持人是面向受众最好、最方便、最直接、最灵动的元素，是整台节目“形散而神不散”的关键人物，有了主持人现场的组织和串联，才产生了受众与节目；场内与场外的情感互动、情感共鸣。可以说，各种不同风格的主持人是综艺主持人节目风格的体现者和代表者，是他们拓展了节目的表达空间，连缀起节目之间、荧屏内外，营造出欢快、喜庆、祥和、向上的融洽而和谐的现场气氛，使综艺类主持人节目成为广播电视改革最耀眼的亮点之一。

例如，2010 年春节联欢晚会的主持人是周涛、董卿、张泽群、任鲁豫、欧阳夏丹等。周涛、董卿和张泽群的组合颇具新意，任鲁豫和欧阳夏丹则将要承担起虎年春晚“念贺电”的角色。此新老搭档的阵容让春晚多了些许青春的气息。

（四）参与性

近年来，综艺类主持人节目成为广播电视改革发展的亮点之一。大量备受听众、观众欢迎的综艺类主持人节目“闪亮登场”。尤其是电视，丰富多彩的综艺类主持人节目更是火热荧屏，收视率扶摇直上。一方面这是因为主持人效应。另外的一个重要原因就是听众观众的积极参与。例如，中央电视台的《非常6+1》《星光大道》，湖南电视台《快乐大本营》等，其不仅是当事人参与，甚至还有亲友团、拉拉队、方阵等大量参与。有时，参与者还可把电话打到场外，寻求场外的参与、支持。

作为综艺类主持人节目必须有听众观众一起参与才能共乐。无论是电台还是电视台《春节联欢晚会》的策划者、编导，无一例外都在晚会现场设置热线电话，安排猜谜、游戏，写春节对联、赠寄语等项目。现在还发展到了通过信息台投票竞答、通过网上点击参与等。这样做的目的正是为了广泛地吸引受众参与娱乐，让屏幕和话筒外的受众恍如在演播现场，感受到现场气氛，主动参与，并得到娱乐享受。

综艺类节目主持人正是以自己的感情和方式去感染、引导现场内外的受众共同参与娱乐，使晚会及各种综艺节目达到所设定的效果。

可以说，综艺类主持人节目火爆的一个重要原因正是增强了节目的参与性。观众和听众的参与拉近了明星、主持人和普通人之间的距离，也调动了电视机和收音机前的受众的情绪。

随着人民生活水平的提高，听众对广播电视参与的欲望将更加强烈。中央电视台春节联欢晚会从2000年开始，就开始举办“我最喜爱的春晚节目”评选，每一年都得到了观众的热烈响应。因为作为综艺类节目主持人，在节目策划过程中，一定要充分考虑到参与的重要性，不断调动他们的参与积极性。

栏目型综艺主持人节目也要特别注重受众参与的特点。比如央视的《开心辞典》节目，虽然这个节目的创意来自英国的《百万富翁》，但节目来到中国之后，意识到了本土受众的特点，即强调家庭观念，崇尚亲情，因此节目侧重对家庭亲情的渲染。而主持人王小丫的气质和风格，也比较符合中国传统文化对女性的审美要求。整个节目，始终把中国传统文化理念贯穿其中。

传播学认为最佳的传播是双向的，互动性的，传播者又是接受者，接受者又是传播者。办好办活综艺类主持人节目必须遵循这个基本的传播规律和传播特点。可以这样说，受众参与娱乐是综艺类主持人节目的活力和生命力之所在。

（五） 人文性

“人文精神”是近年来刚刚在广播电视“崭露头角”的，与时代潮流息息相关，是中国广播电视从业人员所都应密切关注的。它透过情做文章，透过传播媒介向人们展示了人的最美好的一面，开拓了情感通道。

谈及主持《交换空间》栏目，主持人王小骞认为：“这个栏目，它让人们感到看似平淡的生活其实充满惊喜与浪漫。只要去发现、去创造，就能改变现在的生活。在节目中，我想尽办法去诱导去激发人们深处的激情。因为《交换空间》触动的就是人们内心最软的地方——家。”

在未来的综艺类主持人节目策划过程中，要充分注意这一新的发展动向，紧紧抓住“情”并追寻人性的深度。有人说得好：对于一档综艺类主持人节目来说，它的含情量有多高，它的生命力就有多强。

二、综艺类主持人节目的结构

要想完美地完成综艺类主持人节目的策划，就必须要明了各种类型综艺主持人节目的结构方式和方法，了解什么样的结构有利于内容的表达、有利于主题的表达、有利于使节目成为一个有机整体、有利于节目主持时的正常发挥。同时，只有对原有的结构方式了然于胸，才可百尺竿头更进一步，进行新的策划和创新。

当前的综艺类主持人节目大致可以归纳出以下几种类型：

（一） 编年史诗结构

编年史诗结构对我们来说都较熟悉，是一种在大型纪念性的综艺类主持人节目或晚会中经常采用的。如 2004 年雅典奥运会开幕式表演，当文艺表演进行到第六幕时，由诸多演员集体演绎的活体雕塑，将行为艺术完美地融入到历史演绎中。特洛伊战争的战士出现在现场意喻着人类历史进入到荷马时代，随后又进入了几何时代；我们看到古风时代，带翅膀的马儿、敬神的塑像、12 众神、掷铁饼者、摔跤手、英雄、舞蹈者……精妙的设计、精彩的表演，活泼生动地展示了希腊由古至今的发展历史。像走马灯一样的独特历史展示方式，在全场以及全世界观看电视直播的观众们脑海中，留下深深的烙印。

（二） 珍珠项链结构

编导和主持人在构思综艺晚会或节目内容时，其精心选择好的一个个较为理想的节目就像一颗颗珍珠；这些珍珠再漂亮，也是单个儿的，只有通过综艺类节目主持人把这些一个一个的单个珍珠联结在一块儿，从无序状态到有序状态，才能相映生辉。这种有机的连接通常称为“串联”。

综艺类主持人节目只有经过串联之后，各个节目才会产生质的飞跃。一台综艺晚会或节目要想获得成功，就要千方百计琢磨串联的方式方法，只有节目串联得好，才可使节目和晚会增强整体感、节奏感，提高趣味性、艺术性和思想性。

一般地说，串联的功能主要是渲染主题、承上启下、活跃气氛等。这种像项链一样的线状结构特别值得注意的是要设置悬念。如电视文艺节目的收看环境，大都是自由自在地在家庭中进行。运用富有悬念性的串联可以起到吸引和延续受众注意力的作用。

串联采用不断埋设悬念，运用拖延的方式把晚会中最使人感兴趣的节目、演员或其他具有吸引力的要素进行组合，起到点题、衔接、活跃气氛等作用。这种线状形态结构的晚会或节目常常用在现场直播的播出方式上。

（三）篇板块结构

篇板块结构在主体上仍由内容不同的篇章构成，但是在不同的每一篇章中，又采用一定数量的小板块组合。这样就使得节目形式章法严谨，段落分明，显得很灵活、很新颖、很精致。

如2006年央视《中秋双语晚会》共分为五大板块主题，分别是“华人共同的记忆”、“海洋文化”、“团圆和谐家”、“闽南文化”和“华人共同的荣光”。

（四）篇章组合结构

顾名思义，篇章结构是由“篇”或“章”单独构成，也有“积章成篇”的结构形式。如2009年中央电视台中秋晚会由三个华章来展现欢度中秋的和谐主题，这三个篇章分别是：“素月分辉，明河共影”、“情月相通，山水为证”、“心月相依，九州形胜”，以展现欢度中秋的和谐主题。

（五）段落组合结构

在一些较大的综艺类主持人节目中，由于时间较长，或是节目所反映的历史跨度较长，或是节目性质的需要，编导常常将一台晚会或节目按主题分成几个不同的段落，对不同的段落进行重新的组合。不同的段落既有自己的特色、风格，同时又表现总的主题。如大家都非常熟悉大型团体操就经常采用这种结构。

（六）散点形式结构

一般为了更好地表现主题，经常采用散点式的结构。所谓散点，就是不集中在一处进行一台节目。这种形式的结构多用于标题性的综艺主持人节目。如2010年的大型公益活动“抗旱救灾，我们在行动”抗旱救灾晚会这种散点结构，有一个很大的优点，它能展示出广阔的空间，而且，节目内容与场景相融合，起到情景交融的艺术效果。

（七） 平行并进结构

平行并进结构，多用于主会场和分会场同时进行的演出。这种结构的优势在于当两地同时进行演出时，让大家大饱眼福。由于处于不同的地方，编导和主持人在节目策划时，一定要设计有致，串联紧密，对所有的环节熟知于胸。

这种同时表现两个会场或两个以上会场演出的情况，在文学台本中以平行并进的结构为好，其实这种平行并进的结构形式与电影艺术中的“平行蒙太奇”非常相似。

（八） 多元综合结构

多元综合结构，也就是由多种结构形式综合在一起形成的一种新的结构形式。由于是多种结构形式，所以要比其他结构形式复杂得多，涉及许多方面。

（九） 组合回旋结构

随着广播电视的发展，文艺编导和主持人也在不断探索新的表现手法。广播电视技术手段的新发展，又为综艺类主持人节目新的结构样式的出现提供了技术保证，因此一种新的形式“组合回旋式”策划成功了。组合回旋式运用新的技术手段，在同一主题统领下，通过数位主持人，将不同组合的不同色彩的组合回旋有机结合。这种结合彻底打破了时空的限制，通过不同的场景，多侧面、多角度地反映主题。这种“组合回旋结构”在现场直播的舞台晚会形式中是难以做到的。只有运用现代化的电视手段才能打破时空进行表现。这种结构形式既节省全台节目的时间，又多场景、多色彩、多种节目为主题服务。

三、综艺类主持人节目的类型

我们对综艺类节目进行分类，是为了便于把握它的主要不同点，把握多种不同艺术体裁的有机结合所产生的样式。探寻不同单个节目的有机结合所产生的欣赏、娱乐、知识、信息审美等的总体效应的有机形式。实际上，在具体操作中不同的艺术类型经常互相借用。

纵观我国的广播电视综艺类主持人节目，大致可以分为以下几种类型：

（一） 传统型综艺主持人节目

传统型的综艺主持人节目最有代表性的可分为两大类：一类是节庆、周年纪念性的综合文艺节目；一类是表现行业特色的综合文艺节目。

全世界各民族都有不同的文化和传统，但都有在重大节庆日举行庆典的习惯，尤其是在亚洲的一些国家，一些节庆传统习惯已经延续了上千年。比如我国的春节、中秋节、端午节等。当人们都沉浸在欢乐祥和的时候，广播电视都要举办综艺类主持人节目予以配合。由此，富有民族传统特色的民族传统节日综艺晚会也就形成了固有的类型。

1. 节庆周年纪念性的综艺类主持人晚会及节目

利用有重大影响的各种节庆活动制作综艺类主持人节目，也成了广播电视的一个传统。正像邓在军同志说的，节庆“浸透着中国人民对生活独有的情感、热望和追求，也集中地体现出中华民族的向心力、亲和力和凝聚力”。这种时刻是广播电视宣传的最有效的时机。

制作春节的综艺类主持人节目，是各台最重视的。春节是我国人民和世界华人都非常重视的一个传统佳节，可以说每年围绕春节举办的春节文艺晚会是对广播电视综艺节目水平的大检阅。利用传统节日制作的综艺主持人节目往往抓住特有的氛围，在新春佳节之夜，合家团圆，亲人们经过一年的辛苦劳作，终于可以安心地坐下来，听着广播、看着电视，共享天伦之乐了。这种情况下优秀的综艺类主持人节目对人民群众所起的凝聚作用是巨大的。可以说现代化的传播媒体举办春节联欢晚会，对于整个社会的心理、行为、文化意识以及生活方式的潜移默化都起到不可低估的影响。著名作家冯骥才撰文说：“这种以电视为传播的文艺晚会，不仅走入千家万户的节日之夜，而且将亿万家庭的节日生活连成一气。这是对传统文化（特别是年俗文化）多么伟大的创造!”

“十一”国庆节，是中华人民共和国诞生日。每年国庆节的时候，电视台、电台都要录制综艺类主持人节目文艺晚会及节目进行庆祝。

每逢纪念党的生日时，电视台、电台也常录制综艺类主持人节目——文艺晚会进行庆祝。例如，庆祝中国共产党诞辰88周年表彰晚会《七一放歌》。晚会和节目都经过精心策划，气氛深沉、凝重，气势磅礴而又生动感人。

此外还有周年纪念性的综艺类主持人晚会及节目。这类晚会和节目多以伟人或名家以及在历史上有重大影响的人和事的周年纪念和与此相关的讲话或题词而产生深远影响的整数周年为对象而举办的纪念活动。例如，香港回归十周年大型文艺晚会。

除去国内的重大纪念日外，还有国际性的纪念日。如电视台、电台举办元旦晚会及节目；“3·15”国际消费者权益日消费者之友专题晚会、国际护士节晚会及节目等。

特别值得注意的是民族传统节日综艺晚会，民族传统节日综艺晚会及节目是有其自身的规律可循的，把握规律才可以走向策划创作的成功。中央电视台文艺部著名导演朗昆经过多年的艺术实践，提出富有理论色彩的“三大规律”和“八个走向”。

“三大规律”也就是：“民族化”、“综合化”、“喜剧化”。

（1）“民族化”。一方面是说各种节庆综艺类主持人节目应体现全民族的愿望、体现民族的风情习俗、体现全民族的精神；另一方面是指在具体的综艺主持人节目策划中，要汲取民族艺术的传统，注重民族色彩，每一个节目都不能脱离民族的沃土。

（2）“综合化”。晚会综艺类主持人节目要想取得更大的成果，就必须出新，要出新就要在原有样式基础上广采博纳。将各种有助于丰富节目的艺术内容综合运用于节目之中。

中国有56个民族，有取之不尽、用之不竭的民族艺术宝藏，为综艺类主持人节目提供了大量的“素材”。除了对其他艺术样式综合使用外，为了更好地制造效果，还可包容一些非文艺性的内容。

“综合化”是使综艺类主持人节目产生涵盖中华民族传统文化和现代文化效果的最佳手段之一。

（3）“喜剧化”。节庆节庆，欢乐喜庆。要增添人们的欢乐气氛，综艺类主持人节目中的“喜剧化效果”相当重要。喜剧化的效果常常使人们的精神风貌在笑声中得以升华、使人们的情操在笑声中得以陶冶，体现出积极向上的精神和生活情趣。正因为如此，富于喜剧色彩的小品，成为每年春节晚会和其他节庆晚会的最受欢迎的内容之一。

八个走向是：a. 走向庆典；b. 走向时代；c. 走向生活；d. 走向民间；e. 走向纵深；f. 走向纪实；g. 走向世界；h. 走向高技术。

这八个走向，实质上是从八个侧面总结办好春节文艺晚会及节目应该努力的方向。其中对晚会和形式美的界定和认识；对春节晚会和节目反映时代精神的掌握；对选材上要具有较深的思想性和较高的文化品位，角度要新颖、构思要巧妙，导演手法上要用多变的时空、快速的节奏来表现最广泛的社会层面；非文艺性的纪实节目的魅力和深邃的影响；高技术手段的应用等具有相当重要的指导意义和可操作性。

2. 行业综艺类主持人晚会及节目

行业综艺类主持人节目和晚会，一般是指围绕行业确定的主题思想进行策划编导和主持的综艺节目。

随着市场经济的发展，随着广播电视与市场、与人民群众生活的贴近，广播电视行业性的综艺类主持人晚会和节目越来越多。

此外，一些大的公益性事业活动、体育活动以及各种颁奖活动的综艺类主持人晚会和节目也越来越多了。这充分显示了广播电视与市场的接轨。

（1）公益活动综艺类主持人晚会及节目

由于是公益性的综艺类主持人晚会或节目，所以倡导和宣传的主题更明显一些。因此更要注意采用喜听乐见的形式，让群众在潜移默化中受到感染，使他们积极参与到所倡导的公益事业中去。

例如，2010 年 6 月 6 日，由中国健康教育中心、卫生部新闻中心和中国残疾人联合会康复部主办，爱尔眼科全程协办的“健康中国，光明行动”全国爱眼日大型主题公益晚会。

（2）文体活动综艺类主持人晚会及节目

这类节目集中反映艺术界、体育界的重大活动内容。晚会的主题和内容大都是表现文艺界和体育界内容的艺术作品。

在艺术界有国际和国内的艺术节，国际的如大连服装节、潍坊风筝节等。国内的有中国艺术节、中国电影节、中国戏剧节等。这些艺术活动的开幕式或闭幕式，电台、电视台都会做现场直播。

随着“中国体育健儿冲出亚洲，走向世界”，我国体育健将们不断在国内国际获得辉煌的成绩。而我国的全民健身活动也广泛开展，大型的体育赛事也不断在中国举办。因此体育类综艺主持人节目或晚会也成为一种主要形式。例如，2007 年由国家体育总局、中华全国体育基金会首次牵头主办，湖南卫视承办的《一路上有你》大型体育公益晚会。这场晚会以“喜迎奥运、倡导运动员拼搏精神”为主题，同时也是体育界人士相聚，众人一起为奥运祝福，向那些为国争光、流血、流汗的运动员加油打气，更是向那些在背后默默付出的教练和陪练致敬。

（3）颁奖活动的综艺类晚会

在我国，每年的评奖活动较多，有企业界的、有科技界的、有文化界的。较大型的评奖活动之后，往往要举行一台文艺演出，以示评奖活动告一段落。比如：电视剧“飞天奖”颁奖晚会，电影“金鸡奖”颁奖晚会，中国音乐电视颁奖晚会，民族歌舞颁奖晚会，青年歌手电视大奖赛颁奖晚会等。

行业综艺类主持人节目或晚会在策划时需要注意：

首先，在选材上要有本行业的特点，整体构思都应围绕着主题选择或创作各种样式的节目。

其次，各内外景结合，扩大节目和晚会的内涵，增加晚会的信息量。

再次，气势恢宏讲究声势，使文艺与所反映的主题达到有机的结合，给受众留下深刻的印象。

（二） 游戏类综艺主持人节目

随着市场经济不断向纵深推进、现代文明日渐发展和进步、受众文化消费水平水准逐渐提高，人们对精神、文化需求也日益多元化，以往一些呆板的综艺主持人节目形式已无法适应注重发现自我、弘扬自我、表现自我、看重参与、渴望交流的受众的需要。因此，游戏类综艺主持人节目应运而生。该类综艺主持人节目的典型代表是湖南电视台的《快乐大本营》、江苏电视台的《挑战 100%》。有的侧重文艺，有的侧重游戏娱乐。《快乐大本营》的出现，受到国内外受众的普遍称誉，被人们誉为“湖南现象”或“快乐现象”，该种形式很快在全国推开。

游戏类综艺主持人节目个性鲜明、娱乐味浓、定位准确、表现力强、形式翻新迅速、包装精美现代。在内容上，该类节目最显著的特点是“乐”字当头，“乐”贯穿于节目的始终，融娱乐性、趣味性、表演性、知识性和参与性于一体，令人捧腹大笑。

从特色看，其定位准确，特色鲜明，观察敏锐，善于揣摩受众心理，体现出了较强的现代审美意识、参与意识和“人文精神”。

（三） 竞猜类综艺主持人节目

进入 20 世纪 90 年代以后，综艺主持人节目发展的新倾向突出地表现在它对非文艺形态的吸纳与综合，其中走势最为活跃的就是综艺主持人竞技节目。它以空前的创造力打破了传统文艺与竞技的界限，通过文艺的娱乐功能完成对受众的多边慰藉，将竞技的变数、动势和冲击力结构为一种超越地域乃至民族的“注意力”涵盖。综艺与竞技在广播电视的框架之中各自拓展，生发出新的话题、新的精彩。该类综艺主持人节目以《幸运 52》和湖南卫视《智勇大冲关》为代表正形成两个走向——知识竞技和智能体能的复合竞技。

《幸运 52》虽带有某种“世俗化”、“庸俗化”的意味，但是这种强调娱乐性、参与性，将随时选择、瞬时思考与奖品的获得相并联，进而构成某种刺激性、激励性，或称煽动性的持续参与机制，也曲折地反映出某种转型时代的错综复杂的特征。知识问答与奖品获得相连的背后是受众与主持人的双向互动，正是这一点又淡化了竞技的功利色彩，构成了节目品位的提升。

湖南卫视全新制作全民体验竞技魅力的节目《智勇大冲关》。在这档节目中，除了能让观众体会到亲身参与挑战的兴奋和激情外，众多明星可能现身《智勇大冲关》，用自己的行动来为奥运加油。

（四） 谈话类综艺主持人节目

谈话类综艺主持人节目是关注“人文精神”，开拓情感通道的产物。这种以“情”为主，并将之与综艺相结合的形式，是一种全新的尝试，为综艺主持人节目的发展，开拓了更广阔的天地。具有代表性的如中央电视台的《艺术人生》。节目以“正直品质、极端制作”作为核心理念，以人文关怀的精神，关注中国文化艺术界的重大事件。以求达到“用艺术点亮生命，用情感温暖人心，探讨人生真谛，感悟艺术精神”的节目宗旨。

第二节　综艺类主持人节目的策划

一、综艺类主持人节目的策划

综艺类主持人节目的主持人有两种情况。一种是固定的，如游戏类综艺节目、竞猜类综艺节目和谈话类综艺节目等节目的定位、主持人的风格等都是相对固定的；另一种情况是一些晚会或临时直播节目等，其主持人风格要合乎特定晚会和节目的需要。综艺类节目主持人在策划节目时应考虑到两者的不同，善于区分，准确把握。

（一） 栏目型综艺类主持人节目的策划构思

栏目型综艺类主持人节目的策划构思应抓住“五大定位”和“三大价值”。

1. “五大定位”即思想定位、节目定位、品位定位、栏目定位、主持人定位

(1) 思想定位

综艺类主持人节目无疑要以欣赏性为主，但也要有思想性，没有思想性的节目肯定没有立意。综艺主持人节目要“以艺载道”并巧妙地寓思想于欢乐之中。要“悦耳悦目，悦心悦意，悦志悦神”，真正做到观赏性、娱乐性、思想性的有机结合，力求让受众在身心愉悦中感悟真、善、美。

(2) 节目定位

综艺类主持人节目的定位主要是确定节目宗旨。确定节目宗旨是办好综艺节目的灵魂。一旦宗旨确定后，就要围绕节目宗旨考虑栏目设置、面向对象、选题选材、主持风格及其节目形式等一系列具体问题。

中央电视台开办于20世纪90年代的《正大综艺》，是一个融知识性、趣味性于一体的综艺节目，该节目获得成功的一个重要因素就是节目定位准确。这个节目的定位是以中华民族的文化意识为骨干和主线进行串联，使之上升到一定的文化高度，形成特有的艺术氛围，从而成为一个格调高、品位高的综艺主持人节目。

再如《欢乐中国行》栏目，是中央电视台综艺频道的一档优秀大型户外综艺栏目,节目每到一地，便将欢乐带给当地观众，同时把当地风土人情通过电视屏幕传播给全国的电视观众。节目始终贯穿联欢的色彩，深受广大电视观众喜爱。多年来，收视率始终稳居收视排行榜前列。《欢乐中国行》栏目具有极强的互动性，开创了全新的综艺节目风格，突出观众的参与性和联欢性。观众可以与喜爱的明星同台互动、对抗，在展现城市魅力的同时，将观赏性与娱乐性发挥到极致。别具特色的外拍环节最直接地展示了祖国各地的别样风采!

（3）品位定位

在未来的广播电视综艺类主持人节目竞争中，“品位”具有重要意义。庸而不俗的品位是综艺类主持人节目的生命，也是综艺类主持人节目优劣的一个重要衡量标准。对于节目的品位，既要力求大众化、平民化，又要通过具有立意的内容揭示出凡人的普遍问题，引起大家共鸣。

（4）栏目定位

栏目是构成节目的基础，栏目定位准确与否直接影响到节目定位。

在栏目定位过程中，要抓根本，突出主要栏目、主打栏目。栏目定位贵在精心设计、精心构思，做到求新、出奇。

（5）主持人定位

综艺类主持人定位最为重要。节目前期的所有策划意图、晚会的主题思想和各部之间的有机结合最终都要依靠主持人来实现。俗话说得好，“一个主持人一台戏，”主持人定位准确，节目的“综合”就会得到保证，戏就唱得好，整个节目就会活起来；节目主持人定位不准，就会失去节目的整体风格传达的依托，节目就会失败。主持人是综艺类节目的标志，是决定节目成败的关键。因此，选择综艺类节目主持人一定要考虑到节目能否为主持人的才华展现提供宽泛的空间，一定要注意节目的定位与主持人的定位是否相吻合，相互的风格是否能相得益彰。

例如，《正大综艺》的成功与魅力，就得力于当时赵忠祥、杨澜两位主持人形象定位的准确性。主持人准确地把握节目的“度”，自如地驾驭节目。他们找到了与节目的契合点，创造性地加以发挥，为节目增了色、添了辉。受众在荧幕上充分领略到了他们的机智和幽默，他们的语言功力，他们的独到见地和感受，还有他们“稳重大方、自然，富于人情味”的主持风格，而这些又正是《正大综艺》节目所需要的形象。

2. “三大价值”即审美价值、娱乐价值、教育价值

(1) 审美价值

综艺类主持人节目带给人们最大的享受是一种审美愉悦，是通过这种审美愉悦而产生的性情的陶冶和人生的美化。

人类艺术的最基本形式是音乐、舞蹈、诗歌、建筑、雕刻、绘画。作为综艺主持人节目主要内容的音乐、歌舞本身就是艺术的表现。主持人的主持艺术、语言艺术也具有艺术的特色，他们都共同体现着艺术的精神内核，给人以美感。欣赏综艺主持人节目是艺术的审美过程。因而，成功的综艺节目应该具有审美价值，要将受众带人审美的范围之中。

审美价值是成功的综艺类主持人节目必须具有的一种特质，是综艺类主持人节目具有永久魅力的根本所在。高度的审美价值可以提升一个节目的品位，产出精品。

(2) 娱乐价值

综艺类主持人节目不但具有媒体共有的传播性，还具有较强的娱乐性。这种较强的娱乐性使得节目赏心悦目、轻松活泼。娱乐性的产生依赖于节目的生动、热烈、红火、壮观、欢快、幽默和现代科技提供的听觉、视觉冲击。意境也是产生娱乐价值的源泉之一。

通过收听、收看广播电视综艺类主持人节目获得娱乐和消遣，已成为群众一种普遍的生活方式。为此，综艺类主持人节目必须从满足受众多层次、多方面需求出发，努力做到丰富多彩，雅俗共赏。

(3) 教育价值

综艺类主持人节目的教育价值是其最主要的价值之一。受众在收听、收看综艺类主持人节目时，不知不觉之中就会受到节目所表达的内容的影响。不仅是内容，即便是主持人的一举一动、一颦一笑都会成为一些受众模仿的对象。也许某位主持人在主持一档节目时穿的某款服装，一夜之间就会像“冬天里的一把火”一样流行起来。应当注意的是，既称之为艺术，在某种思想观念展现时，就应该是“润物细无声”式的“寓教于乐”。

（二） 晚会型综艺类主持人节目的策划构思

1. 晚会型综艺类主持人节目构思的环节

（1）收集材料——基础环节

收集材料是晚会型综艺类主持人节目构思的基础环节。就像收集材料，要注意三点。

第一即搜索。“搜索”是“建筑高楼大厦”的第一步。在晚会型综艺类主持人节目的总体构思的指引下，先要对“建筑材料”进行选择，看“材料”是否适合“建筑使用”，要多选择，多比较，备足“料”。好“料”出好“工”。

第二即再认。“再认”就好比“建筑高楼大厦”时的“备料”过程中对所需“材料”的“质检”。不能有了“材料”不管好坏都凑合着用。一定要全部使用全优的“材料”。其实搜索时包含着再认；再认过程也是新的搜索。只有多方搜索，才能材料充足；材料充足才能好中选优。

第三是整合。“整合”也就是把选择好的优质材料，按照“建筑工序”的步骤和要求进行准备的过程。整合过程是“建筑大厦开工”前的最后一道“工序”。

整合包括局部整合和整体整合。局部整合是把材料组织成意义完整、具有相对独立的局部。有如一个板块、一章、一篇。整体整合是把各个局部组织成整体的晚会型综艺主持人节目。它们都有明确的指向性，按照晚会的要求，从特定角度把相关材料组织起来。这是节目的内容丰富而不芜杂、中心突出而不单调的重要保证。经过整合，材料发生了由无序到有序的质变，成为便于视听、易于理解的晚会节目内容。搜索、再认、整合的收集材料过程，是一个由少到多、又由多到少，即在尽可能占有材料的基础上精心撷取典型材料的过程。每年中央电视台的春节晚会，往往提前半年就进入了准备阶段。许多节目被淘汰，即便是留下的节目也经过多次的反复，节目单在不断地变化，不到最后一刻，谁也不知道是否会最后参加演出。

（2）提炼思想——核心环节

提炼思想是晚会型综艺类主持人节目策划、构思过程中的核心环节，是构思主体能动性的集中表现，也是晚会收到预期播出效果的保证。

晚会型综艺类主持人节目思想的提炼包括两个层次：从素材和题材提炼某一相对独立的局部思想；从完整、相对独立的若干组合部分提炼整个节目的主要思路。尤其是综合节目、板块节目，由于它们多为二元或多元的有机整体，往往同时包含两个层次的思想提炼。

节目思想提炼有两种基本取向：

一种基本取向是从材料到思想，称为归纳提炼，即在揭示诸种材料内蕴的基础上升华形成节目的中心思想。

另一基本取向是从思想到材料，称为演绎提炼，即从某种理论或方针、政策出发分析材料，在揭示其特点的基础上抽象出新的思想。这两种取向着眼点有所不同，但都离不开对材料的排比、联想、分析、综合等思维活动。

（3）结构布局——表现环节结构布局主要是为晚会型综艺类主持人节目和晚会寻求恰当的表现形式：统一、和谐、新颖、方便。

“统一”就是将各单独的部分有机串联起来，紧紧围绕主题，共同为实现节目的中心思想服务的过程。例如，将搜索、再认和整合后的音乐、舞蹈、小品等的次序、串联词，声响，或是不同的板块等进行有机串联，形成一组完整的晚会形式。

“和谐”就是合理安排各个构成部分。在内容分量、时间长短、插播资料分布以及节奏、韵律等方面，形成协调的关系。

“新颖”就是调动广播电视特有的各种手段和表现方式，恰当匹配，以独到、多样的节目形式强化视听印象。

“方便”就是尽可能按照受众的认知方式和接受习惯安排内容和形式，以雅俗共赏的内容和喜闻乐见的形式赢得受众。

晚会综艺类主持人节目的构思并不复杂，但收集和积累资料却需要花费大量的时间和心血，不然就很难创出新颖的精品来。晚会的构思就像写一篇小说，收集资料要许久，可一旦灵感来了，可能一挥而就。这说明平时的积累很重要，在平时就要做一个有心人，到用时就可信手拈来。临时抱佛脚，闭门造车，挑灯夜战，往往出不了好成果。

2. 晚会型综艺类主持人节目的基调和节目设计

（1）基调的设计

在总体上，晚会型综艺类主持人节目的基调是受主题严格制约的。同时，基调也受到整台节目的“总体设计、布局、风格、环境气氛、节奏快慢、起伏跌宕”影响。基调一旦确定，不仅会贯穿晚会的始终，还会制约主持人的主持风格的确定。例如，中央电视台把“团结、欢乐、向上”作为春节联欢晚会的基调。这一基调实际是集政治性、思想性、艺术性为一体的。中央电视台的春节联欢晚会面向全国、面向世界；家家户户都在收看，影响之大，可以说是世界上收视率最高的晚会。因此，创作和安排晚会节目的标准应该是思想性、艺术性、娱乐性、趣味性和知识性相结合，寓教于乐。以“格调高尚、雅俗共赏”为宗旨。

如何做好晚会型综艺类主持人节目的基调设计策划，邓在军导演说得好：“一台成功的晚会，离不开给予人们以深刻印象的过硬节目。如果我们把美好的晚会形容为一串珍珠项链，那么，晚会的每一个节目就应是一粒粒晶莹夺目的珍珠。近年来，人们反映晚会难办，主要是‘明珠难觅’。但是，‘功夫不负有心人’，关键还在于编导人员需有足够的时间调查研究，深入发掘，组织创作，尽量避免‘临渴掘井’。千万不能凑合，凑合是出不了精品的。”

（2）节目的设计。如何做好晚会型综艺类主持人节目的设计，许多专家学者都认为应当是“豹头、熊腰、凤尾”。这既符合创作规律，也符合广大群众的欣赏习惯。

“豹头”是指晚会型的综艺类主持人节目的开头要像豹头一样色彩斑斓，漂亮、有神。要用新颖的、独特的、意想不到的开头吸引受众，使受众从一开始就被“抓住”。中央电视台邹友开说：“开头节目对春节晚会至关重要。这是整个晚会中的第一关。如果第一关没过好，抓不住受众，就像自行车上坡一样，要想站住，甚至再往上爬，就要花很大的气力。”

“熊腰”是指节目之间要粗壮、雄浑有力、流畅。在节目安排上要一环紧套着一环。

“凤尾”是指晚会的结尾要华丽，有韵味，耐看，与豹头要遥相呼应，形成高潮。正像中央电视台邹友开说的：“晚会结尾节目要有一定的深度，一定的气势，要给观众留下美好的回忆。”如央视《2008 抗击冰雪专题文艺晚会》，结尾朗诵：“我的父老乡亲们啊，太阳，出太阳了，在被冰雪围困了十七个日日夜夜之后，一缕久违的阳光终于划破了黑暗的云层，同时也撕裂了我心底那最脆弱的地方，作为一个市领导，竟然在暴雪来袭的时候让我的市民们在冰冻和黑暗中苦苦地支撑，没有足够的水，没有足够的食物，也没有足够的蜡烛把每一家点亮，我唯一能够做到的，就是不管有多冷、多难，都始终和你们在一起，和你们一起在这狂风暴雪中挺直我们的脊梁。我们相信，有党中央的领导，有全中国人民做后盾，我们有勇气有力量，把重建家园的担子挑在肩上，一起去迎接那春天该有的希望!”把晚会最后推向了积极乐观的情绪，让人们感受到了尽管风雪无情，但在党中央的领导和全中国人民的支持下，灾区群众一定会迎来抗击冰雪的胜利。

邹友开认为：“如何在四个多小时的春节晚会中始终抓往情绪，增加观众的参与感、现场感，并使整台晚会充满节日的欢乐气氛是十分重要的课题。作为晚会编导应该深入研究节目构成及其特征，了解什么类型的节目受受众欢迎。什么节目符合晚会本身的规律。”

在一台晚会型综艺主持人节目的搭配上，要从受众的爱好出发，受众中大多数人喜欢歌曲、音乐、舞蹈。歌、舞节目被列为晚会的“三大支柱”之一，因此，它是一个最重要的组成部分。选择晚会歌曲时，首先内容要广一些，要把握好健康、向上、宣传和娱乐的分寸。在保持民族风格的前提下，提倡风格的多样化，还要根据晚会的要求，多选些短小精悍、节奏明快、热烈火爆、旋律优美的歌曲。这样，可以增添节日的气氛，体现出晚会的基调，又实现了表现形式的多样化。

二、综艺类主持人节目策划的把握

综艺类主持人节目现在已日臻成熟。其在短短的十多年时间，样式不断翻新，影响不断扩大，与广播电视的从业人员矢志不渝地探索、反复的策划、不断的创新是分不开的。国家广播电影电视总局局长王太华 2009 年 10 月在中国—东盟电视交流论坛上透露，中国目前共开办公共电视节目 1283 套，年制作电视节目 257 万小时，这其中综艺类主持人节目和晚会占很大的比重。但是，晚会热、游戏类综艺节目热、竞技类综艺节目热，所有的这些热，许多是由“克隆热”引发的。这种种迹象显示了缺乏策划创新的隐忧。为了保证综艺主持人节目的健康发展，我们应当注意综艺类主持人节目发展中的问题。

（一）综艺类主持人节目要不断创新

现在全国的综艺类主持人节目已发展到数不胜数的地步了。但是有许多看起来都似曾相识，特别是在周末，几乎每个台都是类似的节目。一些特邀嘉宾也都是几张老面孔，经常出现，做的游戏也如出一辙。而且，目前的大部分综艺类节目都可以在欧美、中国的香港和台湾地区找到它们的原型。中央电视台的《幸运52》基本上是英国的同名版本；《开心辞典》则来自英国的《谁想成为百万富翁》；而号称内地综艺节目创始者的湖南电视台的《快乐大本营》，虽未完全照搬，但由于其节目初创时的策划人来自台湾，其节目结构、游戏类型、搞笑手段，乃至行为语言，都可以从不同的台湾娱乐节目中找到它的原型。一位拥有 4 档电视娱乐节目的电视制作人说：“现在竞争这么激烈，我根本没有时间、精力和资金去原创一类栏目，而且也没有必要。美国的电视娱乐业太成熟，太发达了。它每一个成熟的娱乐节目都是经过千锤百炼和市场检验的，直接搬过来，收视率就会有保证。”他制作的 4 档节目全部搬自中国台湾和美国。他更愿意搬台湾的娱乐节目，因为台湾地区搬自美国的节目国语化了，搬到内地更加省事。这些都已说明，策划创新是多么欠缺，从而启示主持人要不断创新。

全国各电视台的专家和制片人2000年汇聚杭州，举行了一场以“电视文艺的创新”为主题的研讨会。曾担任多届央视春节联欢晚会总策划之一的邹友开说：“电视文艺发展的核心在于创新，而电视文艺发展中要强调竞争。只有竞争才能有活力，才能出新出彩。”他还评价了悉尼奥运会的开幕式、闭幕式的表演“搞绝了”。

据有关部门统计的资料显示，2001年曾创造辉煌收视率纪录的综艺节目收视率开始下降。有些甚至从20多点下滑到了2点。业内专家分析，这里面有观众喜新厌旧的心态，有其他传播形式抢夺受众的因素。但最主要的是综艺节目形式单一，重复得太厉害，一些节目不思进取，制作新意上不跟进，最终导致了收视群体的疲态。

个性是文艺作品的生命。综艺类主持人节目的策划目标应该是立意创新、求奇、求美、求味，要办出特色来，才有前途。例如，安徽卫视的《非常静距离》，时段安排在晚间零点档，收视群定位为白领，节目将带有明显的美式“热”谈话风格，人生故事、情感故事将作为访谈节目的切入点，嘉宾选择紧贴娱乐圈热点，并与卫视重点剧目及大型活动互动，节目现场更有劲爆的DJ即兴创作，激活观众的参与热情；浙江卫视，也推出了全新综艺节目《爽食赢天下》，制片人冯军在采访中表示：“以前的美食节目主要是介绍做菜的方法，局限是味觉观众无法感知。《爽食赢天下》将美食和综艺结合，不局限于味觉，而是打造最好看、最好玩、最好吃的综艺节目。而且节目是到全国各地进行外景录制，每周都能形成一个话题。虽然外景节目意外比较多，但这些意外也会成为看点。”冯军表示，该节目不会主打明星牌，而会将全国各地的观众与节目深度融合，通过美食这样一个与大众息息相关的载体，让观众成为节目的主角，具有强烈的参与性。

（二） 综艺类主持人节目要追求真情实感

从美学角度来讲，真实的和真情的东西最能打动人心，最容易带来审美感知。凡是能给受众留下深刻印象的节目或晚会，都是情感处理得非常好的佳作。由于综艺类主持人节目或晚会过多过滥，因此策划不到位、定位不准确、主题不鲜明、内容不充实的情况非常多。虽然请了不少名演员，花了不少钱，可效果却不理想。这种节目很难调动起人们的情感，自然不会给受众留下什么印象。因此，要想改变这种状况，就要从策划开始注重真情实感这一审美特征，抓住

“情”字，以情为纲。例如，2006年国庆期间，湖南卫视围绕“青春、时尚、靓丽”的特色，推出了《快乐成双》特别节目。这是一次双胞胎的聚会，通过双胞胎们相似的外貌、心灵的感应、一起成长的点滴故事，让观众享受了别具新鲜与快乐的亲情。

综艺类主持人节目的编导和主持人不可忘记，在节目策划中，营造一个整体的情感氛围，使受众笼罩其中，为受众提供一个融融的艺术世界，是非常重要的。

（三）综艺类主持人节目要注重内容与形式的统一

一档综艺类主持人节目要获得成功，首先要有内容，既要丰富，又要耐看，要有强烈的精品意识。现在，一些节目或晚会，一睹之后就再也没有印象。这样徒有形式和包装而内容贫乏的综艺类节目或晚会很难有生命力。其次，要有与内容相协调的表现形式和手法，而不能出现内容与形式游离甚至相背离的现象。例如，娱乐型的综艺主持人节目表现形式要求轻松、明快、风趣、随意。而严肃型的综艺主持人节目则要求庄重、严谨、忌太过的调笑。要明了，恰当的形式不仅利于节目内容的表现，而且可增强节目的艺术感染力。对于相同或相似的内容，也可用不同的形式处理和表现，以增强灵活性，强化宣传效果。

如《非常6+1》以其新颖别致的节目形态，别具一格的主体风格，以实现普通人的明星梦为主旨，赢得了社会与观众的热烈好评。

（四）综艺类主持人节目要进一步贴近群众

综艺类主持人节目还要进一步贴近生活、贴近群众，这是重构审美平衡的重要手段。艺术来源于生活，同时反映生活。我们不仅天天挂在嘴上，还要运用于具体的节目策划、创作之中。只有以生活为源泉，艺术才会放光辉。现在广播电视理论界和有些受众开始觉得综艺类主持人节目有些枯燥无味，原因就是节目脱离了生活、脱离了群众。有些综艺类主持人节目和晚会在节目策划过程中，对贴近性和精品化把握不准，过于“精英化”和“贵族化”，而有些节目则过于“庸俗化”。要解决以上问题，唯一的办法还是接近生活、贴近群众。综艺类主持人节目的创作人员、主持人要少“浮躁”、多思考，看问题要尽量“平视”，选取群众喜看乐听的内容和形式，缩短与群众的距离。

接近生活、贴近群众有许多方式，要灵活运用。例如，中央电视台连续推出的“心连心”综艺汇演，不是在演播厅，而是搬到地头上，在群众之中进行，并且所选择的内容也都非常生活化。这种现场感强、生活味道浓、又具有审美价值的综艺类主持人节目，很受欢迎。

除了要贴近生活、贴近群众外，我们还要积极调动受众的主动参与，吸引受众，使双方更加贴近。在策划节目时，要在加强节目“内涵”基础上，努力扩大节目的外延，加强吸引力。利用节目的影响，搭起四通八达的受众联系网络。在与受众接近的过程中，还可掌握受众的喜好和意见，为进行节目的调整提供准确的依据。此外，还可以召开座谈会、举行面向受众的策划大赛等方式吸引受众参与，造成双方的“互动贴近”。

（五）综艺类主持人节目要广采博纳

综艺类主持人节目的主持人和创作人员面对激烈的市场竞争，要时刻注意综艺类主持人节目的一些新思维、新发展、新变化。要善于吸取其他艺术门类的精华，取人所长。还要注意新的媒体的出现对综艺类主持人节目的影响，比如因特网对节目的未来影响。另外，有时“竞争对手”或许会成为合作对象，为综艺类主持人节目发展开拓更广阔的空间，关键是要把握先机。

综艺类主持人节目的主持人面对激烈的市场竞争，只有精心策划构思、不断锐意创新，才能使节目丰富多彩，才能在竞争中获得生存和发展。

附：《非常6+1》策划方案

新闻背景

2003年10月26日，备受业界关注的央视大手笔互动竞技节目《非常6+1》掀开神秘的面纱，每周日19：40~21：00，时长80分钟，在CCTV-2激情演绎。这是目前我国电视节目中时间最长的一个常态栏目。据该节目导演介绍，《非常6+1》的最大亮点就是“成就平民的艺术梦想”。

2004年8月13日，在开播不到一年的时候，国内各大媒体上，出现了以“央视首次给主持人标价，李咏价值4亿挫群雄夺冠”为题的新闻：由“世界经济论坛”和“世界品牌实验室”共同编制的2004年《中国500最具价值品牌》排行榜上，中央电视台以608.51亿元的品牌价值名列第二。央视同时对名牌栏目和著名主持人的品牌价值测评也得出了结果。《新闻联播》和时任《幸运52》的主持人李咏分别位居“最具价值栏目”和“最具价值主持人”的第一位。

李咏个人资料

1. 简历

上大学前，一直生活在新疆

1991 年毕业于北京广播学院，同年进中央电视台

至 1993 年任记者

至1996 年任专题片编导

1996 年主持对台节目《天涯共此时》

1997 年主持《欢聚一堂》

至1998 年专栏编导、主持人

1998 年综艺节目主持人

同年主持《幸运 52》，娱乐游戏节目主持人

2003 年开始主持《非常 6 +1》

2. 个人特质

在央视的著名主持人里，李咏无疑是最为独特的一个，他的谈吐、主持风格在一向四平八稳的中央电视台中堪称独树一帜。他绝对算得上是一个“异类”，从天生的相貌到自己设计的花哨西服和蓬松卷曲的头发以及他那标志性的笑容。

3. 价值

目前中国互动式娱乐节目头号主持人。2005 年，由“世界经济论坛”和“世界品牌实验室”共同编制的 2004 年《中国 500 最具价值品牌》排行榜上，李咏以 4 亿元身价位居“CCTV 四大最具价值主持人”之首。

在一个国家电视台里工作，其受国民瞩目的关切程度，足以使主持人、播音员等台前幕后的人感受到他们的言行举止所带来的影响。

《非常 6 +1》背景资料

1. 策划时间

2003 年国内“非典”时期，当时央视二套为迎接中央电视台成立 45 周年、央视二套开播 30 周年正在进行改版，在节目上作重大调整，准备推出一些品牌节目。原来在每周日 19：40 时段播出的《正大综艺》被调整到央视三套播出。于是，一档编导们借鉴美国的娱乐节目《平民偶像》和英国的娱乐节目《英国骄傲》的全新娱乐综艺节目《非常 6 +1》诞生了。

“6 +1”是指 6 天的包装，加上 1 天的登台，“6 +1”等于“7”，就是说星期天播出。“非常”除了纪念非常时期，还有“非常经历”的意思。

2. 栏目宗旨

“成人之美是我们的己任”。

3. 栏自定位

平民化，互动式。

4. 栏目广告语

梦想在你心中，机会在你手中。

“非常6+1”，我们给你机会，我们成就梦想。

5. 节目环节

非常才艺；

非常寻找；

非常打造；

非常展示；

非常明星杯奖；

另加“CALLOUT”电话互动游戏。

《非常6+1》主持人策划之经验分析

1. 品牌孵化

其实主持《幸运52》之初，李咏并未受到观众的热切关注，作为一个深蕴传统的电视台，中央电视台的频道特点使得一个标新立异得令人眼前一亮的主持人需要慢热，需要培养，需要适应和缓冲。

小心翼翼地运作了一年有余，《幸运52》逐渐为观众所接受，所喜爱。至1999年的夏天，《幸运52》的收视率提高到了1%，随后又从1%上升到1.5%，然后到2%的高位，逐步形成了较大的公众影响力。到2000年之初，投资公司终于收回投资，节目的广告价码逐渐由最初的几百万翻涨了十多倍，到后来是每年6000万的盘子。

《幸运52》最终成为央视的金牌栏目，这虽非李咏一人之力，但他的重要性也是举足轻重的。因节目为观众所喜爱，李咏随之急速走红，《幸运52》成为名牌节目，李咏的主持风格也为央视领导所认可并加以欣赏，节目的娱乐底线被放宽。“刚开始的时候不受关注，一年之后，突然就红了，也许大家更喜欢看到舞台上我的这种真实吧。现在上下对我其实都很宽容，跟我说，李咏，你可以再活跃一点。”

观众对主持人的认可是节目成功的重要因素。有记者问《非常6+1》制片人哈文：“当时策划《非常6+1》这档节目时就想到让李咏做主持人，是不是有私心在里面？”哈文爽朗地说：“不能说绝对没有，但是用李咏主要还是从收视率考虑。你想想李咏是老主持人了，在全国很有号召力。而且就是单说能力，我还真没发现第二个李咏。”这就是《非常6+1》移植国外成熟品牌进行本土品牌孵化的成功所在。

2. 调整风格

借用已经成熟的品牌，利用已经不低的观众收视率，这是《非常 6 +1》在选用主持人时的基本初衷。只是，沿袭不代表着简单的模仿和克隆，没有创新就没有发展，一档新栏目的建立更应该满足受众审美的新期待。所以，风格上进行相应的调整便显得必不可少。

虽然都是互动式节目类型，但《幸运 52》属互动益智类，《非常 6 +1》属互动娱乐类，这就使得主持人的现场表现也有所不同。一是在语言表达上，《幸运 52》用李咏自己的话说，那是一种“嚎叫式主持，做节目时我恨不得使很多‘坏’，让气氛更热烈、更轻松，煽动观众的情绪”，来突出强调张扬热烈的节目氛围；而《非常 6 +1》则是一则让平凡人的梦想登上舞台的神话，挖掘的是受众心头最亲切的渴望，所以要求主持人少一些张扬，多一分温情和细腻，在整个节目中，帮人圆梦，烘托“非常明星”，真正做到在精神上体现人文关怀。二是在服装造型上，《幸运 52》中李咏的服装面料是发光的，颜色是鲜艳的，有些夸张，有些艺术化；而在《非常 6 +1》当中，为了体现人文关怀，李咏的服装则显得很正规，一副绅士派头。

李咏用服装作比喻来区别两个节目的风格：“主持《幸运 52》，我就像穿运动装；主持《非常 6 +1》，我就像穿着驯马骑手的服装。”

3. 量身定做

主持人要具有鲜明的个性，而且这种个性要与节目的风格、定位协调一致。在《幸运 52》中渐已形成的平民化、亲切、幽默的主持风格与《非常 6 +1》的节目定位一致；李咏随机应变的现场掌控能力与《非常 6 +1》的准直播要求相符；加上李咏的人气以及身价不菲的品牌价值，《非常 6 +1》的编导们都认为，这个主持人非李咏莫属。

另一位制片人尹文说，《非常 6 +1》可以说是给李咏量身定做的。为了让李咏有更多的发挥空间，节目还专门为他设计了带有李咏风格特点的开场，中间还有他大段的“脱口秀”，他将结合社会生活的新鲜事物大侃特侃，更多了几分辛辣、几分鲜活。此外，他还要与选手逐一展开对话，也将在电话游戏环节与普通观众交流。这种从始至终的互动式主持对主持人要求极高，而李咏可以把这一切做得漂漂亮亮。

4. 自身优势

（1）播音主持科班出身

在广院播音系上大一时，李咏的成绩是全班倒数第一，到大四毕业时却成为全班第一。在《幸运52》节目中，现场气氛活跃，可就在满场助威的号子喊得山响的时候，他仍能一口气一字不差语音标准地问上十几个问题，并且头脑清醒、快速地告诉选手正确答案。这一招如果不是当年上学时打下了扎实的基础恐怕难以完成。另外，上学时的“不安分”表现出的好奇心和探索欲，也使得他在场上“语言跟着节目走，有了包袱随时抖”，流畅、激情、收放自如。

（2）幕后工作积累经验

在《中国报道》一年多的时间里，他干的是记者的工作，同时期还曾做过导演，拍摄30分钟以上的专题片，他自己同时兼任撰稿、编辑、设计和拍摄，甚至主持工作。1994年与1995年，李咏连续做了两部有关新疆的专题片《看新疆》与《在新疆》，这两部专题还得了政府的奖励，让李咏很受鼓舞。后来在《天涯共此时》、《欢聚一堂》中，他同样是既做主持，又做编导和策划。及至《非常6+1》，还是因为喜好，同时因为和制片人哈文的夫妻关系，他更是当仁不让，成为该栏目的原创者之一。制片人尹文说，李咏是个完美主义者，在“非典”时期，李咏和大家一起戴着口罩讨论节目细节，往往一谈就是一整天。进入录制阶段，他和撰稿一句话、一个字地磨合串词，核对每一位选手的生活细节，和他们反复沟通交流，对电话互动游戏环节可能出现的情况，他要导演一起反复琢磨……“把节目交给这样一个很认真的主持人，我放心。”

（3）主持风格日渐成熟

经过多年锻造，李咏在舞台上越来越表现出一种轻松自然、幽默风趣、机智灵活、率性又自信的主持风格，在央视众多的主持人中显得“另类”但不“越位”。

说到自己的主持风格，李咏说：“我追求一个‘俗’字。因为‘雅’能装，‘俗’则不能。但要‘通俗’，不能‘庸俗’！要‘俗’得很理想，真是有难度。我在央视8年了，知道什么叫分寸。”

回顾自己的成功之路，李咏说：“我想最大的原因是我很真诚。在做节目的时候我是真心地热爱着观众，我觉得观众不管年纪大小，都是衣食父母。我必须鞠躬尽瘁，信念就是‘伺候人民’。而且我的节目不是‘为制作而制作’的，我是用全身力量来面对现场制作的，和观众们用心地交流，绝不浪费他们一分钟的时间。此外我总是力求表现出自己的个性。如果一个节目主持人没有个性，观众看你就像喝白开水，无色无味！”

（4）观众喜爱，知名度高

1998年，当大多数国内观众的脑子里还完全没有“博彩游戏”的概念时，一个脱胎于此的益智游戏《幸运 52》在中央电视台悄无声息地开播了。两年后，《幸运 52》成了央视二套收视率最高的节目，主持人李咏也被誉为“目前中国互动式娱乐节目头号主持人”。

2004 年，《非常 6 + 1》在 10 月 26 日正式开播，节目以“将普通的选手包装成耀眼的明星、帮助普通平民圆上自己的艺术之梦”为桥梁，立刻引起了众多有艺术梦想而又缺乏机遇的普通观众的兴趣。

《非常 6 + 1》与《幸运 52》不同，对于观众而言具有了更强的欣赏娱乐性，而对于参与者而言，又具有了更强的表演性，以节目为平台，《非常 6 + 1》每期帮助几名具有演艺才华的普通人实现他们的表演梦想。而在此之前的寻人、培训、包装也充满了噱头。节目最初是主持人李咏对参与选手的“非常寻找”，然后由培训团队对选手进行“非常打造”，对选手进行演艺培训，之后便是选手上台表演的“非常展示”。节目最后的投票环节增加了观众的参与度，现场观众投票产生的最佳表演者，将获得一座“非常明星杯”。

这是一档平民节目，它的宗旨很纯粹——娱乐，它为普通人实现一个登台亮相的梦想，但仅此而已，点到为止，对“非常明星”的未来之路是否还将沿着一个“星光大道”行进并不负责。

这档节目同样没有忽视电视观众，“砸蛋”的环节提高了电视观众的参与热情，因为金蛋裂开刹那是否金花四溅决定了被随机选择的参与者是否能够如愿以偿，实现梦想。

这个电话互动环节被称作 call out，由主持人李咏在现场拨通报名参与节目游戏环节的观众电话，他将向李咏说出一个可以实现的梦想，并由他选择金蛋或银蛋，再选择任何一个现场观众为其砸蛋，如果砸开后金花四溅，那么《非常 6 + 1》就为他实现这个梦想。

《非常 6 + 1》在短时间里就取得了不俗的成绩，迅速超越央视的另两个王牌节目《幸运 52》和《开心辞典》跃居经济频道收视率之冠，而主持人李咏更是成了栏目的形象代言人。在 2004 年 5 月举行的成都、广州、深圳“全国选秀，营销梦想”活动中，制作组所到之处，李咏的出现总是带来惊呼一片，观众对这位凭借《幸运 52》一举成名到今天《非常 6 + 1》当红不让的金牌主持表现出极大的热情和绝对的支持。

2003 年 10 月 26 日 19：40，大型互动娱乐节目《非常 6 + 1》正式开播，80 分钟的节目激情演绎，在周日的夜晚给全国亿万观众镀上了一层“快乐”的金色。

当晚 11 点，节目导演打开观众报名电子邮箱时，发现新收邮件达 1359 封，20 兆的新浪邮箱已爆满到 35 兆，邮箱被挤爆。栏目组立即采取紧急措施，将所有邮件转出，立即又收到近千封邮件。截至 27 日，新收邮件达 3000 多封。27 日一大早，中国移动和中国联通统计出观众手机报名短信达 11 万条，创央视常态节目互动短信新纪录。《非常 6 + 1》的开播完全可以用两个字来形容——“火爆”。

《非常 6 + 1》出台不久就成为了央视最红的节目之一，收视率在中央电视台 288 个栏目中名列第十七位。

第十章 谈话类主持人节目策划

其实，在新闻类等主持人节目中都有谈话类的节目，而且谈话类的节目并没有脱离提供服务的大范畴。我们之所以把谈话类主持人节目单列一章，是因为谈话类主持人节目有其自身规律和特点。

第一节 谈话类主持人节目及特色

一、谈话类主持人节目的概念及内涵

（一）谈话类主持人节目的定义

在我国，谈话类主持人节目最早出现于广播中，曾出现过广播的“谈话热”，对广播的大发展，有过积极的促进作用。电视谈话节目则诞生于1992年上海东方电视台的《东方直播车》。

国外的“Talk Show”，我们翻译为“交谈的展示”、“谈话节目”、“脱口秀”。我们现在使用的概念多为谈话节目。在主持节目过程中，话谁都会说，但是，什么样的说法才能称得上是“谈话”呢？主要区别在于：

1. 谈话类主持人节目是人际传播的“双向交流”。主持人与嘉宾之间，主持人与受众之间都可直接进行交流。

2. 有人认为，谈话类主持人节目指的是“评论性的”。这就是说，并非所有“双向交流”都属于“谈话节目”。谈话不管其具体内容是时政的，还是文化的、艺术的、经济的、社会的，只要符合一个共同的特点，围饶大家共同感兴趣的话题展开讨论，就符合谈话类主持人节目特征。正因为如此，诸如也是“双向交流”的点歌、投诉、医药咨询等就不是我们所说的谈话类节目。本质区别就在于此。

3. “群言式”是谈话类主持人节目的本质特征。有时我们在区分谈话类节

目还是专访节目时感到困难，因为他们存在交叉。如专访节目有时也有受众的参与，但是受众的参与在专访节目中处于次要的、从属的位置，不仅话量少，而且以向专访对象的征询、质疑为主，不以发表自己的见解为目的。一句话，专访节目的谈话中心、谈话主角是专访对象。受众的参与特别是显性的参与并不成为构成专访节目必不可少的要素。而谈话节目则不然，一是受众的直接参与是构成谈话类节目不可或缺的人员要素，即主持人、嘉宾、现场受众及打进“热线”的听众；二是在谈话类节目主持人的意识和操作中，受众与嘉宾发表见解的机会均等。围绕一个共同的问题，参加者既是说话人同时也是受话人，畅所欲言，各抒己见。换句话说，谈话类节目最一般的形式就是一个主持人、一个或几个嘉宾、一些现场受众，围绕一个主题展开讨论。

至此，我们可以给谈话类节目做如下界定：由主持人邀集有关人士及受众，围绕公众普遍关注的重要问题，在轻松和谐、平等民主的氛围中展开讨论的群言式言论节目。

（二） 谈话类主持人节目的人际交往

谈话类主持人节目的人际交往与大众传播各有不同的优势。

首先，人际的交谈是一种最直接、最准确和最有针对性的信息传递方式。

其次，人际交往能比大众传播更有效地对对方施加影响。当人们单方面从外界获取信息时，视觉通道是最有效的途径；当人们进行社会交流和人际交往时,交谈就成为最有效的信息传递方式。因为，在交谈中，信息选择可以随时进行,双向交流便于及时沟通，信息传递误差可以不断校正。由于在知道、接受、行动这三个逐渐递进的心理层次上，大众传播发挥的作用用逐次递减，而人际传播所能发挥的作用刚好逐次递增。因此，将人际交往纳入广播电视传播过程,就弥补了广播电视传播因深层情感联系和心理基础不足而造成的传播效果的欠缺。

（三） 谈话类主持人节目的功能

首先是分析功能。这主要体现在对社会问题、人生问题的探讨，还有一些新闻背景的阐述上面。寻求结论是这一类谈话节目承载的分析功能的关键点。

其次是交流功能。这主要是指其所起的社会沟通、情感交流作用。对于承载交流功能的谈话者来说，只要能达到交流、沟通的目的就算成功了。

还有一类是服务功能。这包括咨询、帮助以及知识教授等。这一类谈话节目关键点在于它实用，能切实帮助群众解决实际问题。

二、谈话类主持人节目的特征

（一）谈话类节目主持人是节目的核心

谈话类主持人节目离不开嘉宾和受众的参与。如果参与的人很多，则主持人的中心调控作用就显得至关重要。主持人要牢牢地把握和控制直播现场和话题，否则就会出现主持人被现场的混乱“主持”的窘况。

（二）谈话类主持人节目代表着一种开放式的受众参与格局

这种开放式格局的明显特征之一就是参与者的平等性。参与者不再是主持人手中的“木偶”。专家也好、嘉宾也好；职位高的也好，职位低的也好，他们与主持人都是一种平等的关系。这里没有居高临下，有的只是善意的引导和平等的探讨。

（三）谈话类主持人节目的话题，是从政治、大局着眼，选择的关系群众切身利益、群众十分关心的话题

首先，谈话类主持人节目的话题，关键是要选得“准”：

一是与中心工作配合进行议论的话题。

二是对社会热点和新闻追踪评说的话题。

三是对新出台和即将出台的政策措施和法律法规解析阐述的话题。

四是对不同思想观念和价值体系碰撞交锋、分析反思的话题。

五是对不良社会现象和风气批评引导的话题。

六是对解决百姓衣食住行等生活困难问题反映呼吁的话题。

总的说，选题的原则应为“重要性、普遍性、热点性”。也有人概括为“群众关心、领导重视、有普遍意义”。

其次，话题的把握，关键是把握好五个“度”：

一是要选准切口，把握好话题切入的角度。

二是要由表及里，把握好话题开掘的深度。

三是要提炼主题，把握好话题立论的高度。

四是要起承转合，把握好话题运行的进度。

五是要有序驾驭，把握好话题引导的力度。

好的话题在可操作性上要同时具有两个特点：第一是普通人能以自己的经验为基础发表见解；第二是足以引起专家学者的参与兴趣，换句话说，就是浅易性与深刻性的巧妙结合。例如央视十二频道的《大家看法》周末版特别节目《我建议》，就一档针对时下最具新闻关注度的民生法治话题，邀请代表委员、专家

学者、公众人物及相关政策法规决策者共同参与讨论，为民生法治出谋划策的节目。因此，节目选题如“我的暑假我做主”、“我家要拆迁”、“直面‘大一综合症’”、“学龄前的宝宝该学什么?”等，都能让人有话可说，凸显了“让你的声音在这里体现价值”的节目宗旨。

（四）谈话类主持人节目的谈话氛围是民主平等的，所讨论的问题并不强求一个统一的结论

大家处在一个和谐的环境中，虽然参与的人们文化背景不同、社会地位不一，但都可以敞开心扉，开诚布公，说真话，说实话。完全可以“仁者见仁，智者见智”，不同观点的阐发可以提供给思维以不同的角度、不同的层次、不同的判断标准、不同的侧重点、不同的价值取向，使人们以平和宽容的心态，以客观全面、发展辩证的眼光看待问题，提供新的思考点。

《对话》栏目是中国中央电视台2000年推出的一档演播室谈话节目，时长60分钟，是中央电视台创立最早、影响力最大的高端精英谈话节目。

《对话》致力于为新闻人物、企业精英、政府官员、经济专家和投资者提供一个交流和对话的平台。受邀嘉宾均来自世界政要、行业领先者、具有强势话语权的标志性人物。对话既是一种对立，又是一种平等，主持人必须能代表观众，与嘉宾保持一个交流沟通的场面。节目主持人陈伟鸿认为：“一个主持人，在台上要与人家争光彩的话，你永远争不过他们。你应该把重点放在尽可能多地反射和引导出嘉宾的光彩上。但你也不能因为他太高，高过你那么多，就一点自信都没有了。这一点上我的心态很好，主持人的胸怀比知识量更重要。在我的意识深处总不断地告诉我自己：这只是一个电视节目。现场的职业感不容我分神想这想那，只是集中思想看如何把这一分一秒的对话做好。”

三、谈话类主持人节目的文化和社会意义

我国广播电视谈话类主持人节目之所以获得了迅猛的发展，与谈话类主持人节目自身优势、良好的社会舆论环境及社会转型时期人们的心态需求有关联。

（一）传播优势

口语交流不仅是最富信息量的传播行为，而且还伴有形体语言、语气、表情等副语言行为参与传播，并且可以在传播者之间及时反馈交流。它将真实的人际口语传播过程带给受众，让受众从中感受到思想情感真诚的交流与沟通。

（二）良好的社会舆论环境

谈话类主持人节目的出现与兴起，与社会历史的大背景密不可分。改革开

放，带来了经济发展、思想解放、观念更新。这就使得受众有了强烈的参与媒体的愿望。因此我们也就看到、听到了他们以轻松坦然的心态所讲述的人生感悟和对社会等问题的看法及思考。

（三） 谈话类主持人节目的社会需求

谈话类主持人节目既为广大受众提供了一个交流认识、探讨人生、沟通思想的说话空间，也为党和政府提供了一个了解民情、洞察社会的窗口。一方面，人们对社会大潮中出现的各种问题有了解认识，交流沟通的普遍心理要求。另一方面，党和政府对改革开放中产生的各种新生事物、新思想、新观念也需要向广大群众做好解释说明工作。这两个方面的需求是谈话类主持人节目产生和存在的社会基础。

（四） 谈话类主持人节目的社会效益

谈话类主持人节目为广大受众提供了一个参与公众生活、表达社会情绪的平等开放的思想空间和不拘一格的公众论坛。参与的广泛性和参与的深层次以及节目轻松平易多样的形式，使谈话节目在舆论引导方面有不可低估的作用。

不同行业、不同层面的受众坐到一起，畅所欲言，在主持人的带领下形成受众之间多层次、多侧面、横向和纵向的沟通。而各自不同的视角、不同的立足点、不同的信息，相互补充和借鉴，自然有趣、毫不牵强、令人信服地扩大了人们的视野，纠正了某些片面性，不着痕迹地给予社会舆论以正确的引导。同时，谈话节目的言论能及时真实地反映民情。这种自下而上的沟通也能为有关部门的决策起一定的参考作用。

在谈话类主持人节目中普及先进文化，倡导积极人生，启迪民智，教化风俗，疏导压抑、紧张、孤独、愤懑等有损心理健康的恶性情绪，提高国民素质是主持人做“软性”话题时把握导向的重点。

例如，《小崔说事》是中央电视台2003年7月5日推出的一档由崔永元主持的电视访谈节目。访谈嘉宾既有政府官员、文体名人、也有普通百姓和企业家、外国友人。现场观众充分互动，参与提问和讨论，在生动活泼的气氛中分享不同的人生体验、互相交流碰撞，从而得到不同的感悟。如“黑暗中的歌者”、“花样年华”、“把人生锔起来”等话题都带给观众人生和心灵上的思索。

又如，中央电视台12套播出的《忏悔录》，是一个以“心灵的焦点访谈”为最终定位和品质追求的周播节目，推崇“没有反思的人生是没有价值的人生”和“吾日三省吾身”的价值观。力图在与犯有重大过失的人物的深度访谈中，通过访谈者对于自己心路历程的关注和再思考，以忏悔的方式完成自我人格的升华，并给予观众深刻的启迪，从而宣示“人性的光辉，忏悔的力量”这一永恒主题。

四、谈话类主持人节目的特点

（一） 发挥双重传播优势

《中国广播电视学》一书把广播电视的基本功能界定为：传播新闻、社会教育、文化娱乐、提供服务。在以上的基本功能方面，谈话类主持人节目除了在新闻传播方面稍弱外，在社会教育、文化娱乐、提供服务方面都可以承担相应的功能。同时，谈话类主持人节目还具备独特的人际传播方式，两者的结合，融人际传播与大众传播的优势、特点于一体，互动性强，可以发挥双重传播优势，使其可以发挥更大的效应。

谈话类主持人节目的主持人和嘉宾及受众，处在一个平等的交谈环境之中。大家面对面的发表自己的看法和观点，主持人与嘉宾及受众之间，畅所欲言，无拘无束。这种双向交流形成了很强的互动性。主持人不会用一个固定的结论去左右嘉宾和受众，嘉宾和受众也不用有所保留。彼此是一种双向的互动传播、相互交流、影响、启发和激励的互动关系。

“传播不仅仅是传播者向受传者传递信息的单向过程，而是具有信息交流的双向性质……传播者、受传者总是处在互动之中。因此，传播者、受传者的角色是互相转换的。”

（二） 感人的魅力

谈话类主持人节目的感人魅力是因为它“以真实性为生命，以平民性为本色，以参与性为特征”。

1. 谈话类主持人节目之所以能吸引那么多受众，并形成“谈话热”，主要是它的真实

主持人和嘉宾以及受众都实话实说，不玩虚的、不来假的，杜绝套话、空话。直播的人际传播功能模式也使得谈话的过程非常真实。大家坐在一起，没有预先的排练，只能一次合成。嘉宾、受众之间彼此不认识，也没有预先沟通观点，唯有真实的话语，真实的说话过程，真实的人和事。在这种状态下的交谈，展现的是真正的情感和观点的真诚交流，也就自然会以感人的力量赢得受众。

谈话类主持人节目的真实性从思维方式看，还在于主持人要突破“编导”节目的思维模式，树立起“还自身和对方以真实状态”的节目理念。即主持人不可以自身端起架子说话，要以一个普通人的形象出现，用自己平时习惯的方式

谈话。在谈话过程中要真诚、坦诚，让对方以平常心态和主持人平等交谈，方能取得良好的传播效果。

如蔡康永、小S联袂主持的《康熙来了》，以幽默、娱乐的风格见长，两人快乐、善良、率真、聪慧的天性，使他们在主持中十分默契，也十分热闹。聊着聊着会即兴模仿一段，动静结合，一张一弛。他们很爱和嘉宾开玩笑，相互之间也很能逗趣，表情虽夸张，问题够刁钻，但却因为他们的真诚而显得可爱。他们“闹”中取静，与嘉宾及观众一起开怀大笑中，又能够沉静下来与嘉宾做将心比心的心灵沟通，让平日里包裹严实的明星流露真情、倾吐心声。

2. 谈话类主持人节目的平民性是价值追求和审美追求的体现

这种平民性不是装出来的、练出来的，而是一种气质修养的体现。在我们的思想意识中应该时刻想到节目的平民性。它“一不是官方论坛，二不是专家论坛，三是谈话过程主要由老百姓去完成”。谈话节目不仅提供了一个人们说话的场所，更重要的在于体现了另一种思维方式，体现了一种人文关怀，即每个人都有平等说话表达意见的权力。

平民性不仅要体现在主持人的个性上，还要体现在主持人的主持风格等各个方面。包括节目的策划，从节目构思开始，就要追求节目的平民性。节目主持人与节目是互相依存的，任何一方失去平民性都会使节目失色。在策划该类节目时，首先要有一个好的节目构架。其次，主持人要了解不同节目对主持人的不同要求，在真实的基础上，想受众所想，说受众所听，使主持人与受众之间产生心灵的沟通，整个节目才会和谐、自然、有魅力。

例如，在主持人崔永元的选择上，虽然他形象并没有什么优势，但他有着多年做记者的经验，思维敏捷，善于提问，善于把握话题，并时常以精练的语言把嘉宾的观点加以总结。他的语言幽默风趣，同时又机智灵活，不失时机调节气氛，总能化解尴尬的场面。他尊重每一位现场观众，认真地听他们的表白。这一切都体现了他的“平民化”意识，体现了他的人格魅力。反而获得了大家的喜爱。

又如《非常故事汇》的主持人为郭德纲和刘畅。郭德纲自称“非著名”相声演员，虽然知名度非常高，是个名副其实的名人，但却具有十分浓厚的平民化“草根”气息。作为专业的相声演员，本身就有极强的幽默感和语言表现能力，同时也善于临场发挥，把握现场节奏，活跃场上气氛。而且郭德纲由于长年在剧场演出，经常与观众打成一片，所以虽然是名人却丝毫让人感觉不到名人那种居高临下的“架子”，反而亲切感十足，能够瞬间拉近主持人甚至整个节目与观众之间的距离感。可以说，郭德纲本人就是“平民化”这三个字最合适不过的代言人了。如采访魔术师刘谦时，刘谦谈到自己在2009年春晚之后“一夜成名”，几个月来“精神上和肉体上都蛮累的”。郭德纲马上追问：“哪块肉？”现场顿时一片哄堂大笑。

3. 谈话类主持人节目离开了参与，也就彻底失去了它存在的意义

广播谈话类主持人节目听众可以通过热线电话参与讨论，发表意见；电视谈话类主持人节目，除特邀嘉宾外，凡现场受众都可参与讨论。目前的不足是，参与者经常是事先指定的人选。我们更希望现场受众自由参与，使谈话气氛更热烈。谈话节目的演播室要形成客厅一样的谈话气氛。

（三）辩论性的节目本色

谈话类节目主持人所选择的时政、文化、艺术、经济、社会等各方面的一切话题，都是为了拿来让大家讨论的。这也正是其区分于点歌、投诉、购物咨询等“双向交流”节目的标志——具有评论特点的“双向交流”节目，才是谈话类主持人节目。

谈话类节目的话题要有争论性、对抗性，针锋相对的观点辩论才是谈话节目的本色。既能够抓住受众听众注意力的与人们的生活紧密相连且有贴近性的话题，同时又存在矛盾与困惑的家庭问题及社会问题，才能引起人们激烈讨论，各抒己见。

因而，谈话节目的话题的生命力取决于以下两点：

其一，选题是否紧扣人们既关注又困惑的现实生活问题或社会问题。

其二，讨论的深度是否达到了令人有所感悟并消除或减少困惑的程度。

这就要求策划者和主持人对所讨论的主题有深层次的把握，不仅要会提出问题，还要会组织讨论，以使所提出的问题能得出较高水平的结论。作为主持人要“鼓励人们说话和说实话”，要学会耐心倾听别人说话。

谈话类主持人节目贵在营造现场真实而轻松的谈话氛围，也就是要营造正常的谈话氛围和韵味。

从谈话类主持人节目的题材内容和主持风格来看，中西方之间有较大区别。如美国的谈话类节目题材广泛，既有严肃的大题材，如种族歧视、青少年性教育。同时也有轻松的小题材，如秃顶的男人美不美，爱打扮的男人是否太虚荣，还有涉及各种常见的社会问题、伦理问题的题材等。

总之，美国谈话节目注重猎奇性，以新奇制胜且题材广泛，对所讨论的问题，从主持角度来说不进行观点的评价，不存在价值导向，仅仅是展现所讨论的

各种现象和各种观点。

相比之下，我国的谈话类主持人节目则注重教育性、指导性、政治性，在观点的导向上有明显的倾向性，选材当然就要受到限制，讨论的话题则多集中在不太敏感的社会问题上。

（四）主持人意识强

谈话类节目对主持人的主持意识要求特别高，要求主持人在节目的构思、内容的选择、栏目的定位上，都要体现出很强的主持人意识。要通过主持人的主持意识和自身的个性去渲染节目。不是说要在主持时讲求“平民化”，就不讲求主持人意识，相反，只有讲求主持人意识，栏目和主持人的个性风格才能确立。否则，就会水平不同，风格各异，个性色彩浓淡不一。

中央人民广播电台著名主持人虹云说：“一个成熟的主持人应当追求个性，不要今天特别活泼，明天又特别庄重，后天又幽默了。最后也弄不清你是怎样一个人，你的形象就会混乱不统一。”

主持人意识不强的主持人，在同时主持几个栏目时，特别是性质不同的栏目时，最容易失败，因此要相对固定。

五、谈话类主持人节目的类型

（一）娱乐性的谈话主持人节目

娱乐性的谈话主持人节目，其特点是围绕节目主题，在谈话过程中融入一定数量的娱乐内容。也就是通过特殊的人物选择，或是特殊的情景设置，来娱人耳目，放松心情的谈话节目。以谈话为基本载体，或是借助设计的表演活动，或是通过随意即兴的问话，运用多种方式充分展现话语中的戏剧性、娱乐性。以带给人们茶余饭后的休闲心境为目的，注重娱乐效果。

娱乐性主持人节目如美国的《亦·莱诺谈话节目》和《大·莱特曼深夜节目》。中国现有的娱乐性谈话主持人节目主要有《康熙来了》、《超级访问》、《天天向上》等。

此类谈话节目还注意运用多种娱乐元素，将节目做得好看。《康熙来了》则给了主持人相当大的发挥空间，完全即兴的提问和无底线、无禁忌的话题让现场惊喜爆笑的场面迭出。节目天马行空，妙语如珠，却又痛快淋漓，嘉宾收放自如、从容不迫的外壳都得一一褪去。在《康熙来了》之中主持人与来宾则一起争着表现自己，在这样互相较量的气氛中，来宾更能有“参与感”，且来宾之间也常常“互揭伤疤”，在冲突之中更凸显真实性。尽管不排除商业化运作的

《康熙来了》有用炒作话题来提高收视率的嫌疑，但其体现的“还观众一个真实的明星”却是内地谈话节目需要借鉴的地方。

人的元素是谈话节目最终得以成立并发挥魅力的根本保证，正因为谈话节目着重人的因素，它在屏幕上才会有如此旺盛的生命力。除了话题的选取、主持人在现场的组织调动外，谈话节目还需要在前期做好嘉宾、受众的选取工作，既要考虑到其与话题的相关性，对话题的接收与抵触程度，又要考虑到个人魅力、语言表达能力等，以让这个公共话语空间得到充分利用。

（二） 信息类的谈话主持人节目

这是谈话主持人节目中的一种较为独特的形式。它以采访者和被采访者之间的谈话内容来构成节目主体，就某一新闻或专业话题与嘉宾进行采访、讨论，以信息为主，既包括多人访谈，又包括二人对谈。嘉宾选取多是新闻的发布者、执行者、专家以及当事人，强调准确性，权威性、贴近性。此类谈话节目是对新闻、专题节目的一个有效配合。比较著名的像美国的《拉瑞·金直播》，及时就新闻事实在演播室对嘉宾进行采访。

比如《新闻1+1》是中央电视台新闻频道唯一一档“时事新闻评论直播节目”，每期节目从时事政策、公共话题、突发事件等大型选题中选取当天最新、最热、最快的新闻话题展开评论分析。《新闻1+1》还打破了传统的新闻播报方式，采用“1+1”即一位主持人和一位新闻观察员的双人谈话模式，由白岩松、董倩联袂搭档主持，第一时间跟进评论直播，深入解析新闻幕后错综复杂的背景脉络，还原新闻全貌、解读事件真相，更力求以精度、纯度和锐度为新闻导向，呈现给观众最质朴的新闻。

人们不仅想知道观点，还想知道观点是谁说的，为什么这么说，以及他是怎么说的。信息交流谈话主持人节目满足了这一需求。直接展示信息源，既提高了信息的准确性，又通过谈话提供给人们信息、观点，促使受众进行思考，与受众达成了一种新的、更为积极与健康的谈话方式。

信息类谈话主持人节目的特点：

一是节奏较快，时间不长。

二是话题指向明确、信息较密集。

三是话题的性质多为新闻性的或社会性的、服务性的。

信息交流谈话主持人节目多在演播室或某个特定场所进行。其主要技术手段是EFP电子工作方式，基本构成为主持人、嘉宾、相关的静态及动态新闻片，有的也有受众参与。在主持人用几个关键性的问题把事件引出来之后，演播室里或者是电子屏幕上的嘉宾就开始了谈论，而与此同时直拨电话也就对全世界的受众开放了，而且随着手机、网络与电视的渗透，在线互动、E－mail、短信等形式也介入了谈话现场。

（三）侃谈类谈话主持人节目

侃谈类谈话主持人节目，以广泛的软性社会问题和严肃的人生问题为讨论内容，更多地借鉴国外谈话节目即 TALK SHOW 的节目模式。由主持人组织嘉宾和现场观众就某一社会或人生问题进行双向交流的参与式谈话。

平民化是它的一大特色。该类节目的话题多为大家共同关心的、能发表自己见解的问题。像美国的《温弗瑞·奥普拉谈话节目》、《莉基·蕾克节目》和《杰尼·琼斯节目》等就是比较成功的人际沟通类的节目。以《温弗瑞·奥普拉谈话节目》来看，既有与普通人谈论真实生活的体验，倾诉生活中隐秘的部分，让人从中获得一种心理慰藉和精神宣泄，又有闲聊著名时装设计、歌星演唱、名人历险、如何减肥、假日休闲等。

节目有两种形态：讨论型和展示型。前者是对社会生活中一些有争议的问题进行思想、观点上的交锋、讨论，所涉及的问题、内容多为家庭、教育、生活方式、思想价值观念等软性话题。后者则通过展示一个具体事件或一段个人经历，与受众进行情感交流。节目现场追求轻松随意的气氛。这类节目以成功例子有凤凰卫视中文台的《锵锵三人行》。

侃谈类谈话主持人节目，其基本构成形式是以演播室为主，围绕一个或几个话题，由主持人穿针引线，现场嘉宾和观众对话交流。在嘉宾和受众上有更灵活的设置，提供了受众参与的最大可能性。

此外，还注重谈话过程中的形式要素，以便在内容之外也形成很强的可视性。譬如以幽默元素形成一种人际互动的催化剂，瞬间拉近人际距离；利用冲突元素，以张弛有度的谈话激起人们参与的欲望。节目中既可以通过有争议性话题的设置，在一个相对狭小的空间和谈话所形成的场氛围中，进行不同观点的交锋。也可以通过在谈话现场将嘉宾和受众分成不同的阵营，以轻松善意的方式展开话题；还可以利用谈话场景的不同设置来增强可视性，譬如在《康熙来了》节目中，“提板和照片”不只是道具，而是具有行而上的意义。其中，照片将人从小到大的生活经历通过影像的方式记录下来，提板则是通过语言上的夸张把具有戏剧性的事件记录下来。

（四）“夜话类”谈话主持人节目

“夜话类”谈话主持人节目带有服务的特性，多在夜间播出。有开通热线的，也有不开热线而在演播间交谈的。如果说以听众参与为主的谈话节目是以参与本身为目的的，那么属于私人服务的这一类的谈话节目就是以为听众需求提供服务为宗旨的。

典型的有两种：一种是热线倾谈。主要是心理、情感方面的话题；另一种是专家咨询。这类节目是满足社会需求和承担社会责任结合的一种必然选择。

参与倾诉者大致是两类人：一类是确实遇到了问题或困难，感到无助而寻求社会帮助的人；另一类可称之为精神贫困者，或是寂寞、孤独、无聊者，或是有某种心理疾病。从社会角度讲，帮助这些人可化解矛盾，维护社会安定；从人性角度讲，扶危助困是中华民族的美德。只是这类节目要把握一个度，避免庸俗化。

第二节　谈话类主持人节目的策划

一、谈话类主持人节目策划的整体把握

高质量的谈话类主持人节目，可以通过主持人的精心策划、运筹，达到灵活自如的即时发挥，开启受众想象、交流的大门，为受众营造出极富魅力的感受与感知空间，接受美好情感的熏陶。

谈话类主持人节目策划时需把握以下几个方面的问题：

（一）合乎道理

这个道理就是辩证的道理、唯物的道理。在谈话主持人节目交流中，会遇到各种各样的嘉宾和受众。他们的素质不同，人生观不同，对事物的是非得失的认识也不同，而谈话又采用的是“知无不言”，说心里话的谈话方式，也就会出现各种各样的情况。

因此，对于主持人来说，除了具有一般人的认知外，还要懂哲理，也就是科学的、宇宙的和人生的原理。只有这样才能在微观和宏观上把握导向，合乎道理。

2009 年重阳节，《艺术人生》栏目组秉承“推广传统节日文化内涵，传承中华民族优秀人文精神”的宗旨，推出了《中国节——重阳》特别节目。重阳节不仅仅是老人们过的节日，在它的背后所蕴含着的是中华民族爱老，尊老，敬老的优秀文化传统。所以此次节目特别邀请了桑兰、蒋小涵、郭敬明、田亮、蒋方

舟、月亮姐姐这六位青年人的代表，分别去往常宝华、葛存壮、秦怡、周小燕、何兆武、欧阳中石这六位文化老人家中登门拜访。向他们送去节日问候，同他们探讨人生问题，汲取他们历经岁月打磨而来的人生智慧。

（二） 合乎情理

谈话类主持人节目最注重的是真情的交流。由于是面对面的独特的人际传播方式交谈，因此双方的情感双方都可以体会到。因此，主持人可以借此寻找与受众交谈的“兴奋点”，进入状态。每个人都有不同的心情，他们都会影响主持人，而主持人本身也是活生生的人，情绪也是会因为社会各方面的影响而有变化。但是一进入直播室，主持人就应心无旁骛，放松自己的心情，用一种真实可信的情境去与受众交谈。

（三） 合乎法度

谈话类主持人节目的有些话题是由参与者提出的，有些还是在交流进行中突然提出的。这些问题受众常常是反复思考之后才提出的。而且可能是迂回曲折地提出的。对这种情况主持人应该充分了解，预先有准备。其实，有些受众是想通过谈话类主持人节目寻求帮助，说出自己的观点，在有些问题上，又下意识的怕对方窥破自己。对这种心理的受众，主持人就要抓住问题关键所在。心中要明白哪些问题可以说，哪些不可以说，哪些可以直接说，哪些可以迂回着说，要准确地掌握好法度。这个法度是指既要找出问题的症结，解决问题，又要把握对方的承受能力，不要伤了对方。

（四） 适时调控

谈话类节目主持人既是谈话的参与者，又是谈话的组织者。谈话之中，面对复杂情况，调控能力非常重要。调控能力来自平时的积累、经验和精心的策划。一场谈话节目成功与否，不仅要看组织者是否能让参与者谈起来，还要看主持人能否让嘉宾、受众有条不紊地谈下去。这对主持人的思维敏捷性、现场组织调控能力以及幽默感等都提出了严格的要求。

谈话类主持人节目是把“双刃剑”。一方面它为主持人施展才华、发挥主观能动性、体现个人魅力提供了广阔天地；另一方面它也毫不留情地把主持人推到了“临渊之地”。尽管进直播室前做了大量准备，但谈话开始后，嘉宾和受众会说什么、是否会跑题、是否会说出不合时宜的话来等，主持人都很难预料。这就要求主持人随机应变，把握全局，调控现场的气氛和谈话的进程。

（五） 谈话规则

美国雷德福大学的贝纳德·廷贝格教授总结了谈话类节目不成文的规则：

一是访谈是以主持人为中心的。

二是访谈是以现在时式制作和接受的，无论是录像、直播或预录后的假直播，访谈都是以现在时出现的。

三是访谈节目主持人在和千百万人促膝谈心。

四是话语 = 金钱。

虽然以上的规则出于美国，但仍有借鉴意义。

二、谈话类主持人节目的策划方法

对于谈话类主持人节目主持人来说，他们的主持过程都是在直播中进行的。要保证节目的质量，要在主持过程中出色地发挥，离不了前期的策划准备。因此，“增强策划意识，明确节目定位，提高选题水平”，是办好谈话类节目首先要解决好的关键问题。谈话类节目的策划是多方面的，贯穿节目始终。它包括前期、中期、后期的策划。而前期策划显得尤为重要。

以中央电视台的名牌谈话节目《艺术人生》在 2003 年播出了《红楼梦再聚首》节目为例。

这期节目以其最庞大的嘉宾阵容，最具创新的活动，最大的影响力而成为《艺术人生》节目品牌发展中的重要标志。

这一次节目的成功，离不开《艺术人生》节目策划者独具慧眼的预测力和对选题的统筹性。节目的创意策划来自于编创人提交给制片人王峥的一份《未来节目发展的建议》。建议中就提出了扩大节目样式的建议，“可以用特别节目的样式重聚《渴望》、《红楼梦》等剧组成员”。节目发展到第三年时，提出了“集体记忆”的概念，这时《红楼梦》再次列入策划者的计划日程。为此导演马宁还曾作了一些采访，但由于种种原因最终都没录成。

2003 年年底，随着央视 8 套、12 套的《红楼梦》热播，以及第一名、第二名的高收视率，《红楼梦》再一次引起节目组的注意。更加关注“热点”的策划人敏锐地觉察到这一选题时机的成熟。

节目首先面临的最大的难题就是“人”的问题，当年的剧组演职人员现在散布在世界各地，很难找齐。一时间愁坏了助理编导李婧琛和观众导演宋飞。节目策划初期找人战略是“韩信点兵——多多益善”。因为线索不多，节目组只能每天逐个地追问查找。从最初的八、九个人到后来的近一百人。

节目到了最后的录制阶段，策划人员的苦恼已由“人太少”变成了“人太多”！面对六七十位嘉宾，怎么才能让大家尽可能地保持一种新鲜感，将初次的见面保留在演播现场，这着实让策划者动了一番脑筋。在推翻了几稿方案后，终于组合出了5组嘉宾，让他们分不同的时间进入中央电视台，并将其分别“藏”在不同的地点，由专人“看守”。《艺术人生》面对首次最庞大的嘉宾群，也采取了相应的“人海战术”，动用了组内以及曾在组内工作实习过的朋友，甚至还调用了导演马宁的学生一起协助。在《红楼梦》剧组还没聚会之前，《艺术人生》剧组里却先来了一次大聚会。

录制前夕，节目组专门召开了详细的工种会，让每一位剧组人员都对所接待、引导的嘉宾，都要做到对其在剧中、生活中的情况了如指掌，并将了解到的最新情况和故事，及时提供给主持人。这一方略的实行对提高节目的工作效率起到了重要的作用。

总之，策划是件十分重要又细致的工作。策划得好，选题就准，针对性就强，就能引起受众的兴趣。谈话类节目的前期准备包括选题的策划确定、选题的调查研究、嘉宾的选择，直到落实谈话的范围、走向、层次、其他手段的运用、节奏的设计安排等。这些都要有周密的策划与细致的准备。虽然整个准备过程中总策划人、执行策划、编导各有明确的分工，但是作为节目制作播出关键阶段的核心人物的主持人，提前介入是十分必要的。在前期准备阶段主持人重点介入并深入把握的是围绕话题的分析研究，明确话题的针对性、必要性和导向，了解相关的政策精神，预测可能有的各种不同意见和争论，具体设计谈话“起承转合”的结构安排，设计音乐、大屏幕的使用，甚至开场白、结束语的筹划。

（一） 选题

选题如何是一档谈话类主持人节目成败的关键。谈话类主持人节目对选题的要求很苛刻。它既要有构成一期节目的价值和意义，能够立起来，又要能够引起参与者的兴趣，产生共鸣。

来自生活中的焦点、热点、疑点、难点，汇集成节目，进行传播，固然引人注目，但这些选题有的可能有一定难度，所以有时看似抛出一个不错的话题，仍然难成为“精品”。这就提醒大家，在策划时不要对所谓的“轰动效应”期望值太高，而应以常人的心态，让思维的触角深入社会根部，从平常人的命运历程、生存状态、七情六欲、所思所感上去发现人生真谛，起到倾诉受众心声的作用。一旦我们这样做了，参与者常常能将被动的参与转化为积极主动地融合，形成水乳交融的默契。

选题的关键是要“准”：

一是对中心工作和宣传重点配合议论的话题。

二是对社会热点新闻事件追踪评说的话题。

三是对新出台和即将出台的政策措施和法律法规解析阐述的话题。

四是对不同的思想观念和价值体系碰撞交锋、分析反思的话题。

五是对不良社会现象和风气批评引导的话题。

六是解决百姓衣食住行等生活困难反映呼吁的话题。

在选题中要注意：

一是一些谈话类主持人节目没有中长期的选题规划，不少话题随意性大，匆匆上马，一段时间里没有重点。

二是有的谈话类主持人节目话题拖、小、旧。

三是有的谈话节目话题不够。

四是有的话题甚至是介绍新景点、新服务、新产品的，有变相广告之嫌。

五是有些谈话类主持人节目因人手少，话题就从报刊文章改编而来，成了报刊的谈话版。

我们应向《今日说法》的工作人员学习。《今日说法》前制片人钱蔚谈选题策划时指出：选题的策划，并不是一个很神秘的东西，它就是对一个选题的各种卖点，各种元素进行一个准确把握的过程，法制选题是千差万别的。《今日说法》虽然是一个高度模式化的栏目，每天都是一个法制故事，每天都是权威说法，但是这个法制故事却是千差万别、丰富多彩的。不同的选题的内在的逻辑是不一样的，不是说每个选题都要卖一样东西。我们常常问记者你想卖什么东西，必须要解决这个问题，才能开拍。有的法制选题它卖的是深刻，比如我刚说的这个例子，是情感和理性高度的矛盾。有的选题卖的是情感的气势，论深刻没有太多的深刻性，但是它处理故事能处理得荡气回肠，能把这个故事的悬念处理得高潮迭起。有的选题能处理得非常新锐，它涉及国家最新最前沿的问题，如果能处理得很新锐是一个很大的卖点。有的选题可以卖新闻重大，故事性不强，也谈不到深刻性，但是一个重大的新闻，是百姓高度关注的问题。

（二） 定位

1. 首先是要根据不同节目的宗旨、定位和所面对的受众群体来确定自己的外在形象、语言特点，形成符合节目特点的主持风格。谈话类主持人节目要求主持人的形象端庄大方，总体感觉有非常强的亲和力。语言是生活化的，有亲切感利于情感和思想的沟通。幽默中蕴涵着哲理，平淡中拥有激情。

2. 提炼主持人的语言纯度。要用符合谈话类主持人节目特点的语言用词和语气。具体到某种主持人节目中，语言的用词和语气就需符合其栏目宗旨和定位。主持人应储存丰富的词汇，避免发生语言干瘪乏味的尴尬局面。

3. 强化特点，树立风格。根据节目定位自身条件，优化自己长处，确定自己在节目中的作用，展现主持人的亮点，这是主持人的自我完善和发展过程。

谈话类节目主持人应该对自己和节目的定位异常关注。对自己来说摆正自己的位子，强化谈话者的角色，融入嘉宾和话题中去，说属于自己的话，对定位非常重要。

在谈话类主持人节目中，主持人已不是单纯意义上的“主持人”。他只有介入整个节目的制作之中，才有可能在现场把握谈话的节奏。

崔永元曾经说过：“对于谈话节目我是全介入的……就是说我每一期节目都是从头到尾参与的，编完片子我还要去看，工作量是非常大的。”

美国著名谈话节目主持人奥普拉·温弗瑞既是节目的主持人，也是节目的制片人。她每天早晨6点钟就开始为她的节目而工作。现在，一些谈话类主持人缺乏现场信息整合能力，只会提问，不善交流。一些谈话类主持人过于矜持或重于表演，尤其是一些女主持人过于注重自身的形象，而对谈话缺乏应有的感情投入，缺乏生活中人的真实感，与嘉宾和受众之间常好像有层隔膜。缺乏真实，便缺乏平等，自然也就缺乏亲切。而身为美国著名主持人的奥普拉·温弗瑞是怎样展现自我的呢？有一次男星布拉特·皮特来到直播现场时，与布拉特·皮特一样有名气的奥普拉·温弗瑞也像许多女观众一样发出尖叫。这种真实打动了亿万人的心。这些都是在主持人定位中应该注意的。

节目的定位也是如此，一定要注意其准确性。例如，央视的《第一时间》的目标定位，就是在每一个清晨到来的时候，向受众报告与自己切身利益密切相关的社会经济资讯；《商道》节目讲述商业传奇，通过对全球大企业，如丰田等公司的历史故事，来探讨财富成长之道，更符合新频道定位。

又如《全球资讯榜》是一档既不同于经济频道其他同类节目，又区别于午间同一时间段新闻的节目。其整体定位为《全球资讯榜》作为中央电视台经济资讯频道新闻主框架的组成部分之一，在正午时段为观众提供以国际为主、国内外融通的全球经济资讯，汇聚国内外权威新闻网站的排行和全球媒体的热点聚焦，以此为参考，以分类新闻排行榜的发布方式，在浩如烟海的资讯海洋中精选观众最需要知道的新闻。观众还能看到颇具视觉冲击力的新闻图片，知悉沪深股市涨跌幅前五位的“股市红绿榜”，在轻松之中得到令人耳目一新的全球资讯。

（三）结构

结构也就是对谈话类主持人节目的整体的编排、局部的组合、音响的衔接等各种问题的整体把握。

谈话类主持人节目的结构大致有两种：

一种是围绕一个话题，嘉宾和受众在主持人调度下各抒己见，多向交流，话题在规定时间内说透为止。

另一种是谈话过程中插入外拍、外采内容或各种资料，作为谈话的由头或话题的延伸和补充。

前者以《实话实说》为代表，后者以《文化视点》、《荧屏联着你我他》为代表。但这两者不论从表达的内容或从受众的收视心理上看，都有待突破和发展。从内容上看，生活是多彩的，可进人节目的内容非常多，以不变的形式框定千变万化的内容显然是不够的；从受众心理上看，如果谈的内容不能人心，不能吸引人，总是使用僵化的结构，就很难保证人家不换台。因此，我们在结构谈话主持人节目时，要突出立体性。话题的推进要富于情节性，话题的表述要有故事性。立体性、情节性、故事性是在前期策划时成功结构一期话题的基础。能否在不同的时空连接点上为谈话者设计出不同的兴奋点、出情点、矛盾点，同样决定着一期谈话类主持人节目的成败。

（四）嘉宾

1. 和嘉宾做朋友

根据节目的创意要求，在谈话现场需要嘉宾比较凝练地叙述他的有关感情、生活、工作以及人际关系等方面藏在心里而不为人所知的一些内容。如果主持人采用居高临下的态度，就不会达到预期目的。而平等的心态，以心换心，是与嘉宾沟通的首要和必须条件。先为朋友，再通过谈心让嘉宾说出心里话，就会水到渠成。

2. 加强对嘉宾的引导和对其叙述的梳理

许多嘉宾在一开始时往往会说个不停或只言片语。此时应该让嘉宾明白请他的目的、作用和应该讲述的内容，让嘉宾在头脑中对叙述内容建立条理性和主次关系。

3. 调整心态

上节目时的心态正常与否直接影响节目质量和嘉宾交流的情绪，因此最高的境界应该是与嘉宾之间有他乡遇故知的感觉。

谈话类主持人节目离不了邀请嘉宾，邀请嘉宾要把握三个“到位”：

一是身份要到位，也就是与话题相关的人士，具有一定的权威性。

二是学识要到位，即要能够释疑解惑，能引导话题不断深入。

三是表达要到位，即说话要有逻辑性，善于深入浅出。一般邀请的嘉宾多为专家学者、党政干部、记者作家。从实践操作来看，专家学者以其学术水平、研究成果和社会声望而担任嘉宾的频率相对要高些，所起的作用也相对更大些。

学者专家在谈话类主持人节目中所起的作用主要有四个方面：

一是对社会生活中的“热点”提炼浓缩，选准话题。

二是通过科学理论的分析和生动的实例，释疑解惑。

三是以冷静耐心的疏导，稳定群众情绪。

四是点拨调控，引导参与者临场发挥，提高节目质量。

嘉宾的邀请切忌“职业侃爷”。面对五花八门、纷至沓来的无数话题，那些“职业侃爷”如同演艺明星般走穴赶场，来去匆匆，很难就某一话题谈出真知灼见。他们的出现，对节目有害无益。

例如，中央电视台的《对话》栏目定位为“新闻性、开放性和前沿性”。致力于为新闻人物、企业精英、政府官员、经济专家和投资者提供一个交流和对话的平台。其受众也主要是关注经济发展的高知识层人士，因此邀请的嘉宾有企业界巨子，也有政府官员等这些具有强势话语权的标志性人物。这些重量级人物不仅吸引了观众的注意，也提升了节目的谈话层次。

（五）氛围

谈话类主持人节目中，广播采用的多为直播，电视采用的多为录播，但是不论采用什么方法，都有一个现场氛围的问题。

谈话类主持人节目以“话”为本，通过大家的辩论，可以让各种观点来回穿插，相互交锋，引起人们的关注。现在的问题是许多节目缺乏这种气氛。

其中的原因，一是选题本身就不具备辩论性，辩不起来，比如“吸烟好不好”、“由谁生孩子”等，谈话很容易一边倒；二是主持人缺乏引导辩论的意识。某些主持人为避免话题出现偏差、或出现失控场面，通常会有意地控制现场嘉宾或听众、观众的分歧，因而也在一定程度上造成了节目缺乏辩论的火热氛围。

谈话类主持人节目的人际交流特点还要求要注重谈话的现场氛围。有的演播室环境太舞台化，有的则近乎法庭形式，这无疑造成了一种紧张、僵硬的氛围，不利于平等交流。

还有就是在节目剪辑中，往往将主持人的差错统统剪掉，好像主持人永远不会出错，只有参与者会出错。这种“太干净”的状况，有时也会造成现场氛围的“变味”。

谈话类主持人节目的语言特点要求是谈心式的，要求实话实说，要求主持人朴实无华。在看似随意中，轻松自如地驾驭节目，营造现场氛围。主持人的语言该风趣时就要风趣，要让现场的嘉宾与群众感到亲切自然。主持人要准确地控制现场，不时地制造趣味点。趣味点是通过语境由嘉宾或现场群众一句幽默或生动而又含义颇深的个性化语言引出的。每当这样的语言出现，主持人应及时抓住，以自己幽默风趣的语言，把一个点在现场予以扩展，从而产生活跃的现场氛围。

（六） 手法

富有价值的谈话类主持人节目，在多种表现手法的运用上，必有独到之处。只有成功地运用多种手法，才能完成多种指向的追求，创造出特色。

1. 画面的巧妙运用

作为电视谈话类主持人节目，电视的最大优势在于生动形象的画面。而谈话类主持人节目突出特点是进行面对面的交流，一切尽在谈话中。虽然因其可以消除距离感，有些节目还拥有一定受众，但这类节目的基本样式却在无意识地疏远着电视的本体功能。画面承载功能的淡化势必影响此类节目的“视觉效果和表现力”。所以，作为谈话节目，应该扬画面优势之长，发挥其客观记录、细节捕捉、表情达意、起承转合等作用，以此强化视觉的冲击力，丰富节目的表现力。

2. 时空的精心转换

谈话类主持人节目总是框定在不同的现场。它的好处在于有利于主持人组织调度，方便双方交流。但在同一不变的时空中活动，容易让人失去新鲜感，产生心理疲惫。所以，当主持人进入话题时，要根据节目的需要，不断进行时空转换。要依据主持人的话语手势，把演播室内外有机结合起来。

3. 藏而不露

广播电视作为表现力最强的媒体，人们对其“载道”的期望值很高。而谈话类主持人节目因其叙事明理的特有形式，基本是在进行一种“高台教化”的实践探索。但如果教化的功利目的太突出，理性色彩太浓厚，手法太直白的话，往往会影响受众的兴趣。因此教化要以鲜活的社会生活内容来承载，藏主题于节目的推进之中。

总之，一档成功的主持人节目必然离不开精心的策划。欲运筹帷幄之中，决胜千里之外，就必须紧紧抓住策划；欲主持人节目石破天惊，就必须紧紧抓住策划。不论什么时候，都应牢记“良好的策划是成功的一半”的至理名言。

附：《小人物》谈话节目策划稿样本

一、背景分析

1. 市场分析

近年来，电视屏幕上的人物专访类节目琳琅满目、层出不穷。上有中央性电视媒体 CCTV 的《艺术人生》、《面对面》，下有地方性媒体，如北京电视台的《超级访问》、凤凰电视台《鲁豫有约》等。节目样式多种多样，内容各有千秋。但它们都有一个共同的特点，那就是，上述节目所关注的对象都是时下的热点的大新闻对应的大人物。

随着近年来全球化的不断推进，文化多元化已经成了大势所趋，再加之党的十六届六中全会关于构建和谐社会的要求，关注基层人物，平民百姓生活的得到广泛的重视。因此我们策划开设以关注平民生活为主的人物专访类节目《小人物》。我们的节目还不同于中央电视台的《东方时空》的子栏目《生活空间》，以纪录片的形式“讲述老板姓自己的故事”。本节目的目的在于通过主持人与平民的直接交流，展示平民的生活，反映社会现象，政府政策。

2. 节目竞争分析

（1）虽然目前电视媒体人物专访类节目众多，但以关注平民为主、以普通人为主要采访对象的节目少之又少。

（2）从新闻的接近性角度考虑，关注平民，一定程度上代表着我们媒体的态度，即关注受众、尊重受众。

（3）我们的节目关注的是普通人的生活，由于平民生活不可避免多样性，必然带来节目的多样性，因此，我们的节目注定内容丰富，层面多样。

3. 受众分析

近年来芙蓉姐姐、水仙妹妹等现象的出现，与一定的当代文化根源有关，即渴望展示自我，表现自我。同时受众还有着共有的心理特征，即渴望了解的心理需要。而了解与自己最接近的普通人的生活，从中关注社会问题，政府政策等大大符合受众需要。

二、栏目宗旨

基于上述分析，我们策划在整合人物采访和专访节目的基础上，创办一档平民人物专访栏目——《小人物》通过平民的生活展示社会发展变革，以平民角度和平民化的叙述方式来进行评论，以平民的思维角度，与大家共同探讨国家、政治与未来发展等问题。

三、栏目定位

找准栏目的定位，才能找到创作的突破口。《小人物》的定位有一个方针，两个基点：

一个方针是指以中央媒体为立足的方针，覆盖广泛，影响力强。

两个基本点分别是：

一是要做带有新闻性的平民人物专访栏目。我们的节目不是娱乐节目，而是一档新闻节目，在节目的内容及选题方面要有新闻性和典型性，能够吸引观众的眼球。同时考虑受众需要，离开了观众的需求，电视服务节目将是无源之水，无本之木。

二是加强人文关怀，突出纪实性。加强人文关怀，既是对于节目内容的定位，也是对于节目受众的考虑，同时还是党的十六届六中全会关于构建和谐社会的要求。强调纪实性，在于突出节目的新闻性，即节目的内容要有时效性，通过记录平民的生活，进而记录社会的发展。

四、栏目要求

1. 新闻性，主要是针对节目的选题，要注重新闻性因素在其中的比重。

2. 特色和思想性，我们的节目不是简单的问答，也不是简单的采访对象讲述，更不是像 CCTV 的《DV 讲述》一样简单呈现事实的新闻性节目，我们是针对平民的人物专访。同时我们也不是简单的“讲述老百姓自己的故事”，而是要以老百姓自己的故事去见证社会的发展，监督社会的变革，传递百姓的声音。

3. 可视性：首先，栏目的选题应当与老百姓生活息息有关，为老百姓所普遍关注。其次，在节目创作中应当巧妙地融入人文关怀，善于从当事人的生活中挖掘出其中所蕴含和折射出的人文精神，以真实、真诚和真情感染观众。此外，还应综合运用各种报道手法和电视元素，不断更新美化栏目的外包装，在不忽视纪实性的前提下，增强节目的视觉美感和整体表现力。

五、栏目形态

1. 主持人：男女主持都可以，强调其活力、亲和力、观察力。

2. 表现形式：节目现场主持人和采访对象的一对一直接交流，以交谈的方式，主要是采访对象的自己讲述为主。

3. 传播方式：按期播出，前期做好节目内容预告。同时通过开设节目博客等方式，注重节目后期与观众的互动交流。

六、栏目设置及相应选题

《小人物》每周一期，每期从一个平民的生活，关注一个社会热点话题，节目长度均为 15 分钟。

每期节目前期由记者选定采访对象，并进行前期采访。节目中由主持人对选定对象进行深入访问，配以音乐、相关新闻、纪实短片和解说词。还可以加入观众和嘉宾参与点评等。

七、栏目播出

首播：每周六 20：05

重播：每周日 22：05

八、栏目风格及特点

1. 栏目风格：平实不失严谨，鲜活不乏深度。重视人文关怀，突出新闻品位。

2. 节目特点：

①热点：观众关心的时政新闻；

②卖点：展现百姓的生活；

③视点：提供了一个用眼睛去普通人的生活的窗口。

九、栏目包装

1. 片头一个，长度 15 秒。

2. 节目预告宣传片一个，长度 20 秒。

3. 片尾一个，长度 15 秒。

4. 背景音乐。

十、人员安排

制片人 1 名，主持人 1 名，记者 1 名，编导 2 名，摄像 4 名，后期技术制作人 2 名。

参考书目

[1] 陆锡初著:《主持人节目学教程》, 中国广播电视出版社

[2] 陆澄著:《节目主持人艺术》, 上海教育出版社

[3] 俞虹著:《节目主持人通论》, 杭州大学出版社

[4] 吴郁著:《主持人的语言艺术》, 北京广播学院出版社

[5] 董悦秋、赵炳旭编著:《广播电视节目管理》, 北京广播学院出版社

[6] 陆锡初等著:《节目主持艺术通论》, 中国广播电视出版社

[7] 任远、李莉、王晓红、刘笑梅等著:《电视节目主持人学初论》, 中国广播电视出版社

[8] 赵淑萍著:《电视节目主持》, 北京师范大学出版社

[9] 梁巾声编著:《现代广播学》, 暨南大学出版社

[10] 胡屹编著:《策划学全书》, 中国社会出版社

[11] 主持人节目研究委员会编:《主持人——7》, 中国广播电视出版社

[12] 主持人节目研究委员会编:《主持人——9》, 中国国际广播出版社

[13] 苏宝华、冯海燕著:《怎样当好节目主持人》, 黑龙江人民出版社

[14] 陆锡初著:《广播新闻编辑教程》, 中国广播电视出版社

[15] 赵淑萍著:《电视采访与写作》, 中国广播电视出版社

[16] 杨伟光主编:《中国电视论纲》, 中国广播电视出版社

[17] 宋友权主编:《中国广播受众学》, 中国广播电视出版社

[18] 严世俊主编:《广播文艺与文艺广播》, 延边大学出版社

[19] 高鑫、周文著:《电视专题》, 中国广播电视出版社

[20] 韩泽主编:《节目主持学新论》, 南京大学出版社

[21] 张隆栋主编:《大众传播学总论》, 中国人民大学出版社

[22] 巨浪主编:《广播电视节目策划》, 浙江大学出版社

[23] 肖沛雄著:《节目主持人语言传播艺术》, 济南大学出版社

[24] 陈虹著:《节目主持人传播》,复旦大学出版社
[25] 曾志华著:《电视节目主持人策划》,中国传媒大学出版社
[26] 王朝辉著:《电视节目主持人的人才资本运营》,上海人民出版社
[27] 时统宇、申琳、吕强著:《收视率导向研究》,四川人民出版社

图书在版编目（CIP）数据

主持人节目策划艺术/ 陈振，田方编著．—修订本．
—北京：中国广播影视出版社，2011.2（2019.5 重印）
（应用主持艺术系列丛书 / 张颂主编）
ISBN 978 –7 –5043 –4056 –6

Ⅰ.①主… Ⅱ.①陈… ②田… Ⅲ.①广播节目—制作 ②电视节目—制作 Ⅳ.①G222.3

中国版本图书馆 CIP 数据核字(2011)第 014363 号

主持人节目策划艺术（修订本）
陈 振　田 方　编著

责任编辑　林　曦
封面设计　丁　琳
责任校对　张莲芳

出版发行　中国广播影视出版社
电　　话　010 –86093580　010 –86093583
社　　址　北京市西城区真武庙二条 9 号
邮　　编　100045
网　　址　www.crtp.com.cn
电子信箱　crtp8@sina.com

经　　销　全国各地新华书店
印　　刷　涿州市京南印刷厂

开　　本　787 毫米 ×1092 毫米　1/16
字　　数　304(千)字
印　　张　17.75
版　　次　2011 年 2 月第 1 版　2019 年 5 月第 3 次印刷
印　　数　7001 –9000 册

书　　号　ISBN 978 –7 –5043 –4056 –6
定　　价　33.00 元